CHRISTOPH
AMEND

JOCHEN
WEGNER

ANNA
MEINECKE

ALLES GESAGT?

DIE BESTEN GESPRÄCHE AUS DEM ZEIT-PODCAST

Verlag Kiepenheuer & Witsch

Der Verlag Kiepenheuer & Witsch hat sich zu einer nachhaltigen Buchproduktion verpflichtet. Gemeinsam mit unseren Partnern und Lieferanten setzen wir uns für eine klimaneutrale Buchproduktion ein, die den Erwerb von Klimazertifikaten zur Kompensation des CO_2-Ausstoßes einschließt. Weitere Informationen finden Sie unter www.klimaneutralerverlag.de

MIX
Papier | Fördert gute Waldnutzung
FSC® C083411

1. Auflage 2023

Covergestaltung Barbara Thoben, Köln
Covermotiv © Lea Dohle
Gesetzt aus der Meta Serif und der Meta
Satz Wilhelm Vornehm, München
Druck und Bindung CPI books GmbH, Leck

ISBN 978-3-462-00584-4

INHALT

INTERVIEWS MIT MEHR FLEISCH

Wie der unendliche Podcast »Alles gesagt?« entstand, warum er ursprünglich nur fünf Folgen haben sollte und wieso wir nun seit fünf Jahren nicht aufhören können.

14 Tage. Ziemlich genau so viel Zeit haben wir, Christoph und Jochen, bei Redaktionsschluss dieses Buchs Ende Juli 2023 gemeinsam mit unseren Gäst:innen vor einem offenen Mikrofon verbracht. Meistens saßen wir dabei im Wohnzimmerstudio unserer Produzentin Maria Lorenz-Bokelberg, ab und zu auch auf Bühnen oder in Hotelzimmern und während der Pandemie natürlich zu Hause, zusammengeschaltet per Video.

Die zwei Wochen vollzusprechen, hat fünf Jahre gedauert. Einige der besten Gesprächspassagen aus dieser Zeit finden Sie nun in diesem Buch. Sie werden lesen, wie Kim de l'Horizon ein neues Gedicht vorträgt, Joachim Gauck mit den Tränen kämpft und Luisa Neubauer abwägt, wie viel von der eigenen Unvernunft sie denn nun preiszugeben gedenkt.

Als wir auf die weinselige Idee kamen, ein Gesprächsformat auszuprobieren, das potenziell unendlich ist, rechneten wir fest damit, dass unser Projekt nie starten würde, aus Mangel an experimentierfreudigen Gästen. Sollte es starten, da waren wir sicher, würde es aus Mangel an experimentierfreudigen Zuhörenden kaum mehr als fünf Folgen erleben. Wie konnten wir uns nur so irren?

Wir hatten uns zum Essen in einem italienischen Restaurant in der Torstraße in Berlin verabredet: To The Bone, der Name sagt alles. Ein Foto, das Jochen an dem Abend gemacht hat, zeigt den Chef, der uns wiederum gerade das beeindruckende Stück Fleisch zeigt, das wir bestellt haben. Das Bild ist datiert auf den 16. Oktober 2017, 19.39 Uhr. Auf einem anderen Foto des Abends ist der Wein zu sehen, ein »Arbòre«, ein 2014er Cannonau des sardischen Winzers Giuseppe Gabbas.

Wie wichtig Essen und Trinken für »Alles gesagt?« werden sollten, ahnten wir damals nicht. Für die erste Studioaufnahme mit der Schauspielerin Nina Hoss hatten wir nichts organisiert, unsere Produzentin Maria hatte zum Glück Kaffee und ein paar Schokoriegel auf den Tisch gestellt. Wie naiv wir damals waren, zeigt sich auch daran, dass Nina Hoss nach knapp zwei Stunden auf die Uhr schaute und erschrak. Sie habe völlig die Zeit aus den Augen verloren, in einer guten halben Stunde müsse sie am Theater sein. Sprach ihr Schlusswort, mit dem jede Aufnahme von »Alles gesagt?« von einer Sekunde auf die andere endet, und eilte ans Theater. Sie kam gerade noch rechtzeitig.

© JOCHEN WEGNER

Zwei Dinge haben wir damals gelernt: Wir brauchen gutes Essen und gute Getränke, und wir brauchen eine entspannte Atmosphäre, in der niemand auf die Uhr schaut. Seitdem bitten wir unsere Gäste, keine Folgetermine einzuplanen, auch wenn sie, wie viele vorher ankündigen, nach spätestens zwei Stunden gehen wollen. Warum das so gut wie nie passiert, ist ein hart erarbeitetes Geheimnis dieses Podcasts. Ein Teil dieses Geheimnisses sind tatsächlich das gute Essen und die guten Getränke, bei deren Recherche wir uns besonders viel Mühe geben, sowie Marias globale Raucherlaubnis. Ein anderer ist das Wohnzimmerstudio unserer Produzentin. Dazu gleich.

Was aber, außer viel Fleisch und Wein, gab es im To The Bone? Wir unterhielten uns an jenem Abend über alles Mögliche, zum Beispiel über all die Einschränkungen und Regeln, die im Journalismus für Interviews gelten. Wir haben beide eine Leidenschaft für ausführliche Gespräche, und beide fanden wir es beklagenswert, dass die Zeit dafür oft allzu beschränkt ist. Beide teilten wir auch die Erfahrung, dass die besten Sätze oft erst dann gesprochen werden, wenn das Mikrofon ausgeschaltet ist, die Interviewten aufbrechen wollen und sie noch eben auf jene Themen zu sprechen kommen, die sie wirklich interessieren.

Was also, dachten wir nach einem, vielleicht auch zwei Gläsern bestem sardischem Rotwein, wenn das Gespräch einfach nie endet? Oder höchstens dann, wenn der Gast es will? Was, wenn wir sehr gut vorbereitet wären und deshalb bereit für jede Wendung, jede Abschweifung? Was, wenn wir tagelang durchhalten würden und, falls die Gesprächspartnerin einfach nicht aufhörte, in Schichten schlafen würden? So entstand die Idee für »Alles gesagt?«. Die Gespräche sollten so veröffentlicht werden, wie sie waren, gekürzt nur um jene Stellen, die unsere Gästinnen und Gäste spontan vielleicht doch lieber nicht veröffentlicht haben wollten. (Sie haben genau 24 Stunden Zeit, sich deswegen bei uns zu melden.)

Unsere größte Sorge, ein Mangel an experimentierfreudigen Gästen, hatte sich bald erledigt: Neben unserer Traumkandidatin Nina Hoss sagte auch unser Traumkandidat Robert Habeck zu, obwohl beide von unserer seltsamen Idee überrascht wirkten. Robert Habeck, mit dem wir live vor Publikum im ausgebuchten Hamburger Schauspielhaus sprachen, meldete sich kurz vor der

Veranstaltung noch einmal und sagte, dass sei ja ein sehr interessantes Konzept, aber wie lange wir denn nun *wirklich* reden wollten. Unendlich, antworteten wir, zum Leidwesen der Bühnentechnikerinnen.

Noch eine Sache haben wir erst nach einigen Aufnahmen verstanden: Die Tatsache, dass wir als Gastgeber nicht wissen, wann das Gespräch zu Ende ist, und dass es nur von den Gästen beendet werden kann, verändert die Dynamik der Unterhaltung fundamental.

Wer ausreden darf, gewährt neue Einblicke. In Stunde drei der Aufzeichnung ist das Vertrauen gewachsen und ein Politiker bereit, doch noch einmal über diesen einen Skandal zu sprechen – auch weil er ungekürzt seine Sicht der Dinge darstellen kann. »Wir haben ja Zeit«, sagen wir und hören zu. Seit Christian Lindner zu Gast war, sprechen wir oft von hermeneutischem Wohlwollen – wir nehmen uns die Zeit, genau zu verstehen, was unser Gast sagen will. Und wenn ein Argument nicht überzeugt, kann es vorkommen, dass wir eine Stunde später noch einmal nachfragen.

Nicht zu unterschätzen ist auch der Wert des Abschweifens, undenkbar bei einem zeitlich streng limitierten Interviewtermin. Bei »Alles gesagt?« werden etliche gedankliche Klammern aufgemacht und zum großen Teil auch wieder geschlossen. Es wird gesungen und gespielt – inzwischen kann das Entscheidungsquiz »A oder B oder weiter« aus mehr als 180 Fragen bestehen. All das braucht Raum. Im Schnitt dauern die Gespräche fünf Stunden und acht Minuten.

Nur einmal war »Alles gesagt?« sehr schnell vorbei, als unser Gast Uli Wickert das Schlusswort bei sich zu Hause (!) bereits nach zwölf Minuten aussprach. Es folgten Proteste unserer Hörerinnen und Hörer, wir machten eine Umfrage, was schließlich dazu führte, dass wir Wickert ein zweites Mal einluden, diesmal live. Im vollen Audimax der Universität Hamburg unterhielten wir uns dann mehr als fünf Stunden. Der Abend bleibt uns auch deshalb in Erinnerung, weil der besonders weiche Käse, ein Époisses, den wir für den Frankreich-Liebhaber und Käse-Nerd bestellt hatten, Jochen versehentlich auf den Computer tropfte. Das Notebook mit den üblichen paar Hundert Seiten Gesprächsnotizen stellte den Dienst ein. (Aufruhr im Publikum.) Experte Wickert empfahl, die entsprechenden Stellen einfach mit etwas Rotwein zu reinigen. Der Laptop funktionierte wieder. (Applaus.)

© KRISTIN BETHGE

Die meisten Folgen werden im Wohnzimmerstudio unserer Produzentin Maria in Berlin aufgezeichnet. Inmitten von eklektischen Filmpostern (»Der Flug des Navigators«), der wilden Plattensammlung (Musik der letzten 60 Jahre) und dem aus Lego nachgebauten Filmset von »Friends« nehmen wir Platz. Heißgetränke gibt es aus der »Star Wars«-Tasse, der Korkenzieher ist trotz des Protests von Tim Raue bis heute kein Profigerät, sondern immer noch dieser schlechte mit Schraubmechanik, die drei Handtuchhalter im Bad haben ein Namensetikett (Christoph, Jochen, Schlusswort), und an der Wand sind nach fünf Jahren tiefe Furchen zu sehen, die Jochens Rückenlehne dort gegraben hat.

Wie überrascht die Gäste bis heute sind, wenn sie verstehen, dass wir in einer echten Wohnung aufnehmen, und wie das die Atmosphäre der Begegnung verändert, gehört ebenfalls zu den Geheimnissen des Podcasts. Unvergessen die Ministerin, die sich so wohlfühlte, dass sie gleich zu Beginn unter dem Tisch ihre Schuhe auszog.

Wir sind also nicht zwei, sondern drei, die den Besuch willkommen heißen. Während der Aufzeichnung sagt Maria nur selten etwas, meistens dann, wenn uns mal wieder das Allgemeinwissen fehlt – oder wenn sie mit Lena Meyer-Landrut ausführlich über Gaming diskutieren will. Oder wenn sie vor uns beiden versteht, warum Jutta Allmendinger nicht sagen kann, woher der Nachtisch kommt.

Ohne Maria wäre »Alles gesagt?« nichts. Stellt euch darauf ein, warnte sie uns am Anfang, dass ihr nicht mehr als anonyme Journalisten Fragen stellt, nach einer Weile werden sich die Hörer an eure Stimmen gewöhnt haben und sich für euch interessieren. Mittlerweile wurde unser Podcast um die 30 Millionen Mal heruntergeladen. Fast täglich werden wir nun irgendwo sehr freundlich darauf angesprochen, in Restaurants, im Zug, in Supermarktwarteschlangen, auf der Straße, am Rande von Veranstaltungen, in entlegenen Weltgegenden. Wir haben in den fünf Jahren über zehntausend Mails bekommen und gelesen, die meisten sind ebenfalls sehr freundlich und zugewandt. Selbst die Essgeräusche werden von den meisten toleriert. Danke, liebe Hörerinnen und Hörer!

Unser besonderer Dank geht an Nilz Bokelberg, den unverrückbar freundlichen Mann von Maria, der all die Stunden in Kino-Doppelfeatures oder diskret schweigend nebenan verbrachte, bis das Schlusswort gesagt war.

Während die Abrufe stiegen, die Folgen immer länger wurden und wir immer mehr Gäste für »Alles gesagt?« gewinnen konnten, traf uns eine weitere Erkenntnis: Alleine schaffen wir das nicht. Mittlerweile gibt es ein kleines Team von Rechercheur:innen, die abwechselnd jede Folge tagelang vorbereiten. Wir danken deshalb Hannah Schraven, Vincent Mank, Sophia Hubel, Ronja Ebeling und Anna Meinecke.

Anna Meinecke ist es auch, die dieses Buch ermöglicht hat. Natürlich haben wir die redaktionelle (und emotionale) Arbeit, die ein solcher Gesprächsband mit sich bringt, völlig unterschätzt. Danke, Anna!

Wir danken Leonie Weber, die gemeinsam mit Lisa Maria Wennemer für die Gäste zuständig ist, von der ersten Anfrage bis zu dem Zeitpunkt, wenn sie mit ihrem Leibgericht im Wohnzimmer sitzen. Und dem gesamten Podcastteam von *ZEIT ONLINE*, das unser seltsames Projekt, das immer mal den Rahmen sprengt, seit Jahren mit professioneller Gelassenheit betreut.

Zu den fünf Jahren Podcast zählen auch die Jahre der Pandemie, die uns im Rückblick fast wie ein eigenes Jahrzehnt vorkommen. Wir hatten nicht zu hoffen gewagt, dass unser Wohnzimmerprojekt diese Zeit überstehen würde – vertrauliche Gespräche am Tisch lassen sich nun einmal nicht in pandemiegerechte Videocalls verlegen, oder? Marias Produktionsfirma Pool Artists bewies uns das Gegenteil. Wir danken dem gesamten Team, das uns in dieser Zeit mit immer neuen Ideen und genialen technischen Hacks unterstützt hat.

Via Zoom haben wir unseren Gesprächspartnerinnen Glas an Laptopkamera zugeprostet, schüchterne Esser konnten ihr Mikrofon stumm schalten. Jochen hat neben Playstation spielenden Kindern aufgenommen, Maja Göpel während des Interviews Handwerker im Haus eingewiesen.

Einige der besten Gespräche sind so entstanden – die alle klingen, als säßen wir beisammen: mit dem Bestsellerautor Yuval Harari etwa, der aus Tel Aviv zugeschaltet war, mit dem Schriftsteller Paul Auster, gefangen in einem New Yorker Schneesturm, mit dem Pianisten Igor Levit, der unser Gespräch in seiner Wohnung für eines seiner berühmt gewordenen Livekonzerte unterbrach, die er damals streamte. Politiker Thomas de Maizière musste während unseres Gesprächs zu einer Abstimmung in den Bundestag – kam zurück und erzählte weiter.

Die Aufzeichnungen sind kurze, bewegte Momentaufnahmen eines ganzen Lebens, keine umfassenden Dokumentationen, vielleicht wie ein animiertes GIF. Wir lesen vorher einfach alles, was wir über unsere Gäste finden können, im Gespräch korrigieren wir dann unpräzise Wikipedia-Einträge genauso wie Vorurteile. Während wir uns den großen und kleinen Fragen der Gegenwart widmen, scheinen die Persönlichkeiten unserer Gäste facettenreich durch, sie prägen jede Aufzeichnung ganz individuell. Die Essenz dieser Begegnungen finden Sie in diesem Buch.

Die Interviews, die Sie lesen werden, sind stark gekürzt, im Ablauf jedoch unberührt und möglichst nah am Wortlaut bearbeitet. Jedem Kapitel ist eine Hinleitung zu Person und Gesprächssituation vorangestellt. Über die Interviewseiten eingestreut finden Sie charmante Details aus den Gesprächen, die es nicht in die Verschriftlichung geschafft haben. Und am Ende erfahren Sie, wie es für unsere Gäste weiterging. Sie erfahren, was es zu essen gab, was im »A oder B«-Spiel ans Licht kam und mit welchem Schlusswort das Gespräch endete.

Wir bedanken uns bei den bei Redaktionsschluss genau 68 Gäst:innen, darunter 33 Frauen und 34 Männer und eine nichtbinäre Person, die es so lange mit uns ausgehalten haben. Und ganz besonders bei jenen, die einer Veröffentlichung des Gesprächs in diesem Buch zustimmten.

Jetzt sind wir gespannt, wie Sie unser Buch finden. Schreiben Sie uns doch an allesgesagt@zeit.de.

Wie es mit unserer weinseligen Idee weitergeht? Wir finden ja, es ist längst nicht alles gesagt. Schlusswort!

THOMAS ZURBUCHEN

Sie nennen ihn Dr. Z, weil sich Zurbuchen auf Englisch so schlecht aussprechen lässt. Gemeint ist der Wissenschaftsdirektor der NASA. Mit einem Etat von 7,6 Milliarden US-Dollar ist Thomas Zurbuchen der vielleicht einflussreichste Wissenschaftler der Welt.

Zurbuchen wurde 1968 in Heiligenschwendi geboren. In dem Dorf im Berner Oberland führte seine Familie ein streng religiöses Leben. Der Vater scharte als Prediger eine freie Gemeinde um sich. Siebenmal die Woche ging Zurbuchen gemeinsam mit der Mutter und den drei Geschwistern in die Kirche. Man lebte von Spenden.

»In der Welt, aber nicht von der Welt«, habe sein Vater immer gesagt. Keine Jeans, kein Fernsehen, aber öffentliche Schulen. Während Zurbuchen zu Hause aneckte, reüssierte er im Bildungssystem, auch wenn man das dem Jungen von oben am Berg anfangs nicht zugetraut hatte.

Zurbuchen studierte Physik und Mathematik an der Universität Bern, leistete Militärdienst, verliebte sich. Er war Anfang 20, als ihn die Familie vor die Wahl stellte: »Die Freundin oder wir?« Zurbuchen wählte die Freundin und eine Welt jenseits der Grenzen fundamentalistischer Religionslehre.

Nach der Promotion in experimenteller Astrophysik wechselte Zurbuchen an die University of Michigan, wo er vom wissenschaftlichen Mitarbeiter zum *Professor of Space Science and Aerospace Engineering* aufstieg. Er heiratete eine Musikerin, das Paar bekam zwei Kinder, Zurbuchen erhielt die US-amerikanische Staatsbürgerschaft.

Nachdem Zurbuchen an seiner Hochschule das *Center for Entrepreneurship* gegründet und diverse Innovationsinitiativen gestartet hatte, war ihm selbst nach etwas Neuem. Fast wäre er zu Amazon gewechselt, doch sein Vorgänger Robert Lightfoot holte ihn zur NASA.

Dort ist Zurbuchen für rund 125 Raumfahrtmissionen zuständig. Etwa 300 Satelliten im Wert von über 150 Millionen US-Dollar kreisen im All unter seiner Aufsicht. Jeden Tag hat er so viele Meetings, dass überhaupt nur 15 Prozent derer, die eins wollen, auch eins bekommen.

Als Zurbuchen Jochen und Christoph im Juni 2022 im Konferenzraum eines Berner Hotels zum Gespräch trifft, sitzt ihm ein unangenehmes Problem im Nacken. Zum ersten Mal muss er den Launch einer Mission verschieben. Die Kommunikationsstrategie steht noch nicht. Zeit für einen gedanklichen Blick gen Himmel nimmt er sich trotzdem.

CHRISTOPH: Woher kommt deine Faszination für Sterne?

THOMAS ZURBUCHEN: In Heiligenschwendi und auch in anderen kleinen Dörfern ist der Himmel viel dunkler als in der Stadt. Man kann die Sterne besser sehen. Als Junge saß ich oft mit einer Sternenkarte auf dem Dach unseres Hauses und habe in den Himmel geguckt. Sterne besitzen eine unglaubliche Schönheit. Sie erinnern mich daran, dass es Dinge gibt, die wichtiger sind als ich. Die Welten da draußen sind so komplex und viel größer, als man sich das vorstellen kann. Und sie existieren, ohne dass sich jemand Gedanken über sie macht.

Sterne waren für mich als Kind ein Symbol für eine größere Welt. Ich habe mir die Sterne angesehen und den Entschluss gefasst, nach Amerika zu gehen.

CHRISTOPH: Schon als kleiner Junge?

Ja. Heiligenschwendi war nicht zu 100 Prozent mein Zuhause. Ich dachte mir: »Ich möchte die Sterne von anderswo sehen.« Ich wollte hin zu etwas anderem, aber ich wollte auch einfach weg.

CHRISTOPH: Wenn du heute hochschaust und die Sterne siehst, woran denkst du dann?

Immer öfter denke ich: »Wer schaut in die andere Richtung?«

© MARCO ZANONI

CHRISTOPH: Wer schaut zurück?

Genau. Es gibt viel mehr Möglichkeiten für Leben im Universum, als wir in der Schule gelernt haben.

JOCHEN: Gibt es denn außerirdisches Leben?

Ich denke, es ist eine Frage der Zeit, bis wir es finden. Aber als

Wissenschaftler kann ich es nicht sicher sagen. Noch habe ich es schließlich nicht gefunden.

JOCHEN: Der Physiker Enrico Fermi hat die Frage aufgeworfen: Wenn es Außerirdische gibt, warum haben die dann noch nicht Guten Tag gesagt? Was würdest du entgegnen?

Beim Versuch, mit Leben im Universum in Kontakt zu treten, ist die größte Schwierigkeit die Distanz. Unsere Voyager-Raumsonden sind jetzt über 100 Astronomische Einheiten weit weg, also 100-mal die Distanz von der Erde zur Sonne. Es hat 40 Jahre gedauert, bis sie die Marke geknackt hatten. Der nächste Stern ist von uns aus Hunderttausende Astronomische Einheiten entfernt. Wir haben bisher nicht mal ein Prozent der Strecke zurückgelegt.

Dazu kommt: Wie lange kann Leben auf einem Planeten existieren? Wie viel Zeit hätte das Leben, zu uns zu kommen, oder wir zu ihm?

JOCHEN: Dann kann man sich die Beschäftigung mit dem Thema eigentlich sparen, oder? Es gibt Berechnungen, wonach es sehr wahrscheinlich ist, dass es Leben im Universum gibt – wir werden es halt nur nie mitkriegen. Warum sucht man trotzdem?

In unserem Sonnensystem gibt es vielleicht kein intelligentes Leben in dem Sinn, aber es gibt durchaus Hinweise auf andere Lebensformen auf dem Mars oder auf den Monden Europa und Enceladus. Anfang der 2030er-Jahre werden wir Proben vom Mars zurückbringen. Wenn wir darin fossiles Leben entdecken, wäre das hochinteressant. Es würde nahelegen, dass Leben unter bestimmten Bedingungen eine natürliche Konsequenz ist. Vor drei Milliarden Jahren waren weite Teile des Mars von Wasser bedeckt und um ihn herum war ein Magnetfeld. Vieles war ähnlich wie auf der Erde.

Schweißeffizient: Wer abends joggt, transpiriert nicht in den Anzug

CHRISTOPH: Wie wahrscheinlich ist es, dass wir irgendwann auf den Mars ziehen können?

Das kann gut sein. Aber zunächst werden Menschen als Forscher zum Mars fliegen, nicht, um dortzubleiben. Wobei ich vor ein paar Wochen ein Meeting mit Elon Musk hatte. Er will nicht nur Tausende Leute dorthin schicken, sondern auch Fabriken bauen.

© MARCO ZANONI

CHRISTOPH: Glaubst du, das wird passieren?

Ja, aber es braucht Zeit. Allerdings würde ich auch nicht mein Leben darauf verwetten, dass es nicht doch so schnell passiert, wie Elon glaubt. Am Anfang sehen die originellsten Ideen den dummen Ideen sehr ähnlich. Man darf nie zu schnell entscheiden, ob etwas verrückt ist oder Innovation.

JOCHEN: Immer weniger Staaten sind in der Lage, überhaupt irgendwas ins All zu schicken. Viele haben große Probleme, Trägersysteme zu bauen. Woran liegt das?

© MARCO ZANONI

Zu Beginn wurden eigentlich alle Trägersysteme von Staaten gebaut. Die meiste Technologie kam aus Deutschland, zum Beispiel von Wernher von Braun. Das waren damals wahnsinnig innovative Leute. Doch wie es mit großen Unternehmungen oft ist: Alles wird ein wenig zu stabil, zu bürokratisch. Es wird teurer, das Produkt herzustellen, gleichzeitig sinkt es im Wert. Dann kommt jemand, der sagt: »Ich kann das billiger.« Das hat Elon Musk mit SpaceX gemacht, Jeff Bezos mit Blue Origin und Richard Branson mit Virgin Orbit.

Die Kosten so einer Rakete sind in den vergangenen zehn Jahren um 40 Prozent gesunken. Deswegen haben wir in Amerika aufgehört, Trägerraketen zu bauen. Wir kaufen sie ein.

JOCHEN: Hat der Weltraum nicht auch eine politisch-strategische Funktion, jedenfalls der Teil, der die Erde enger umgibt? Und müsste ein Land wie die USA deswegen nicht in der Lage sein, so ein Trägersystem selbst zu bauen?

Wir schützen uns, indem wir sicherstellen, dass es mehr als eine Firma gibt, die solche Raketen herstellt. Dafür haben wir genug Markt in Amerika. Computer sind auch wahnsinnig wichtig, aber der Staat baut sie nicht selbst.

CHRISTOPH: Dein größtes Projekt ist aktuell das James-Webb-Teleskop.

Es ist die größte wissenschaftliche Mission im Raum aller Zeiten. Sie hat zehn Milliarden US-Dollar gekostet.

JOCHEN: Es war günstiger geplant …

Das stimmt. Es gab unglaubliche Schwierigkeiten. Wir haben an der Grenze des Möglichen gearbeitet und brauchten lauter neue Technologien.

JOCHEN: Das Teleskop klappt auseinander, oder?

Genau. Der Spiegel, den wir verwenden, hat einen Durchmesser von sechseinhalb Metern. Es gibt bislang keine Rakete, die groß genug wäre, so einen Spiegel zu transportieren. Deswegen musste er faltbar sein.

Vorbereitet: Zwei Reden pro Raketenstart, eine gute, eine schlechte – falls was schiefgeht

Das James-Webb-Teleskop wurde erfunden, um in der Zeit zurückzusehen. Wir empfangen damit Hitzesignale von Sternen der ersten Galaxien vor 13,5 Milliarden Jahren. Um dieses Licht zu sammeln, muss das Teleskop kalt sein.

JOCHEN: Damit man die Wärme sehen kann.

Genau. Deswegen hat das Teleskop ein fünflagiges Sonnenschild so groß wie ein Tennisplatz, ebenfalls faltbar. Man kann sich das vorstellen wie bei einem Transformer.

CHRISTOPH: Als du Wissenschaftschef der NASA wurdest, gab es das Projekt schon. Stimmt es, dass du bereits nach drei Wochen wusstest: Das wird nicht nur dein größtes Projekt, sondern auch dein größtes Problem?

Ich kam dorthin und alle haben mir gesagt, es sei alles okay. Es gab drei wesentliche Entwicklungsgebiete: das Teleskop und die verschiedenen Instrumente für die Beobachtungen – darauf hatte man sich konzentriert, das lief auch gut – und dann das Sonnenschild, darauf hatte niemand geachtet. Das verantwortliche Team war im Grunde zwei Jahre lang nicht vorangekommen. Jeder Tag kostete eine Million US-Dollar und jeden Tag verschob sich der Launch um einen Tag nach hinten. Mit anderen Worten: zwei Jahre Stillstand für eine Million US-Dollar pro Tag.

CHRISTOPH: Kannst du dich an den Moment erinnern, in dem dir das klar wurde?

Ja, es war erschreckend.

JOCHEN: Wie schläft man da?

Gar nicht mehr. Ich hatte ein Problem bemerkt, doch viele meiner Leute haben meine Bedenken nicht ernst genommen, weil ich neu dazugekommen war. Dieser Nachteil war aber in Wahrheit mein Vorteil. Wenn man konzentriert an etwas arbeitet, kann es vorkommen, dass man das große Ganze aus den Augen verliert. Ich habe das Ganze gesehen und gesagt: »Stopp!«

Ich habe einen Freund angerufen, einen meiner größten Kritiker. Er hat in den 70er-Jahren Viking auf dem Mars gelandet, kannte sich also aus. Ich habe gesagt: »Ich brauche deine Hilfe. Wenn du mir hilfst, wirst du viele Freunde verlieren, denn ich werde die ganze Mission infrage stellen. Ich weiß nicht, ob wir erfolgreich sein können. Sag mir deine ehrliche Antwort.« Er hat gesagt: »Es wird 800 Millionen US-Dollar mehr kosten und mindestens zwei Jahre länger brauchen als gedacht. Und du musst dein Team umstrukturieren. Sonst hast du keine Chance.« Das habe ich gemacht.

Bildschirmhintergrund: die Erde bei Nacht

Ich habe diejenigen, die die Fehler gemacht hatten, nie vor allen bloßgestellt. Ich habe ihnen gesagt: »Wir müssen als Team erfolgreich sein, aber ihr müsst euer Problem lösen.« Viele sind weggegangen. Sie wollten mehr Zeit mit ihrer Familie verbringen, wie man in Amerika sagt. Ich habe Druck ausgeübt auf die, die das Problem nicht verstanden haben, und viele neue Menschen angestellt, die heute unglaublich bekannt sind.

CHRISTOPH: Es ist hart, solche Entscheidungen zu treffen. Es geht um die Schicksale einzelner Menschen. Wieso kannst du das?

Ich wusste, es ist die richtige Entscheidung, obwohl es hart war, sie zu treffen. Für mich war keine Entscheidung in meinem professionellen Leben so schwierig wie die Entscheidung damals, von meiner Familie wegzugehen.

Ich gebe den Leuten immer eine Chance zu flicken, was sie verpatzt haben. Aber keiner von uns ist wichtiger als das ganze Team, auch ich nicht.

JOCHEN: In ein paar Wochen wird es die ersten Aufnahmen des James-Webb-Teleskops geben.

Genau, am 12. Juli werden wir die ersten Farbbilder vom tiefen Universum veröffentlichen.

JOCHEN: Neulich gab es die Schreckensmeldung, irgendein Kleinteil sei ins Teleskop gekracht. Was ist in so einem Moment bei euch los?

Der Raum ist nicht leer, sondern voll von Gasen und Staubteilchen. Wenn man einen Spiegel von 6,5 Metern Durchmesser aufstellt, ist das wie eine riesengroße Schaufel für Dreck. Wir hatten vorausgesagt, dass wir jeden Monat von irgendetwas Kleinem getroffen werden. Vor ein paar Wochen war der Einschlag signifikant schwerer als erwartet, aber wir hatten bisher auch nur einen dieser Art. Es ist wie mit einem Steinschlag bei einem neuen Auto: nicht schön, aber funktioniert weiterhin perfekt. Wobei wir uns schon fragen, ob es von diesem schweren Staub mehr gibt, als wir gedacht haben.

© MARCO ZANONI

JOCHEN: Weiß man so was nicht bei der NASA?

Wir haben es noch nicht genau gemessen. Wenn man etwas total Neues macht, gibt es eben total neue Probleme.

JOCHEN: Vielleicht mal gucken, bevor man das teure Teleskop ins All schießt?

Das ist der größte Spiegel, der je gebaut wurde, und wir wurden in sechs Monaten sechsmal getroffen. Man kann nichts Kleines bauen, um so etwas zu testen. Und es würde ewig dauern, bis wir brauchbare Ergebnisse haben. Wir können aber das Teleskop schützen. Der meiste Staub kommt zum Beispiel aus einer bestimmten Richtung, also richten wir das Teleskop so aus, dass wir alle Treffer von hinten kriegen.

CHRISTOPH: Weil du gerade erwähnt hast, was da so alles im All rumfliegt: Wie gefährdet sind wir auf der Erde von Asteroiden?

Es ist nicht die Frage, ob ein Asteroid einschlägt, sondern wann. Aber wir kennen in unserem Sonnensystem alle Asteroiden mit einem Durchmesser von mehr als einem Kilometer. Keiner davon ist auf Erdkollisionsbahn, jedenfalls nicht für die nächsten 100 Jahre. Gerade suchen wir alle Asteroiden, die einen Durchmesser von mindestens 140 Metern haben, 40 Prozent davon haben wir bereits gefunden. Im September werden wir zum ersten Mal ein Kollisionsexperiment durchführen und versuchen, so einen Körper auszulenken.

JOCHEN: DART heißt die Mission, falls jemand googeln will.

CHRISTOPH: Ist nicht vor Kurzem dieser Staub in Berchtesgaden gefunden worden, der beweisen soll, dass ein Asteroideneinschlag im heutigen Mexiko so heftig war, dass er Vulkanausbrüche in Indien ausgelöst hat?

Genau, da geht es um einen großen Einschlag, der das Leben der Dinosaurier und anderer Lebewesen ausgelöscht hat.

JOCHEN: Wie wahrscheinlich ist es, dass so etwas wieder passiert?

Es kommt darauf an, welche Zeitskala man zugrunde legt. In den vergangenen paar Tausend Jahren ist so etwas nicht passiert. Der letzte Einschlag, der für die Erde wirklich gravierend war, war der, über den wir gerade gesprochen haben. Das war vor über 60 Millionen Jahren.

CHRISTOPH: Blöd wäre nur, wenn es jetzt gerade zufällig passiert.

Wir können keine genaue Aussage über die statistische Wahrscheinlichkeit treffen. Der Asteroid, der die Dinosaurier ausgelöscht hat, hatte einen Durchmesser von etwa zehn Kilometern. Je nachdem, wo so ein Asteroid einschlägt, entsteht unglaublich viel Schaden.

Die meisten Asteroiden befinden sich zwischen Mars und Jupiter. Die fliegen da so rum und sind einfach eine Geröllhalde. Es sind Zehntausende Objekte, aber wir wissen, wo sie sind. Die NASA und die Europäer haben Teleskope auf Hawaii, mit denen wir sie jeden Abend beobachten. Bei Kometen ist es viel schwieriger. Sie sind weiter von uns entfernt als der Pluto. Sollten sie auf die Erde treffen, kommen sie mit hoher Geschwindigkeit aus den Tiefen des Alls. Und ehrlich gesagt können wir da nichts tun.

Traumreise: im U-Boot auf Enceladus

JOCHEN: Oh, das ist aber eine schlechte Nachricht.

Von allen Sorgen, die wir haben, ist das sicher nicht die größte. Die Situation mit dem Klima ist viel akuter, weil sie den Zeitraum der nächsten zehn oder 100 Jahre betrifft. Aber Tatsache ist, es gibt diese Gefahr.

JOCHEN: Ich habe, wenn man so will, die komplette katholische Ausbildung durchlaufen und bin dann irgendwann der Kirche abhandengekommen. Das heißt aber nicht, dass der Glaube weg ist. Wie ist das bei dir?

Wenn ich mir die Natur anschaue, habe ich immer das Gefühl, dass da etwas ist, das wichtiger ist als ich. Das geht vielen Wissenschaftlern so. Für einige von ihnen hat das etwas mit Gott zu tun. Für mich ist die Natur selbst der Beweis von etwas Wichtigerem.

CHRISTOPH: Bist du ganz sicher, dass es Gott nicht gibt?

Nein.

JOCHEN: Bist du ganz sicher, dass es den biblischen Gott nicht gibt?

Ja. Ich habe Ehrfurcht vor dem, was ich sehe: vor der Natur und vor dem Handeln der Menschen.

Als Professor kamen oft die religiösesten Studierenden zu mir. Meine Kollegen haben nicht über Religion gesprochen, aber ich habe immer gesagt: »Ich habe überhaupt kein Problem damit, dass du religiös bist. Ich habe nur eine Bedingung: Wenn du mich überzeugen willst, dass das Mormonentum, der Katholizismus, der Protestantismus, der Atheismus oder was auch immer die richtige Glaubensform ist, musst du es zeigen durch die Art, wie du lebst. Du darfst nicht evangelisieren, du musst Leute mit deinen Taten überzeugen.«

© MARCO ZANONI

CHRISTOPH: Das ist eine Offenheit, die du als Kind so nicht erlebt hast.

Ich habe auch das Schöne an Religion gesehen. Mein Vater wollte das Richtige tun. Er hat Fehler gemacht, aber jeder macht Fehler.

JOCHEN: Zur Beerdigung deines Vaters sollen 450 Menschen gekommen sein. Das klingt nach einem gelungenen Leben.

Ja, das musste ich lernen. Am Schluss seines Lebens wollte mein Vater mit mir reden. Er hatte Krebs und lag im Sterben. Meinem Bruder hat er aufgetragen: »Bring den Thomas ins Spital.« Ich ging also dorthin und er hat mir gesagt: »Ich will mich bei dir entschuldigen. Ich habe viele Dinge falsch gemacht. Ich glaube, dass du richtig leben willst, und ich glaube, es wird gut sein. Ich will, dass wir das hinter uns lassen.« Das war ein unglaubliches Geschenk für mich. Wir haben gesprochen, ich stieg wieder in den Flieger, am nächsten Tag war er tot.

Mein Vater hat so authentisch gelebt, wie er konnte. Deswegen hat er so viel Wert im Leben anderer Menschen gehabt. Er hat vielen Menschen geholfen. Im Alter ist er etwas von seiner starren Denkweise abgerückt. Meine Kinder, also seine Großkinder, hatten ein einfacheres Leben mit ihm als meine Geschwister und ich.

CHRISTOPH: Was würdest du in deinem Leben im Nachhinein anders machen?

Wahrscheinlich nicht viel. Ein Ratschlag, den ich vielen Menschen gegeben habe, ist: »Sei in jeder Situation so ehrlich wie möglich und das so früh wie möglich.« Durch Lügen und Verstecken entsteht ein Druck, der nicht nur für einen selbst, sondern auch für die Menschen im eigenen Umfeld so negativ ist, dass man es am Schluss bereut. Sei, wer du bist, von Anfang an. Ich habe damit zu lange gewartet.

A ODER B

Induktion oder Deduktion?
Induktion.

Ideal oder real?
Real.

Spezielle oder allgemeine?
Allgemeine.

M oder Schleifenquanten?
Weiter.

Am Tag nach der Podcast-Aufzeichnung verschob Thomas Zurbuchen den Start der Raumsonde Psyche. Wenig später übertraf das James-Webb-Teleskop bereits mit den ersten Aufnahmen aus den Tiefen des Universums alle Erwartungen.

Die DART-Mission war erfolgreich. Die Kollision mit der Weltraumsonde veränderte im Oktober 2022 die Umlaufbahn des angesteuerten Asteroiden. Die Marsproben, die das Rover-Fahrzeug Perseverance gesammelt hat, sollen 2033 auf die Erde gebracht werden.

Zurbuchen wird die Mission aufmerksam verfolgen, jedoch nicht länger als Wissenschaftsdirektor der NASA. Zum Ende des Jahres 2022 trat er von seinem Amt zurück.

Seitdem ist Zurbuchen international als Speaker und Berater tätig. Seit August 2023 leitet er als Professor für Weltraumwissenschaft und -technologie an der Technischen Hochschule die Initiative ETH Zürich Space. Laut seiner Website ist er noch auf der Suche nach seiner »nächsten Berufung«.

Der Room Service bringt eine Vorspeisenplatte mit Bresaola, Rohschinken, Coppa und Gruyère, Burrata, Tagliatelle all'Arrabbiata aufs Hotelzimmer. Als Nachtisch steht französische Patisserie bereit.

Zu trinken gibt es Bärnerwy, einen Pinot Noir vom Schweizer Weingut Krebs am Bielersee.

Schlusswort Prognos

LUISA NEUBAUER

»Was sind eigentlich so die Perspektiven für junge Klima-Idole?«, fragt Luisa Neubauer. *»Asking for a friend.«* Sie ist Studentin, Aktivistin und in Deutschland das bekannteste Gesicht von Fridays for Future.

Neubauer wurde 1996 in Hamburg als jüngstes von vier Kindern geboren. Die Mutter, eine ausgebildete Krankenschwester, leitet ein Altenpflegeheim. Bis zum Tod des Vaters 2016 führten die Eltern das Haus gemeinsam.

Behütet sei sie aufgewachsen, sagt Neubauer. Schule fiel ihr leicht. Schülerzeitung, »Jugend debattiert«, Auslandsjahr in England, »Einser Abitur?« – »War schon ein gutes Abi.«. Danach half Neubauer beim Aufbau einer Krankenstation in Tansania und bei der Erdbeerernte in England, ehe sie nach Göttingen zog, um Geographie zu studieren.

Ein Leben ohne Aktivismus? Gab es nie. Als Kind blockierte Neubauer mit ihrer Mutter und anderen Familien so lange eine Kreuzung, dass die Grundschule doch nicht geschlossen wurde. Als junge Erwachsene nötigte sie ihrer Uni ab, nicht mehr in Kohle, Öl oder Gas zu investieren.

Neubauer engagierte sich bei verschiedenen NGOs, reiste zum Weltjugendgipfel »Y7« in Ottawa und co-initiierte einen Aufruf an die Bundesregierung, um die Rodungen im Hambacher Forst zu stoppen. Beim Weltklimagipfel in Kattowitz traf sie auf Greta Thunberg, die Initiatorin von Fridays for Future. Kurz darauf organisierte sie die ersten Klimastreiks in Berlin.

Seitdem ist Neubauer auf Konferenzen gefahren, hat auf Panels gesprochen, Kolumnen verfasst und ein Buch geschrieben. Sie hat einen prominenten Posten in der Wirtschaft abgelehnt, Barack Obamas Dresscode gebrochen und festgestellt, dass sie nicht mehr mal einfach so ein Bier trinken kann, ohne dass direkt Fotos davon im Internet landen. Jeden Freitag ist sie auf die Straße gegangen, um zu demonstrieren – bis zuletzt.

Die Welt ist eine andere geworden, als Neubauer Jochen und Christoph im April 2020 zum Gespräch via Zoom trifft. Am 22. März ist der erste Corona-Lockdown in Kraft getreten. Fridays for Future streiken online weiter. In der Öffentlichkeit scheint die Klimakrise in den Hintergrund gerückt zu sein.

CHRISTOPH: Die Frage, die man sich in diesen Tagen ja sowieso immer stellt: Wie geht's?

LUISA NEUBAUER: Stimmt, die Frage hat eine neue Tragweite bekommen. Mir geht's gut – also den Umständen entsprechend, wie man jetzt mit großem Pathos sagen kann. Ist halt merkwürdig. Wir sind mitten in dieser Coronakrise und das macht etwas mit einem.

JOCHEN: Wie sieht dein Alltag gerade aus?

Vor Corona habe ich einen Großteil meiner Tage in der Bahn verbracht, jetzt habe ich ein schönes Wohnzimmer und einen ganz tollen Mitbewohner. Meine Telefonkonferenzen diktieren mich ganz gut durch den Tag. Ich kann also nicht über Strukturlosigkeit klagen. Mit Fridays for Future organisieren wir viel online und ich schreibe meine Bachelorarbeit – die muss jetzt langsam wirklich mal abgeschickt werden.

CHRISTOPH: Wann wurde dir klar: Jetzt ist wirklich alles anders?

An einem Dienstag Anfang März um zwei Uhr morgens. Da rief mich jemand aus München an und meinte: »Luisa, wir machen morgen eine Pressekonferenz und sagen unsere großen Streiks ab. Kannst du kommen?« Vier Stunden später bin ich in den Zug gesprungen und wir haben die Pressekonferenz gemacht. Als ich zurück nach Berlin gefahren bin, waren die Züge schon leer. Beim Aussteigen habe ich mich gefragt: »Moment, wann ist wohl das nächste Mal, dass ich wieder in einem Zug sitzen werde?«

Schmeckt immer: Apfel, »fantastisch in jederlei Hinsicht«

JOCHEN: Beim Weltwirtschaftsforum in Davos haben wirklich große, weltumspannende Fonds gesagt: »Wir desinvestieren in klimaschädliche Technologien.« Das hat mich schon ein bisschen beeindruckt, auch wenn der Plan sehr langfristig ist. Es ist ein sehr klares Signal: Wenn ich jetzt ein Kohlekraftwerk bauen wollte, wüsste ich, dass es kompliziert wird, weil die großen Fonds das in Zukunft nicht

© ZEIT ONLINE (MARIA LORENZ-BOKELBERG)

mehr unterstützen. Du hattest aber nicht den Eindruck, dass sich dort etwas verändert hätte, oder?

Reden ist wichtig und eine Voraussetzung dafür, dass am Ende gehandelt wird. Es ist sicherlich entscheidend, dass bei so einem Weltwirtschaftsforum applaudiert wird, wenn jemand auf der Bühne sagt: »Wir wollen Weltwirtschaft so organisieren, dass es unsere planetaren Grenzen nicht sprengt.«

Aber wir haben auch gesehen, wie dort Greenwashing betrieben wurde. Die großen Banken haben Banner aufgehängt mit Sprüchen wie *»The Future Is Now«*, *»The Climate Is Now«* oder *»We Do It Now«*. Wir reden hier über die dreckigsten Banken und diese ganzen Fonds, die Milliarden Gelder in Kohle stecken und nach wie vor diese Versicherungsverträge beschließen – zum Beispiel für dein Kohlekraftwerk, das du ja eben doch bauen könntest.

Wenn man sich die Zahlen anguckt, öffnet sich ein gigantisches Gap zwischen der Rhetorik der Unternehmen und dem, was auf dem Papier und vor allem in den Fonds drinsteckt. Das macht ein bisschen zynisch und daher ist es auch schwierig, das jetzt so zu zelebrieren.

CHRISTOPH: Ging dir das bei deiner Begegnung mit Joe Kaeser auch so?

Joe Kaeser, der Mann, über den ich in diesem Jahr am meisten gesprochen habe – Himmel!

Ich halte mich kurz, denn man hat das jetzt schon oft gehört: Es gibt ein Kohlebecken in Australien, das bisher unangetastet ist. Wenn man die ganze Kohle darin verbrennen würde, würde das so viele Emissionen ausstoßen, dass man das Zwei-Grad-Ziel vermutlich nicht mehr halten könnte – allein wegen dieses einen Beckens. Jetzt wird es wahrscheinlich angetastet, die Adani Group möchte eine Kohlemine draus machen.

Die Proteste dagegen laufen schon seit Ewigkeiten. Wir hatten uns in Deutschland nicht so viel damit beschäftigt, bis Anfang Dezember ganz viele australische Aktivisten angefangen haben, E-Mails an Siemens zu schreiben, weil die da involviert sind. Jetzt schweife ich doch ein bisschen ab ...

CHRISTOPH: Wir haben ja Zeit.

Okay, also aus einer Aktivistenperspektive: Wenn man so ein großes Projekt stoppen will, was macht man? Man überlegt sich, welche Akteure man erreichen und möglicherweise beeinflussen kann, sich aus diesem Projekt zurückzuziehen. Weil es ein großes Kohleminenprojekt ist, wird da eine Schiene drangebaut. Auf dieser Schiene soll die Kohle bis zu einem Hafen fahren. Der Hafen muss auch gebaut werden. Und aus dem Hafen sollen die Schiffe nach Indien und Bangladesch fahren, die Adani Group ist nämlich ein indisches Unternehmen.

Die Aktivisten in Australien hatten lange Listen von allen Unternehmen, allen Versicherern, allen Zulieferern, die an diesem Projekt beteiligt sind – das ist übrigens ziemlich viel Recherchearbeit, diese Listen liegen nicht einfach so rum. Sie haben dann angefangen, systematisch alle diese Unternehmen zu überzeugen, sich da rauszuziehen. Damit waren sie wahnsinnig erfolgreich. Großbanken wie die Deutsche Bank und auch die Allianzversicherung haben gesagt: »Wir machen da nicht mit.«

Für Unternehmen, die nie vorhatten, sich ernsthaft zu beteiligen, oder die noch keine Verträge unterschrieben haben, ist das natürlich ganz nützlich. Man kann sagen: »Klar, die Kohle auf gar keinen Fall, das kommt uns nicht ins Portfolio.« Während man im Hintergrund all diesen ganzen Scheiß woanders macht. Aber gut, am Ende gibt es eine lange Liste mit Unternehmen, die öffentlich sagen: »Nee, Adani machen wir nicht.« Das ist Gift für ein Vorhaben, das darauf baut, dass es von der Wirtschaft bejaht wird.

Auf dieser Liste mit beteiligten Unternehmen stand auch Siemens. Also haben die australischen Aktivisten im Dezember E-Mails an Siemens geschrieben, unter anderem an Joe Kaeser. Er hat im Nachhinein gesagt, es sei das erste Mal gewesen, dass er überhaupt auf das Projekt aufmerksam geworden ist. Siemens ist nur mit 18 Millionen Euro Vertragsvolumen beteiligt. Wahrscheinlich eher nichts, womit sich ein CEO von so einem Konzern auseinandersetzt.

Joe Kaeser hat auf Twitter geschrieben: »Oh, ich hab' die ganzen E-Mails bekommen, ich denke drüber nach. *I wasn't aware.*« Das war für uns in Deutschland der Punkt, an dem wir gedacht haben: »Das ist ja interessant. Siemens, die kennen wir doch! Sollten wir uns da mal einbringen?« Es war Weihnachten und niemand im Land hatte etwas zu besprechen, also ein günstiger Zeitpunkt.

JOCHEN: Frohe Weihnachten …

Wir haben angefangen, den Jungs bei Twitter zu schreiben und dabei gezielt auf Joe Kaeser einzugehen. Einerseits ist es immer super, wenn man jemanden persönlich anspricht, andererseits steckt dahinter eine Algorithmus-Logik. Tweets laufen besser, wenn man jemanden darin taggt. Ich habe auch so einen Tweet geschrieben, der ist dann im *Handelsblatt* gelandet: »Neubauer greift Kaeser an«. So wurde aus dieser breiten Front gegen Siemens etwas, das zwischen Joe Kaeser und mir ein bisschen eskaliert ist. Wir haben uns in Berlin getroffen, in Siemensstadt. Da wurde mir dann zwischendurch noch ein Job angeboten und ...

CHRISTOPH: Moment! Darauf müssen wir kurz zu sprechen kommen.

JOCHEN: Das Thema ist ja mäandert. Man dachte, er hätte dir ein Aufsichtsratsmandat angeboten. Man kann aber gar nicht so einfach jemanden in den Aufsichtsrat holen. Und dann stellte sich heraus: Nein, gemeint war ein Umweltbeirat oder jedenfalls nicht der offizielle Aufsichtsrat dieses neuen Energieunternehmens, das Siemens ausgründet.

Ich dachte, wir können da so ein bisschen vorbeihuschen und zu Australien und den Kohlebecken kommen.

CHRISTOPH: Das ist mir aufgefallen.

Die Vorstellung, dass sich jemand wie Joe Kaeser mit Nick Heubeck und mir trifft, war für mich ehrlich gesagt nicht total abgefahren. Ich finde, dass Menschen, die Weltwirtschaft organisieren, sich rechtfertigen sollten vor jungen Menschen, die irgendwann die ganzen ökologischen Rechnungen zahlen müssen. Als Joe Kaeser meinte, er möchte etwas zu Adani sagen, dachte ich: »Geil, er geht raus aus dem Projekt.« Und dann meinte er: »Ich würde Ihnen gern einen Posten anbieten.« Das fand ich enttäuschend, aber auch nicht *mind blowing*, weil ...

JOCHEN: Welchen Posten?

Ach so.

CHRISTOPH: Kurzes Augenrollen bei unserem Gast.

Was er gesagt hatte, war ... Och nee ...

JOCHEN: Wir müssen gleich mal einen Wein aufmachen.

Denken Sie, dass ich dann gesprächiger werde? Aber Wein finde ich eigentlich gut.

JOCHEN: Das war doch jetzt keine fundamental schreckliche Frage, oder?

Nein, das ist eine sehr berechtigte Frage. Er hat mir einen Posten angeboten. Nick und ich meinen, es war ein Aufsichtsratsposten. Das Ding ist, wir hätten das niemals öffentlich gemacht. Wir sind aus dem Gespräch gegangen und waren ein bisschen irritiert, weil wir dachten: »Okay, jetzt gibt es eigentlich keine Neuigkeiten von Siemens.« Herr Kaeser meinte dann: »Wir überlegen uns was.«

Als wir aus dem Raum rauskamen, war auf einmal die Presse da. Das war wohl ein bisschen falsch kommuniziert worden, müssen wir im Nachhinein nicht auseinandernehmen. Auf jeden Fall hat Joe Kaeser allein vor der Presse erzählt, dass er dieses Angebot gemacht hat und was es für ein Angebot war. Wir haben kein Wort darüber verloren. Logischerweise muss diese Geschichte mit dem Aufsichtsratsposten also aus der Siemens-Ecke gekommen sein.

Ein Journalist vom RND hat noch mal nachgefragt: »Welchen Posten meinen Sie denn genau, einen Aufsichtsratsposten oder einen Nachhaltigkeitsposten?« Und laut dem Aufnahmegerät dieses Journalisten meinte Herr Kaeser wohl: »Das kann sie sich aussuchen.« Ich will da jetzt nicht drüber urteilen, aber ich weiß nicht, wie professionell das ist.

JOCHEN: Wir spulen kurz zurück: Es geht um ein 18-Millionen-Euro-Projekt irgendwo am anderen Ende der Welt, ein paar Aktivisten schreiben ein paar Tweets und das kostet den CEO eines wirklich

großen deutschen Unternehmens jedenfalls phasenweise relativ viel Reputation. Wenn man sich mit Leuten wie dir einlässt, kann einen das wirklich in Bedrängnis bringen. Wahrscheinlich war er besten Willens und hat versucht, mit euch zu kommunizieren. Damit hat er eigentlich noch mehr Unwillen hervorgerufen. Vielleicht wusste er ab einem bestimmten Moment nicht mehr, wie er mit euch umgehen soll, weil ihr auf einem völlig anderen Feld spielt. Das ist unfair.

Unfair? Für wen?

© ZEIT ONLINE (MARIA LORENZ-BOKELBERG)

JOCHEN: Ich versuche, Empathie für Joe Kaeser zu empfinden. Es ist vermutlich gar nicht so einfach, in so einer Situation zu navigieren.

Das stimmt. Was Joe Kaeser gemacht hat, kann man aus 1000 verschiedenen Perspektiven sicherlich 2000 unterschiedliche Male interpretieren. Aber er hat bewiesen, dass es möglich ist, diese globale Klimabewegung im direkten Austausch ernst zu nehmen und anzuerkennen. Das ist außergewöhnlich. Damit ist er zu einem *Blueprint* geworden für die Konfrontation von Wirtschaft und Klimabewegung. Es hat sich offenbart, wie groß und wie vermint das Feld ist und wie schwierig es ist, da zurechtzukommen.

CHRISTOPH: Warum hat er dir in einer Situation, in der ihr euch inhaltlich ausgetauscht habt, wohl plötzlich diesen Posten angeboten?

Ich gehe davon aus – und ich habe danach noch öfter mit ihm gesprochen –, dass er junge Menschen in Führungspositionen in seinem Konzern einbinden will, in dem Fall halt konkret mich. Das hat er mir gegenüber erklärt als den Versuch, in dieser total wirren Situation, was das Weltklima und die Folgen für die Weltwirtschaft betrifft, Positionen von jungen Menschen zu festigen, die es als ihren Auftrag verstehen, da durchzunavigieren. Nur: Wie kann das funktionieren für Konzerne, die jedenfalls partiell dazu beitragen, dass die Dinge so sind, wie sie sind?

CHRISTOPH: Könntest du dir grundsätzlich vorstellen, so einen Job zu machen?

Boah, ich bin 23. Eigentlich sollte ich zu irgendwelchen Grundsatzfragen über Jobperspektiven nicht Nein sagen. Ich habe das Angebot aber ganz bewusst und sehr sicher abgelehnt, weil ich nicht finde, dass ich in der Position bin, den Job zu machen.

JOCHEN: Du hast deine Absage auch damit begründet, dass du ein Unternehmen, bei dem du im Aufsichtsrat sitzen würdest, nicht öffentlich grillen könntest. Das fand ich smart. Kommst du da selbst drauf oder gibt es Menschen, die dir in solchen Fällen Rat geben?

Natürlich gibt es Menschen, die ich um Rat bitte. Es wäre töricht und auch ein bisschen naiv, das nicht zu tun. Es ist einem sehr geholfen, wenn man die Kompetenzen anderer Menschen anerkennt.

CHRISTOPH: Und wer sind diese Menschen?

Meine Kolleginnen und Kollegen von Fridays for Future. In diesem Fall gab es ein Plenum in Berlin, wo wir uns abgesprochen haben. Außerdem habe ich zwei Menschen einbezogen, die im Alter von Joe Kaeser sind, um zu gucken, ob es auch intergenerativ funktioniert. Die eine war meine Mutter.

CHRISTOPH: Wie hat sie reagiert?

Sie hat wahrscheinlich so was gesagt wie: »Top. Schreibst du deine Bachelorarbeit zu Ende?«

CHRISTOPH: Macht sie sich Sorgen darum?

Es ist schon ein Thema. Mutter, falls du das gerade hörst: Ich bin dran, *I promise!*

JOCHEN: Du erwähnst oft die starken Frauen in deiner Familie, die du dir als Vorbild nimmst. Warum ist deine Großmutter so ein tolles Vorbild?

Die Frau ist fast 90. Morgens um halb neun ruft sie mich ganz aufgeregt an und sagt: »Luisa, ich habe so lange geschlafen, aber jetzt muss ich mit dir über das Kohlekraftwerk in Wedel reden. Das ist ein Skandal und da muss unbedingt was gemacht werden! Ich habe jetzt diesen Report vom BUND gelesen und da habe ich mich gefragt: Als die das damals mit Airbus gemacht haben …« Und dann geht es los. Fantastisch!

Nebenjob: Etikettieren im Bioladen – früher mal

Abgesehen davon trinkt sie ab und zu auch gerne mal einen Eierlikör mit ein bisschen Eis drin. Den gibt es übrigens auch vegan.

JOCHEN: Bist du sehr streng vegan? Ich weiß, man soll das nicht fragen. Es ist so eine bescheuerte Debatte …

Ich habe mir das mit dem Veganismus gut überlegt. Das erste Problem für mich war die Milch im Kaffee. Ich trinke wahnsinnig gerne Kaffee und finde, ein ausgewogener Kaffeekonsum steigert die Lebensqualität signifikant. Auf die Milch zu verzichten, konnte ich mir nicht vorstellen, aber es ging dann doch. Das zweite Problem: Was mache ich mit meiner Großmutter? Wenn meine Großmutter etwas kocht, möchte ich nicht diejenige sein, die sagt: »Frau Großmutter, aber …«

Ich würde mich nicht als dogmatisch bezeichnen, was das betrifft. Ich bin auch vegan aus strukturellen globalen Beweggründen und finde es ganz wichtig, dass Veganismus in den Mainstream einzieht. Es ist lebensbejahend und macht die Menschen glücklich und gesünder. Das funktioniert aber nicht, wenn wir heulend am Tisch sitzen, weil wir feststellen, dass da doch irgendwie ein bisschen Milch ins Essen gekommen ist. Davon kippe ich ja nicht um. Ich kann verstehen, dass Leute das anders machen, aber für mich funktioniert es so ganz gut.

JOCHEN: Und guckst du Netflix, obwohl die Klimabilanz von Netflix höchst fraglich ist?

Sehr wenig. Ich habe nicht so viel Zeit dafür, aber ja, das mache ich. Es ist eine gemeinschaftliche politische Herausforderung, die Digitalisierung ökologisch verträglich zu gestalten. Wir dürfen globale Lasten nicht auf den Schultern Einzelner ablagern. Es muss kein Widerspruch sein, ab und zu irgendwas auf Netflix zu gucken und trotzdem zu fordern, dass Streaming emissionsärmer wird. Das sind die Ambiguitäten, die wir aushalten müssen in dieser Welt.

CHRISTOPH: Netflix & Co. werden ja schon lange für das Thema Emissionen kritisiert. Dann begann Corona, und relativ schnell haben Anbieter verkündet, dass sie mit reduzierten Daten streamen – aus Rücksichtnahme auf die Krise.

JOCHEN: Da geht es aber um Bandbreite, nicht ums Klima.

CHRISTOPH: Genau das meine ich ja: Sie können plötzlich schnell reagieren!

Das stellen wir gerade fest: Wenn man wirklich will, kann man Krisen ernst nehmen.

JOCHEN: Frustriert dich das als Klimaaktivistin?

Nein, tut es nicht. Ich könnte aus vielen Gründen zynisch auf die Lage gucken und denken: »Was zum Henker, Leute. Wir haben euch doch gesagt: ›Nehmt die Krisen ernst!‹« Das bringt original gar nichts. Die Klimakrise wird nicht als eine existenzielle Menschheitskrise akzeptiert. Es ist also logisch, dass nicht die Konsequenzen gezogen wurden, die man erwarten würde.

JOCHEN: Bei Corona konnte man sehr gut beobachten, wie dieses »Das ist sehr abstrakt, worüber reden die Leute eigentlich?« kippt in ein »Huch, jetzt ist es hier und es betrifft mich«. Im Grunde ist das die Geschichte der ganzen Klimabewegung in wenigen Tagen.

Die Coronakrise als akzelerierte Klimakrise ist ein Narrativ, das in Teilen sicherlich greift. Es kann aber toxisch sein, wenn man es zu Ende denkt. Wir können jetzt kurzfristig verhindern, dass wir Krankenhauskapazitäten sprengen. Bei der Klimakrise reden wir von Ökosystemen. Die machen wir jeden Tag so weit kaputt, dass wir, wie es aktuell aussieht, unweigerlich in einen planetaren Zustand kommen, wo wir nicht eines Tages sagen können: »Super, jetzt reißen wir das noch irgendwie rum.« Wenn eine Lehre aus der Coronakrise ist, Krisen früher ernst zu nehmen: Super, dann lasst uns das bei der Klimakrise machen. Aber es wäre gefährlich, von der einen undifferenziert auf die andere zu schließen.

JOCHEN: Punkt akzeptiert.

CHRISTOPH: Deine Mutter ist ausgebildete Krankenpflegerin. Sprichst du mit ihr über ihren Arbeitsalltag?

Ich habe mit meiner Mutter schon immer viel über die Probleme im Krankenhaus gesprochen, aber jetzt gerade tue ich das natürlich ein bisschen aufmerksamer.

JOCHEN: Dieser Applaus auf den Balkonen, wo Leute abends nach draußen treten und Pflegekräfte feiern …

Wie sie das findet? Das habe ich sie auch gefragt, weil ich mir unsicher war, ob sie es mir übel nehmen würde, wenn ich nicht klatsche. Ich fand das Ganze intuitiv skurril. Erst einmal kann es sicherlich etwas Liebevolles haben, etwas Solidarisches, etwas Aufmerksames. Dann wirkt es aber ganz schnell fast ein bisschen höhnisch. Man kommuniziert: »Toll, dass ihr das macht«, während dahinter Jahrzehnte struktureller Ausbeutung stehen.

Aus einer feministischen Perspektive frage ich mich auch: Würden wir so viel und so euphorisch klatschen, wenn es mehrheitlich Männer wären, die da arbeiten? Oder hätte es nicht schon längst eine Gehaltserhöhung gegeben, weil die Jungs das so ausgemacht haben? Ich denke da etwa an die roten Rosen zum Frauentag. Deswegen habe ich meine Mutter gefragt: »Hättest du gerne, dass ich klatsche?« Und sie hat gesagt: »Wenn du stattdessen deine Bachelorarbeit schreiben würdest, wäre das sehr gut.«

Nervig: Kommerzialisierung des Aufräumens à la Marie Kondō

CHRISTOPH: Bei jeder Gelegenheit scheint sie darauf zu sprechen zu kommen.

Na ja, sie berichtet mir seit Jahren, was sie im Krankenhaus erlebt. Das ist sozial, aber auch physisch total krass und finanziell absurd. Sie hätte es durchaus okay gefunden, hätte man früher ein bisschen zugehört, was die Menschen berichten, die im Krankenhaus arbeiten. Die Versorgungskrise konfrontiert uns mit einem Gesundheitssystem, das nicht resilient ist, weil es ausgebeutet und kommerzialisiert wurde. Da wäre es geiler, würde man sich darum kümmern. Aber wenn Leute klatschen wollen, möchte ich darüber nicht urteilen. Es gibt viele, die das toll finden, auch weil es etwas Gemeinschaftliches hat.

JOCHEN: In der Klimadebatte gibt es das Paradigma des Generationenkonflikts. Die Jungen sagen: »Die Alten zerstören unsere Zukunft.« Beim Thema Corona ist es derzeit komplett invers. Die Jungen müssen die Verantwortung für die Älteren übernehmen, weil sich das Risikoprofil mit zunehmendem Alter verschlechtert. Lässt sich dieser Gedanke irgendwie nutzen?

Diese neuen Formen der intergenerativen Herausforderungen sind spannend, weil sie uns zwingen, generationenübergreifend über Politik nachzudenken. Ich bin da ganz zuversichtlich. Vielleicht haben wir mit Fridays for Future gezeigt, dass junge Menschen auch eine politische Meinung haben und wissen, wie man sich zur Wehr setzt.

Es ist natürlich skurril, dass wir auf einmal die Vernünftigen sein sollen, vor allem die Gehorsamen. Wir bei Fridays for Future sind ja durchaus protestfreudig, wir hinterfragen politische Maßnahmen. Plötzlich sind wir in der Verantwortung, Menschen aufzufordern, sich an die Regeln zu halten und sich bitte dem zu beugen, was politisch vorgegeben wird. In der Klimakrisenhierarchie sind wir die Verlierer, in der Coronakrise sind wir die Privilegierten. Weil wir nicht so gefährdet sind, müssen wir andere schützen, statt von anderen einzufordern, uns zu schützen.

CHRISTOPH: Wie nimmst du die Stimmung unter Gleichaltrigen wahr?

Viele Menschen meines Alters erleben gerade die erste fühlbare politische Krise. Das gilt auch für mich. Die Klimakrise war für viele zunächst mal rhetorisch eine Krise. Jetzt müssen wir eine Krise spüren, wenn nicht emotional oder sozioökonomisch, dann zumindest räumlich.

Als ich zwölf oder 13 Jahre alt war, habe ich mit meinen Eltern

»Tagesschau« geguckt und gefragt: »Was ist denn diese Finanzkrise?« In den Nachrichten hat man Geld gesehen oder das Logo einer Bank, ein paar Väter meiner Freundinnen haben ihren Job verloren. Aber ich habe das nicht als Krise wahrgenommen. Jetzt sitzen wir da und denken: »Man hat uns gar nicht beigebracht, dass es Krise geben kann.«

CHRISTOPH: Das eigene Sozialverhalten hat plötzlich eine ganz andere Dynamik. Es ist leichter, gegen SUV oder Kreuzfahrten zu sein, wenn man sowieso keinen SUV fährt oder auf Kreuzfahrt geht, als keine Freunde mehr zu treffen, weil man sich an die Regeln halten möchte.

Es kann hart sein. Ich würde aber sehr daran appellieren, dass man sich da zusammenreißt, gerade wenn man es vergleichsweise gut hat – den Risikogruppen und den Menschen, die gerade die ganze Arbeit machen, zuliebe.

JOCHEN: Ich wohne neben dem Berghain und manche Teile der Gegend hier sind immer noch Partygebiet. Es interessiert einfach niemanden, Rücksicht zu nehmen. Das sind vor allem Leute in ihren Zwanzigern.

CHRISTOPH: Wobei meine Mutter mir erzählt hat, dass sie am Wochenende in der Pfalz viele ältere Menschen vor irgendwelchen Kneipen gesehen hat. Die kommen, um etwas zum Abholen mitzunehmen, bleiben dann aber vor dem Laden stehen und trinken gemütlich in kleinen oder größeren Gruppen ihre Weißweinschorle. Alle wissen, sie sollen so was nicht machen, und dann passiert es doch überall. Woher kommt das?

Auf dem Weg zum Briefkasten habe ich heute eine Gruppe von so sieben Leuten an einem Tisch sitzen sehen. Eine ältere Frau kam vorbei und meinte – auf Distanz natürlich: »Was macht ihr denn hier? Ihr müsst doch weggehen!« Und die haben geantwortet: »Nein, das ist nur Panikmache. Das ist alles ein Hoax, ein Mythos, alles nicht so schlimm. Das ist nur eine kleine Grippe. Die Regierung will uns nur kleinkriegen.« Und ich dachte mir: »Boah, daraus wird sicher noch was.«

Ich habe das Gefühl, es gibt eine krasse Homogenisierung der politischen Meinung zu der Lage. Gerade sind alle recht konformistisch, auch die Mainstream-Medien. Man findet die Maßnahmen gut, man hört den Epidemiologen zu. Aber ich glaube, da werden Verschwörungstheorien ohnegleichen gesponnen werden.

JOCHEN: Das passiert ja schon.

CHRISTOPH: Auf WhatsApp bekommt man von Freunden und Bekannten Nachrichten geschickt, bei denen man denkt: »Das kann jetzt nicht wahr sein!«

Ibuprofen!

CHRISTOPH: Die berühmte WhatsApp-Nachricht aus Wien, die war auch ein Hoax.

JOCHEN: Oh Gott, bitte nicht Ibuprofen!

CHRISTOPH: Wie war eigentlich deine erste Begegnung mit Greta?

Es war ein halber Zufall. Ich war in einer Delegiertenposition beim Weltklimagipfel in Katowice, da hatte Greta eine Pressekonferenz. Ich wusste, dass es sie gibt, aber ich hatte nicht im Detail verfolgt, was sie macht. Ich habe sie als sympathischen Menschen wahrgenommen und war beeindruckt davon, wie klar und präzise sie spricht. Also bin ich nach der Veranstaltung zu ihr und ihrem Vater gegangen.

Es war eine wahnsinnig nette Unterhaltung, aber die beiden hatten so viel Stress. Da meinte ich: »Sagt mal, es sieht aus, als könntet ihr Hilfe gebrauchen.« Das war eigentlich witzelnd gemeint, aber ihr Vater meinte direkt: »Ja, total, willst du helfen?« Auf einer Klimakonferenz fühlt man sich sehr schnell unnütz, also dachte ich: »Vielleicht ist das gerade das Sinnvollste, was ich mit meiner Zeit tun kann.«

Ich habe Greta dann ein paar Tage geholfen, ihre Termine zu organisieren. Das war auch ganz witzig. Irgendwann kam eine österreichische Staatssekretärin, wollte unbedingt mit Greta sprechen und ich stand da mit meinem Notizbuch: »Öhm, morgen nach dem und dem Panel vielleicht.«

JOCHEN: »13.30 Uhr bis 13.35 Uhr haben wir noch einen Termin.«

Ja, genau so.

JOCHEN: Das ist bis heute so, oder? In Davos warst du quasi Gretas Vormund, war mein Eindruck. Ihr Vater war gar nicht dabei.

Es hat sich schon geändert. Mittlerweile ist es deutlich schwieriger, einen Termin mit Greta zu bekommen. Aber ich war in Davos tatsächlich so etwas wie ihr *Guardian*. Sie ist ja unter 18.

CHRISTOPH: Wie würdest du Greta jemandem beschreiben, der sie noch nie getroffen hat?

Sie ist eine sehr intelligente, rhetorisch, politisch und naturwissenschaftlich begabte Frau aus Schweden – und auch eine sehr freundliche und humorvolle übrigens. Mit einem Hund.

JOCHEN: Ich sitze hier im Wohnzimmer, neben mir spielen meine Kinder PS4. Auch bei ihnen fällt mir auf: Es gibt so einen latenten Vorwurf, dass meine Generation es halt versemmelt hat, jetzt ist es im Argen und die Jugend muss es retten. Das ist aber nicht wahr. Es hat vielleicht nicht den Effekt gehabt, den man sich erhofft hat, aber es haben schon mehrere Generationen vorher versucht, Dinge zu verändern. Den Vorwurf, niemand hätte sich gekümmert, akzeptiere ich einfach nicht. Mich ärgert das.

Da bist du nicht der Einzige.

JOCHEN: Und ist dieser Ärger berechtigt?

»Ihr habt uns die Zukunft geklaut«, dieser Vorwurf ist differenziert zu betrachten. Ein Teil betrifft deine Generation genauso wie die Generation vor und die Generation nach dir. Die wären in der Verantwortung gewesen, den Planeten und die Ökosysteme zu schützen und dafür zu sorgen, dass ein stabiles Klima gewährleistet ist, trotz all der wirtschaftlichen Entwicklungen und eines Strebens nach Wohlstand. Das wurde nicht erreicht.

Der andere Teil des Vorwurfs ist spezifischer. Man hätte in den 90er-Jahren anfangen können, Stück für Stück Emissionen zu reduzieren. Das wäre nicht einfach, aber vereinbar gewesen mit Wohlstandsförderung. Hat man aber nicht gemacht, weil es zu unbequem war. Dieser Teil des Vorwurfs richtet sich ganz gezielt an Menschen, die in der Position gewesen wären, etwas zu machen. Je größer der Wirkungsraum ist, in dem man handelt, desto größer die Verantwortung.

JOCHEN: Du bist ja auch bei den Grünen. Da gibt es mehrere Generationen von Menschen, die sich für diese Themen eingesetzt haben. Ich finde es frech, wenn man deren Arbeit wegwischt und sagt: »Jetzt kommen wir und wir machen das!« Macht ihr es jetzt wirklich?

Wollen wir gar nicht! Hätte es die Bemühungen der Generationen vor uns nicht gegeben, wären wir an einem anderen Punkt. Fridays for Future konnte in Deutschland nur so erfolgreich sein, weil ein großer Teil der Klimabewegung in den Jahren davor Aufklärung geleistet hat. Dafür schwingt bei uns ganz viel Wertschätzung mit. Dieses »Jetzt kommt ihr und wollt das machen« ist ein riesiges Problem, weil offensichtlich: *Who are we?* Wir sind sehr viele, aber wir sind vor allem sehr junge, in den meisten Fällen nicht einmal wahlberechtigte Menschen. Natürlich werden wir das nicht allein machen.

Im Februar vergangenen Jahres habe ich ein Streitgespräch mit Peter Altmaier geführt, wo er sagte: »Ja, dann werden sie doch Politikerin. Studieren Sie, werden Sie Politikerin und dann machen Sie das.« Daraufhin habe ich gesagt: »Nein, Herr Altmaier, es geht nicht darum, dass ich irgendwann einmal irgendwas mache. Es geht darum, dass Sie jetzt gerade in Ihrem Amt diese Pfade gehen und Türen aufmachen.« Mir ist erst Monate später aufgefallen, dass das ein ganz verbreitetes Narrativ ist: »Ihr wollt, dass die Welt anders ist? Macht sie doch anders, wenn ihr mal an der Reihe seid.« Als wäre das Klima eine Sache, die nur uns etwas angeht, und wenn wir es unbedingt anders haben wollen, können wir ja dann was machen.

JOCHEN: Vorhin klang die Frage schon ein bisschen an: Wenn man sich für eine Sache einsetzt, wie lebt man eigentlich selbst?

Das betrifft wenige so sehr wie Klimaaktivisten. Menschen, die sich für Integration einsetzen, werden nicht ewig gefragt, ob sie auch immer freundlich waren.

JOCHEN: Leute schätzen es schon, wenn man nicht nur über etwas redet, sondern auch danach lebt. Es gibt eine Debatte darüber, inwieweit das eigene Leben dem Ideal eines Zero Footprint entsprechen muss. Mir geht es gar nicht darum, ob du Netflix guckst. Mir geht es vielmehr um die Frage: Wie groß ist denn mein Handlungsspielraum, als Einzelner etwas am Klimawandel zu ändern?

In meinen Augen ist die relevanteste Verhaltensänderung der Menschen in Deutschland im Jahr 2019, dass sie entschieden haben: Sie gehen klimastreiken und sie machen das Klima zum Thema auf ihrer Arbeit, in ihrem sozialen Umfeld und bei sich zu Hause. Diese Leute haben zusammen ermöglicht, dass wir hier sitzen und diverse Stunden unter anderem über das Klima reden, dass wir seit eineinhalb Jahren einen relativ ungebrochenen Diskurs über das Klima haben und dass es gar nicht so überraschend ist, dass ein Weltwirtschaftsforum vom Klima dominiert wird. All das wurde möglich, weil Menschen sich individuell als politisch erkannt haben – und zwar nicht nur an der Fleischtheke oder im Reisebüro.

Am Ende des Tages ist es am effektivsten, sich zu organisieren. Wir bei Fridays for Future versuchen, möglich zu machen, dass Menschen sich relativ einfach politisch einbringen können: »Kommt auf die Straße, alle können mitmachen, bringt ein Schild – easy.«

Ein spannender Aspekt der Klimakrise als politische Herausforderung ist: Wir alle sind mit Schuld, auch ich. Das ist schwer auszuhalten. Ich habe allerdings das Gefühl, dass wir zu viel Energie für Fragen verbrauchen wie: »Darf ich eigentlich streiken gehen, obwohl ich letztes Jahr geflogen bin?« Wir müssen doch feststellen: Es gibt kein nachhaltiges Leben in einer nicht nachhaltigen Welt.

Es gibt viele Gründe, warum wir uns bemühen sollten, ein ökologisches Leben zu führen, aber letztlich brauchen wir einen großen strukturellen Wandel. Der muss politisch initiiert sein. Ich bin trotzdem vegan und fahre gerne Fahrrad. Es macht mich glücklich und dieses Streben nach einem guten Leben sollten wir ohnehin betreiben.

CHRISTOPH: Wann hast du zum letzten Mal etwas wirklich Unvernünftiges gemacht?

Ich überlege kurz eine diplomatische Antwort.

JOCHEN: Ich bin vor zwei Jahren mit einem Maserati nach Baden-Baden reingefahren. Es gibt eine total seriöse Erklärung dafür, aber das war das Bizarrste, was ich seit längerer Zeit gemacht habe. Hast du solche Erlebnisse auch schon gehabt?

Das letzte Mal war gestern, aber davon erzähle ich euch nicht.

CHRISTOPH: Was war noch gleich gestern? Ich habe das akustisch nicht verstanden.

Ich weiß es auch nicht mehr so genau.

JOCHEN: Wir haben Ausgangssperre, oder? Was soll da schon gewesen sein?

Kann ja eigentlich nichts gewesen sein.

JOCHEN: Du hast zwei Folgen Netflix auf einmal geguckt!

Ich frage mich manchmal, ob Menschen wirklich den Eindruck haben, dass ich ein totales Streberleben führe.

JOCHEN: Ja.

CHRISTOPH: Entschuldige, aber so wie du das jetzt erzählst …

Ich weiß nicht genau, ob ich da was gegen tun möchte.

Letztens wurde ich gefragt, ob ich in eine Telefonkonferenz komme. Es war mitten in der Nacht und ich habe geschrieben: »Nein, Entschuldigung, ich muss mich gerade betrinken.« Ich habe ein Foto hinterhergeschickt: ich, mein Glas Wein und die Gesellschaft dahinter. Die Leute sind vom Stuhl geflogen, weil sie dachten, es wäre ein Scherz. Luisa Neubauer betrinkt sich doch nicht!

JOCHEN: Ich möchte noch mal nachhaken bei der Frage: Wie führe ich eigentlich ein gerechtes Leben? Ich kann ja schlecht am Frühstückstisch sagen: »Kinder, wir müssen dringend über den Klimawandel reden.« Und dann in meinen SUV steigen und zur Arbeit fah-

ren. Wissend, dass Klimaphänomene nicht durch ein privates Leben beeinflussbar sind, ist es doch wahrscheinlich trotzdem sinnvoll, sich zu fragen: »Welchen noch so kleinen Beitrag kann ich privat leisten?« Was würdest du mir raten?

Zusätzlich zu den freitäglichen Klimastreiks, meinst du?

JOCHEN: Genau, ich meine bewusst abseits aller politischen Aktionen.

Du könntest meinen TED Talk angucken.

JOCHEN: Ich beharre auf dem Punkt: Es muss eine Reflexion im Privatleben geben. Was sind die großen Hebel, die ich habe, um die Welt positiv zu beeinflussen?

Nachdem du dafür gesorgt hast, dass in deiner Redaktion anständig über die Klimakrise berichtet und in deiner Familie freitags fleißig klimagestreikt wird, würde es nach Emissionen gerechnet weitergehen mit Wohnen, Fortbewegung und Essen. Wenn man priorisiert, was deinen persönlichen Fußabdruck reduzieren würde: Wechsle deinen Stromanbieter.

JOCHEN: Habe ich schon.

Okay, check. Geh zu einer Bank, die dein Geld ökologisch verwaltet.

JOCHEN: Habe ich schon.

Okay, check. Dann erzähle deinen Freunden, vor allem deinen reichen Freunden mit den großen Häusern, dass sie das auch tun sollen.

CHRISTOPH: Das ist nicht schlecht!

JOCHEN: Christoph, könntest du auch zur GLS Bank wechseln? Weiter.

Ganz wichtig natürlich: Wie oft fliegst du?

JOCHEN: Im Moment überhaupt nicht. Super, oder?

Ah, *well done,* Corona. Was für ein Auto fährst du?

JOCHEN: Ich habe keins.

Check. Isst du Fleisch?

JOCHEN: Ja, wieder.

Wieder?

JOCHEN: Ich habe eine ganze Weile darauf verzichtet. Inzwischen esse ich wieder ein bisschen.

CHRISTOPH: Ein bisschen?

JOCHEN: Die Idee für diesen Podcast ist in einem Steak-Restaurant entstanden, in das mich Christoph geschleppt hat, der alte Hipster.

CHRISTOPH: Ich bin schuld, ich übernehme die Verantwortung.

Du isst auch noch Fleisch? Okay, *no blaming* hier.

JOCHEN: Christoph macht eigentlich alles.

Vielleicht kannst du mir diese Unvernunft beibringen?

Das wären jedenfalls so die wichtigen Punkte. Das Allerwichtigste wäre jetzt aber: *Embrace it!* Das Ganze kann nur Wirkmacht entfalten, wenn du Bock darauf hast. Die Idee ist, dass man *mainstreamt,* was ökologisch tragbar ist. Aber es ist auch ein Privileg, sich in einer Gesellschaft für ökologische Alternativen zu entscheiden, in der es in der Regel aufwendiger, teurer und unbequemer ist, ökologisch zu leben. Es braucht eine große Gruppe von ökologisch Motivierten, die es vorleben – in dem Bewusstsein, dass sie das vor allem für sich selbst tun.

Solidarisch: »Suits« gucken, während alle über Meghan Markle herziehen

JOCHEN: Wer von all den Politikern, die du getroffen hast, hat dich am meisten beeindruckt?

Ich habe mal mit Al Gore zu Abend gegessen, vegan übrigens. Wir saßen in Davos zufällig an einem langen Tisch zusammen und sind abgedriftet in eine philosophische Debatte über den Streik und die Natur von Klimaschutz. Das wäre jetzt ein kurzer Exkurs ...

JOCHEN: Wir haben ja Zeit.

© ZEIT ONLINE (MARIA LORENZ-BOKELBERG)

Wir haben festgestellt, dass der Klimastreik als politischer Akt eigentlich der Erwartung an meine Generation widerspricht. Nach Andreas Reckwitz leben wir einer Gesellschaft der Singularitäten: Das Streben nach Außergewöhnlichkeit, das Kuratieren des eigenen Lebens und die Performance werden immer weiter perfektioniert. Inmitten dieses Strebens nach besser und toller sagen die Klimastreikenden: »Wir widersetzen uns dieser Erwartung an Leistung.« Das passt so gar nicht in das Bild, das man sich von unserer Generation gemacht hat.

Wenn man ältere Menschen fragt: »Was gibt dir Hoffnung?«, antworten sie: »Die junge Generation.« Ich glaube, für viele Menschen ist es wichtig, dass junge Menschen zukunftsgewandt und agil sind, bereit, euphorisch in die Zukunft zu blicken. Dieser Projektion entziehen wir uns mit Fridays for Future. Eltern erleben, wie ihre Kinder sagen: »Ich habe keinen Grund mehr, hoffnungsvoll zu sein, weil ihr es nicht geschafft habt, den Planeten in einem Zustand zu erhalten, dass ich darauf meine Zukunft aufbauen könnte.« Es ist schmerzhaft zu erleben, wie junge Menschen Hoffnungslosigkeit oder jedenfalls einen Mangel an Zuversicht ausdrücken.

Das haben Al Gore und ich an dem Abend erörtert. Als Person hat er mich sehr beeindruckt, politisch – das ist eine andere Sache.

CHRISTOPH: Du arbeitest wahnsinnig viel und hart. Woher kommt das bei dir?

Ich vermute, es ist eine Kombination aus Verantwortungsbewusstsein, Begeisterungsfähigkeit und Selbstwirksamkeit. Ich liebe das, was ich mache. Und ich sehe, dass es etwas bringt.

CHRISTOPH: Dass du viele positive Reaktionen bekommst, ist wahrscheinlich auch wichtig, oder?

Es geht mir eher um Resonanz. Ich bekomme viele positive Reaktionen, aber auch viele negative. Menschen arbeiten sich an mir ab. Ich bin nicht ausgezogen, um irgendwelche wunden Punkte bei den Leuten zu treffen, aber ein Stück weit spricht es schon für meine Arbeit, dass Menschen sich zumindest angesprochen fühlen und das Gefühl haben, sie müssten sich wehren gegen die Kraft der Klimaschützer.

JOCHEN: Ich weiß, es ist eine fürchterliche Frage, aber was machst du in fünf Jahren?

Ich weiß es nicht. Ich hätte vor einem halben Jahr auch nicht gewusst, was ich heute mache. Jetzt gerade studiere ich und ich werde auch noch ein bisschen weiterstudieren. Ich schreibe sehr gerne und möchte das auch weitermachen. Und ich beschäftige mich sehr gern mit der Klimabewegung, mit Organisation, Aktivierung und Mobilisierung und den großen Geschichten, die Menschen bewegen können – und dann natürlich mit globalen Fragen von Klimagerechtigkeit in der Umsetzung.

CHRISTOPH: Welche Fragen gehen dir gerade durch den Kopf?

Oh, viele. Natürlich so ganz große Fragen: Wie schaffen wir es als Menschheit, zwei Krisen auf einmal zu bewältigen, die Klimakrise und die Coronakrise – und dann noch alle anderen Krisen, die wir nicht so gerne wahrhaben wollen? Was macht die Coronakrise mit unserer politischen Kultur? Rasten wir wieder ein in Mechanismen, die wir eigentlich überwinden wollen: Autoritäres, Patriarchales, Antidemokratisches? Oder schaffen wir es, uns auf etwas Progressives, Zukunftsgewandtes, Gerechtigkeitssuchendes hinzubewegen? Was ist das für eine Krise, die so sehr auch Geschlechterkämpfe mit sich bringt? Im Moment sind es strukturell die Männer, die über die Krise entscheiden, und die Frauen, die sich an der Krise abarbeiten. Was macht das eigentlich mit einem Land?

Dazu kommen die ökologischen Fragen: Wie funktionieren ökologisches Investment, ökologische Wirtschaftsbelebung und ökologische Wirtschaftsgestaltung? Da haben wir kaum Erfahrung. Was macht es mit einer Welt, in der der Westen sich ganz neu fragmentiert, weil wir in Europa der Idiotie, die sich in US-amerikanischer Politik gerade widerspiegelt, etwas entgegensetzen wollen? Schaffen wir es, Gegenentwürfe zu formulieren, obwohl wir doch insgeheim gerne nach US-amerikanischen Vorbildern streben?

Und dann Fragen von Generationengerechtigkeit: Wie können wir generationengerechte Politik machen, wo wir auf einmal wieder die Alten in den Blick nehmen? Die sind uns ja eigentlich ohnehin lieber, denn davon gibt es mehr, die werden mehr und vor allem wählen sie verlässlicher. Schaffen wir es trotzdem, ein Verständnis davon beizubehalten, dass wir füreinander da sein müssen über Generationen und natürlich auch über Sektoren hinweg? Wie können wir verhindern, dass die Menschen in den sogenannten systemrelevanten Berufsgruppen, die jetzt gerade beklatscht werden, übermorgen vergessen sind?

Solche Sachen beschäftigen mich. Und bei euch so?

A ODER B

Bio oder regional?
Regional.

Vegane Wurst oder keine Wurst?
Keine Wurst.

Gelb oder schwarz?
Gelb.

Habeck oder Baerbock?
Habeck.

Luisa Neubauer hat recht behalten. Sie hat weiter studiert, ihren Bachelor abgeschlossen und einen Masterstudiengang begonnen – »Geographie: Ressourcenanalyse und -management«, wieder an der Uni Göttingen. Sie hat weiter geschrieben, unter anderem zwei Bücher, eins davon gemeinsam mit ihrer Großmutter Dagmar Reemtsma. Außerdem ist sie mit »1,5 Grad« unter die Podcaster gegangen. Und sie ist Aktivistin geblieben.

Im September 2020 demonstrierten Fridays for Future erstmals wieder offline – coronakonform mit Maske. Bis heute fordert die Bewegung von der Politik stärkere Maßnahmen, um das Ziel des Pariser Klimaabkommens, eine Begrenzung der Erderwärmung auf maximal 1,5 Grad Celsius, halten zu können.

Das vegane Catering kommt von NüBites aus Berlin-Neukölln. Es gibt Blumenkohl-Tahin-Cremesuppe mit rauchiger Hasselback-Kartoffel, Salat aus Grünkohl, gelben Karotten und gerösteten Walnüssen, Sommerrollen, »Thom Kha Balls« mit Polenta, Rote Bete und Kokosnuss, »Sweet P Balls« mit Quinoa, geräucherter Tofu, Süßkartoffeln und Dill, Kalamata Rolls mit Basmatireis, Oliventapenade, Paprika und Basilikum.

Dazu trinken alle Welschriesling vom österreichischen Weingut Herbert Zillinger. Jochen knuspert zwischendurch Chips.

Schlusswort Blubberlutsch

LUISE PUSCH

»Ihr sollt alle sprechen, wie ihr wollt, aber ich will doch Folgendes empfehlen …«, sagt Luise F. Pusch, bevor sie mit der Überzeugungsarbeit beginnt. Sie hat den Forschungszweig der feministischen Linguistik mitbegründet und gilt als Erfinderin der sogenannten Gender-Pause.

Pusch wurde 1944 in Gütersloh als Frohmut geboren. Melancholisch und still machte das Mädchen dem Namen jedoch keine Ehre. Da Pusch ihn ohnehin nie leiden konnte, legte sie ihn ab. Luise klang weicher und so hießen viele – das gefiel ihr. Anders war sie ohnehin.

Pusch stammt aus einer Missionarsfamilie. Der Großvater verstarb früh, die Großmutter zog sechs Kinder allein auf. Die Familie war arm, doch alle Kinder gingen aufs Gymnasium. Sie sollten studieren können und das geistige Werk des Vaters fortsetzen. In die Mission ging schließlich keins von ihnen. Puschs Mutter hatte gerade Abitur gemacht, als ausgerechnet ein Missionar vorbeikam und bei der Großmutter um ihre Hand anhielt. Die sah einen Fingerzeig Gottes.

Puschs Eltern heirateten, bekamen drei Kinder, ließen sich scheiden. Während ihre Mutter den eigenen Wünschen nachging, erneut heiratete, noch ein Kind bekam, war Pusch im »lesbischen Lockdown«. So beschreibt sie das Gefühl: Sie fühlte sich zu Frauen hingezogen, doch erzählen konnte sie davon niemandem. Erst als sie nach einer schlimmen Trennung die Tränen nicht verbergen konnte, offenbarte sie sich ihrer Familie. Da war sie 22 Jahre alt.

Pusch studierte Anglistik, Latinistik und Allgemeine Sprachwissenschaft an der Universität Hamburg, promovierte, zog für die Habilitation weiter an die Universität Konstanz. Dort genoss sie vor allem die Mensa, wohl aber auch die feministisch-linguistische Forschungsarbeit als Stipendiatin des renommierten Heisenberg-Programms.

Als Akademikerin knöpfte sich Pusch das generische Maskulinum und mit Vorliebe männliche Kritiker aus den eigenen Reihen vor, als Schriftstellerin verarbeitete sie den Suizid ihrer Freundin in ihrem autobiografischen Roman »Sonja. Eine Melancholie für Fortgeschrittene« – allerdings unter Pseudonym. Den verborgenen Alltag eines lesbischen Paars erzählte die lesbische Autorin zunächst im Verborgenen.

All das ist lange her. Seit weit über 30 Jahren ist Pusch mit der Germanistin Joey Horsley liiert, inzwischen verheiratet, über ihre Frau gar »wie die Jungfrau zum Enkelkind« gekommen. Anstrengend sei das Leben vor Horsley gewesen, sagt Pusch – »und dann ging die Sonne auf«.

Pusch hat etliche Bücher geschrieben und herausgegeben, in klugen Aufsätzen tradierte Denkmuster zerlegt, mit spitzzüngigen Glossen hitzige Diskussionen entfacht und eine über 31 000 Einträge stolze Datenbank von Frauenbiografien initiiert, zwecks »Aufklärung der Gesellschaft über ihre bessere Hälfte«. Universitätskarriere hat sie nicht gemacht, der Linguistik ist sie treu geblieben.

Sprache beeinflusst das Denken, findet Pusch. Darum sucht sie sie stets zu erneuern – aktuell mithilfe des Gendersternchens samt Knacklaut. Ihr Missionierungsdrang sei auffällig, scherzt Pusch, als sie Jochen und Christoph im Oktober 2022 im Studio von Pool Artists gegenübersitzt. Sie versuche, sich zurückzuhalten. Doch Jochen und Christoph sind längst darauf eingerichtet, sich bekehren zu lassen.

JOCHEN: Heute können sich viele vermutlich nicht mehr vorstellen, wie es früher war, wenn man als Frau festgestellt hat: »Ich bin lesbisch.« Wie war es für Sie?

LUISE PUSCH: Es war einfach unerträglich. Es war permanente Angst.

CHRISTOPH: Es war auch illegal.

Lesbischsein war nie illegal. Schwulsein war illegal, da gab es den Paragrafen 175. Aber Frauen waren schon immer so unwichtig, dass es noch nicht einmal einen Paragrafen für sie gab. Vor allen Dingen können Frauen zum rechten Verhalten gezwungen werden.

© JACOBIA DAHM

Eine Lesbe kann ohne Weiteres vergewaltigt werden, während es für Männer ohne Lust schwierig ist, Nachwuchs zu produzieren – und darum geht es letztlich bei den ganzen Vorschriften.

Im Nachhinein frage ich mich oft, wie ich das überlebt habe. Das betrifft ja nicht nur mich allein, sondern ganz viele andere, die dasselbe durchgemacht haben – etwa zehn Prozent der Bevölkerung. Das ist eine ganze Menge. In Deutschland sind es 8,4 Millionen Menschen, die, wenn sie in meinem Alter sind, also auf die 80 zugehen, eine ungeheuer schwierige Kindheit und Jugend durchgemacht haben.

CHRISTOPH: Die Zeitschrift *Emma* hat Ihnen zum 70. Geburtstag mit einem Artikel gratuliert. Online findet sich ein PS, Sie hätten sich in der Redaktion gemeldet und gesagt: »Wieso steht da ›homosexuell‹? Ich bin lesbisch.«

In der Tat. Ich fand das eine absolute Zumutung. Die Redaktion hat sich damit gerechtfertigt, dass sie endlich etwas dagegen tun wollten, dass unter homosexuell immer nur Schwule verstanden würden. Deswegen wollten sie den Begriff häufiger auf Lesben anwenden. Ich habe sie dann belehrt: »Menschen sollten so angeredet oder beredet werden, wie sie wollen. Ihr hättet euch erkundigen können, statt eure eigene Sprachreform auf meine Kosten durchzuziehen.« Mit dem Begriff homosexuell identifiziere ich mich nicht mehr.

JOCHEN: Da Sie Linguistin sind, können Sie uns sicher sehr präzise erklären, was Sie an dem Begriff stört.

Häufig ist es die Geschichte, die stört. Und die Geschichte ist hier nun mal, dass unter homosexuell zwar beide Geschlechter, Lesben wie Schwule, verstanden wurden, aber gemeint waren doch letztendlich immer nur die Männer. Das ist es ja, was die *Emma* bekämpfen wollte.

CHRISTOPH: Wann haben Sie gemerkt: »Ich bin lesbisch«?

Mit zehn Jahren habe ich mich in meine Klassenkameradin verliebt. Das war vollkommen platonisch, aber ich war nicht mehr imstande, an irgendetwas anderes zu denken. Es war wie eine Obsession. Das Wort lesbisch kannte ich noch nicht. Ich merkte nur, dass um mich herum nichts dergleichen zu sehen und zu hören war.

CHRISTOPH: Wir reden über die 50er-Jahre.

Genau. Mit zwölf oder 13 Jahren war ich noch relativ naiv. Als mich mein Stiefvater und sein Freund fragten: »Na, hast du denn schon einen Freund?«, habe ich ehrlich gesagt: »Ich glaube, ich interessiere mich eher für Mädchen als für Jungs.«

CHRISTOPH: Wie haben die beiden Männer reagiert?

Ganz freundlich. »Na ja, wenn du meinst. Du musst es ja wissen«, so ungefähr. Das war vermutlich das letzte Mal, dass ich mich wirklich offen geäußert habe. Ich habe gemerkt, dass das etwas war, was man besser nicht sagte. Also habe ich bis zu meinem 20. Lebensjahr niemandem etwas erzählt. Meiner Mutter nicht, meinen Geschwistern nicht. Ich saß mit dieser Angst und diesem Gefühl, irgendwie nicht hierhin zu gehören, vollkommen allein da.

CHRISTOPH: Damals waren Ihre Eltern schon nicht mehr verheiratet, oder?

Nein, die Ehe hat nur fünf Jahre gehalten. Dann hat meine Mutter sich vollkommen unmöglich gemacht: Sie war die erste Missionarsfrau, die sich hat scheiden lassen – in ganz Deutschland. Das tat man nicht und frau erst recht nicht. Es war ein großartiger, rebellischer Akt meiner Mutter.

JOCHEN: Wie war das für Sie als Kind?

Ich erinnere mich kaum an meinen Vater. Es war ja auch Krieg. Mein Vater war immer woanders, manchmal besuchte er uns.

Meine Mutter wollte ihn nicht sehen. Sie sagte nie »euer Vater«, sondern immer nur Berglangenbach – dort wohnte er. »Berglangenbach hat wieder geschrieben. Er kommt nächste Woche, ihr müsst allein mit ihm losziehen.« Das haben wir auch gemacht, aber es wurde immer seltener. Meine Mutter hat uns praktisch verboten, irgendwelche Beziehungen zu ihm zu pflegen. Wir wollten das dann auch nicht mehr.

CHRISTOPH: Wieso wollte Ihre Mutter ihren Kindern den Kontakt zum Vater verbieten?

Sie konnte ihn nicht ausstehen.

CHRISTOPH: Das kommt vor im Leben, aber …

Es war eine ganz andere Denke als heutzutage. Viele Eltern, die sich haben scheiden lassen, können sich gegenseitig nicht ausstehen, aber um der Kinder willen versuchen sie, miteinander auszukommen. Das war damals nicht üblich. Es gab nicht den moralischen Imperativ, dass die Eltern es den Kindern erleichtern sollten, mit Vater und Mutter in gleich guter Beziehung zu stehen.

JOCHEN: War Ihre Mutter Feministin?

Was in dieser Familie wirklich wichtig genommen wurde, war die Wahrheitsliebe. Meine Mutter hat immer offen gesagt, was sie dachte. Da war sie sehr mutig und zum Teil auch feministisch. Sie hat einen Mann geheiratet, der 13 Jahre jünger war als sie, meinen Stiefvater. Schon in den 60er-Jahren war sie gegen die *Stern*-Titelbilder, deretwegen Alice Schwarzer und andere Frauen zehn Jahre später auch diesen Prozess gegen den Verlag Gruner + Jahr angestrengt haben.

Effizient: zehn Portionen Gemüsesuppe aus dem Instant Pot

CHRISTOPH: Es waren damals sehr viele nackte Frauen auf den Titelbildern des *Stern,* oft verknüpft mit Themen wie Aufbruch und Befreiung.

Sexuelle Befreiung! Diesem Gerede bin ich voll auf den Leim gegangen. Ich habe meine Mutter damals fälschlicherweise als prüde beurteilt. Dabei war sie eigentlich nur feministisch.

CHRISTOPH: Das müssen Sie erklären.

Meine Mutter fand, die Bilder wären beleidigend für Frauen – was sie auch waren. Mein Stiefvater und ich dachten, sie könne es einfach nicht leiden, wenn man nackt herumliefe. Ich war noch voll in dieser hergebrachten patriarchalen Denkweise, die dann ummantelt wurde als Sex-positiv. Aber meine Mutter ließ sich nicht erschüttern. Sie fand das unmöglich.

JOCHEN: Wie sind Sie zum Feminismus gekommen?

Ich habe mich dem Feminismus mithilfe meines Analytikers im Jahre 1976 zugewandt. Hans Ulrich Müller, ein toller Mann! Er hat mir Alice Schwarzer und Kate Millett zu lesen gegeben, nachdem meine Freundin Selbstmord begangen hatte.

Ich habe die *Emma* abonniert und eine Frauengruppe an der Universität Konstanz gegründet. So fing mein feministisches Studium an. Damals nannte man es noch »Frauen und Sprache« oder Sprachkritik. Meine Freundin und Kollegin Senta Trömel-Plötz hat immer betont, ich hätte den Namen feministische Linguistik erfunden. Ich fand, er lag einfach sehr nahe.

CHRISTOPH: Trotzdem musste jemand auf die Idee kommen.

Es fehlte tatsächlich ein Name. »Frauen und Sprache« ist ja keine Forschungsrichtung. Senta veröffentlichte 1978 in der Fachzeitschrift *Linguistische Berichte* den Aufsatz »Linguistik und Frauensprache«.

CHRISTOPH: Da gab es Ärger.

Ja, dann kam Hartwig Kalverkämper. Er war viel jünger als wir, gerade frisch promoviert, und wollte uns beibringen, was denn

Linguistik nun wirklich zu tun hätte. Er hat einen Aufsatz geschrieben, der erschien auch in den *Linguistischen Berichten*.

Senta und ich haben uns überlegt, es wäre besser, wenn ich darauf antworte, damit die Welt sieht: Da ist nicht nur eine Einzelne, da ist ein Nest. Also habe ich mich im Sommer 1979 hingesetzt und eine Antwort geschrieben: »Der Mensch ist ein Gewohnheitstier, doch weiter kommt man ohne ihr«. Das war mein Beitrag zur Frauenbewegung.

Ich fing mit einem Gleichnis an: Jemand kommt in einen Laden, ein Kater sitzt auf seiner Schulter. ...

JOCHEN: Moment, ich habe die Stelle hier: »Man stelle sich Folgendes vor: Herr Kalverkämper kommt in ein Geschäft. Auf seiner Schulter sitzt eine Katze (weiblich). Der Verkäufer sagt zu ihm: ›Sie sind heute schon die dritte Kundin mit einem Kater.‹« Zwei Fehler in einem Satz. Es ist eine Katze und kein Kater. Herr Kalverkämper ist Herr Kalverkämper und nicht Frau Kalverkämper. So geht der Text los.

CHRISTOPH: Ganz schön böse.

Ich war auch wirklich sehr wütend. Herr Kalverkämper wollte einer akademisch fortgeschrittenen Frau erklären, was es mit ihrem Fach auf sich hat. Das war schlichtes Mansplaining. Nur gab es das Wort damals noch nicht.

JOCHEN: Ihr Text war so etwas wie der Urknall einer neuen Forschungsrichtung.

Der größere Knall war der Aufsatz, der später meinem Buch den Titel gegeben hat: »Das Deutsche als Männersprache. Diagnose und Therapievorschläge«. Mein Projektleiter hat damals gesagt: »Das Besondere an diesem Beitrag ist, dass sie versucht, Sprache tatsächlich zu verbessern in Richtung mehr Frauengerechtigkeit.« Vorher hatte man Sprache vielleicht analysiert, aber keine Vorschläge gemacht, wie wir die Grammatik aufräumen könnten. Das habe ich gemacht, wenn auch ohne Hoffnung auf Erfolg. Ich wollte einfach zeigen, wie unglaublich verdreht dieses System ist, wenn man der Betrachtung den Gedanken von Gleichberechtigung zugrunde legt.

© JACOBIA DAHM

JOCHEN: Wären Sie gern Professorin geworden?

Da kommt wieder dieses Lesbenthema. Ich wollte so hoch hinaus, weil ich so verdammt ängstlich war. Ich hatte viel Hochachtung vor dem Status Professur und dachte, würde ich den Beruf ausüben, wäre ich vielleicht weniger ängstlich. Schließlich wäre ich dann angesehen und nicht nur verachtet. Ich war vielleicht 23 oder 24 Jahre alt, da kam mir plötzlich die Erleuchtung: »Selbst wenn ich Professorin wäre, wäre ich immer noch wahnsinnig ängstlich und könnte mich mit diesem Makel nirgendwo wirklich sehen lassen.«

CHRISTOPH: Wann ist dieses Gefühl weggegangen?

Im Zuge der Frauenbewegung. Davor waren die Lesben das Allerletzte, in der Frauenbewegung waren sie die Avantgarde.

JOCHEN: Auch in der Frauenbewegung wurden lesbische Frauen nicht originär mitgedacht, sondern mussten sich ihren Platz erkämpfen, oder?

Berühmt ist das Beispiel von Betty Friedan. Sie hat in den USA die National Organization for Women geleitet. Die Lesben wollten mitmachen, doch Friedan war dagegen, sie aufzunehmen. Sie befürchtete, es würde die ganze Bewegung diskreditieren. Das war die erste große Enttäuschung und Spaltung in der Bewegung.

In Deutschland waren Lesben nach meinem Gefühl von Anfang an führend, jedenfalls in der feministischen Publizistik. Die Zeitschrift »Courage« wurde von zwei Lesben gemacht. Sie outeten sich nicht als solche, aber intern war es bekannt. Die *Emma* machte Alice Schwarzer, die sich zwar erst 30 Jahre später geoutet hat, aber auch bei ihr war es vorher bekannt. An der Spitze der Bewegung in Deutschland waren Lesben, das wusste man – jedenfalls innerhalb der Bewegung.

Aktiv: mit Fitbit, Tanzmusik und Spaziergängen im Park

JOCHEN: Ich meine, gelesen zu haben, Sie würden der emanzipierten Frau raten, sich eher an Frauen zu halten, wenn es ums Liebesleben geht. Würde sie Kinder haben wollen, …

CHRISTOPH: Ich habe das Zitat für dich, Jochen. Es ist aus einem Interview mit den *Lübecker Nachrichten*: »Mädchen sollten sich in der Pubertät körperlich eher mit Mädchen beschäftigen, fürs Kinderkriegen einen Mann suchen und, sobald die Kinder aus dem Haus sind, wieder mit einer Frau zusammenleben.«

JOCHEN: Kann man sich aussuchen, mit wem man sich beschäftigen will?

Das ist nicht meine Idee, sondern die von Margaret Mead, aber ich verbreite sie begeistert. Mead ist eine tolle Frau. Sollten Sie mal lesen. Sie hat genau so gelebt.

JOCHEN: Aber noch mal nachgefragt: Ist das immer unsere Entscheidung?

Ich weiß nicht, ob Sie den Aufsatz »Feminismus – Heterosexualität – Homosexualität« von Judith Offenbach gelesen haben ...

JOCHEN: War das jetzt ein Test?

CHRISTOPH: Judith Offenbach war Ihr Pseudonym. Was schreibt sie denn dazu?

Wahrscheinlich ist es wie folgt: Für manche ist es so und für manche ist es anders. Bei mir ist es wahrscheinlich angeboren, bei meiner Frau evidentermaßen nicht. Meine Frau war verheiratet und hatte zwei Kinder, als sie sich im Zuge der Frauenbewegung der Idee geöffnet hat: Eigentlich wäre es schön, mal etwas mit einer Frau zu erleben. Sie hat sich immer mehr dafür interessiert, feministische Theorie unterrichtet. Dann kam ich daher und es war um sie geschehen.

CHRISTOPH: 1985.

Genau. Das war jetzt ironisch überspitzt. Aber sie war ja nicht die Einzige. Es gab viele, damals hießen diese Frauen Polit-Lesben. Das heißt, sie wurden lesbisch aus politischen Gründen – weil es sich nicht gehört, mit dem Unterdrücker zu schlafen.

CHRISTOPH: Toller Satz. Von Ihnen?

Nö. Damals haben das alle gesagt. Vielleicht waren einige Frauen von Anfang an bisexuell, vielleicht ist es überhaupt ganz anders, als wir denken.

JOCHEN: Seit der Frauenbewegung hat sich der Feminismus entwickelt. Wie nehmen Sie junge Feministinnen wahr?

Es gibt sehr viele verschiedene junge Feministinnen. Die Hauptunterschiede zwischen den älteren und den jüngeren Feministinnen scheinen mir zwei Dinge zu sein. Einmal ist da der ganze Komplex Prostitution, Stichwort Sex-positiv. Die älteren Feministinnen, nicht nur die der 70er, sondern auch schon Anfang des 20. Jahrhunderts, waren alle dagegen. Prostitution ist etwas Schreckliches und sollte abgeschafft werden. Jüngere Feministinnen sehen das oft anders. Die andere Sache ist dieser ganze Queer- und Trans-Komplex und die Gender Fluidity. Grüne, SPD und FDP wollen das Selbstbestimmungsgesetz einführen.

JOCHEN: Es soll das Transsexuellengesetz ersetzen und die Änderung des Geschlechtseintrags vereinfachen.

Bislang mussten sich Personen einer ärztlichen Untersuchung unterziehen, dann mussten sie ein Jahr im anderen Geschlecht leben und schließlich zwei Gutachten einholen. Jetzt soll jede Person ihr Geschlecht per Sprechakt beim Standesamt erklären können. Ich denke, das geht einen entscheidenden Schritt zu weit.

Wenn jeder – ich sage absichtlich »jeder« – einfach zum Standesamt gehen und sagen kann: »Ich bin jetzt eine Frau«, hat das negative Konsequenzen. Sexualverbrecher und Exhibitionisten können dieses Gesetz missbrauchen. Sie können sich zu Frauen erklären und Zutritt verlangen zu Frauensaunen oder – besonders gefährlich – Frauengefängnissen. Da muss der Entwurf für das Selbstbestimmungsgesetz nachgebessert werden.

CHRISTOPH: In den 70er-Jahren hat man gedacht, alle Frauen kämpfen für dieselben Rechte. 40 Jahre später stellt man fest: Oops, es gibt eine nachwachsende Frauengeneration, die einige Dinge vollkommen anders sieht. Sind Sie manchmal überrascht über den Verlauf aktueller Debatten?

© JACOBIA DAHM

Dass sich die Frauenbewegung in dieser Hinsicht gespalten hat, hat mich sehr überrascht und auch bekümmert. Aus linguistischer Perspektive hat die Queer-Bewegung einen richtigen Schub geleistet. Das, was ich immer vorgeschlagen habe, das generische Femininum, ist nun fast erreicht.

JOCHEN: Sie haben über die Zeit verschiedene Vorschläge eingebracht. Stand heute, was wäre Ihre Empfehlung für die nächsten 500 Jahre, wie sollten wir sprechen?

Solche Prognosen würde ich nicht abgeben, weil Sprache sich ständig verändert. Dem würde ich nicht vorgreifen. Ich hatte ursprünglich vorgeschlagen, Formulierungen umzudrehen. Statt: »Jeder kehre vor seiner Tür«, hieße es: »Jede kehre vor ihrer Tür.« Wir würden einfach im Femininum reden, die Männer wären immer alle herzlich mitgemeint und alle anderen auch.

Nachdem ich immer wieder dazu befragt worden war, habe ich mich mit dem Gendersternchen auseinandergesetzt. Es schien mir zunächst wie ein Platzhalter für Intersexuelle und alle anderen Geschlechter. Die Frauen bekämen mit »innen« ebenfalls einen Platzhalter. Das habe ich aus strukturellen Gründen abgelehnt.

Man kann das Gendersternchen aber auch als Metasymbol auffassen – wie ein Anführungszeichen, das zum Beispiel zeigt, dass ein Wort ironisch gemeint ist, also anders, als es scheint. In dem Sinne zeigt das Gendersternchen vor dem »innen« an, dass es nicht das normale Femininum ist, das sich auf Frauen bezieht.

Wir setzen Gendersternchen, wenn alle Geschlechter gemeint sind. Das ist meine derzeitige Meinung zu dem Thema. So habe ich es auch in meinem neuen Buch gemacht. Gesprochen wird es natürlich – und das ist für mich besonders befriedigend – mit einem *glottal stop,* also einem Knacklaut.

JOCHEN: Der stimmlose glottale Plosiv.

Der Glottisschlag. Es gibt viele Bezeichnungen dafür. Die Sprechweise habe ich in den 80er-Jahren vorgeschlagen, als es um die Verlautbarung dieses großen Is ging.

JOCHEN: Sie meinen das Binnen-I als Verbindung der maskulinen und der femininen Wortform.

Genau. Ich wurde immer gefragt: »Wie sollen wir dieses I mitten im Wort aussprechen?« Und ich habe geantwortet: »Da sagt ihr einfach Leser-innen, Verkäufer-innen und so weiter. Wie beim Spiegelei: Spiegel-ei.« Dieser Laut kommt im Deutschen andauernd vor.

CHRISTOPH: Sie schildern das ganz nüchtern. Haben Sie sich das so angewöhnt, weil Sie wissen, dass Leute beim Thema geschlechtergerechte Sprache an die Decke gehen?

Ich mag das Understatement. Dieses Laute mit dem Holzhammer liegt mir nicht.

CHRISTOPH: Die Diskussion wird allgemein mit vielen Holzhämmern geführt.

Wenn sie so geführt wird, ziehe ich mich zurück. Ich finde das furchtbar. Durch die sozialen Medien ist das alles sehr schlimm geworden. Ich war selbst schon Opfer eines ungefähr sieben Tage währenden Shitstorms.

CHRISTOPH: Sie meinen die Sache mit dem Germanwings-Flug?

Genau. Das war sehr unschön.

CHRISTOPH: Im März 2015 hat der Co-Pilot eines Linienflugs von Barcelona nach Düsseldorf die Maschine in den Alpen absichtlich zum Abstürzen gebracht. Sie haben wenige Tage danach einen Artikel in der *Emma* veröffentlicht.

Andreas Lubitz hatte die Maschine in die Berge geflogen – 150 Opfer. Gleichzeitig war auch irgendetwas mit Quoten in der Politik geschehen.

CHRISTOPH: Der Bundestag hatte ein Gesetz zur Frauenquote in Aufsichtsräten von Großkonzernen verabschiedet.

Daran habe ich angeknüpft. Ich habe gesagt: »Erstens sollten wir auch im Cockpit eine Quote einführen, damit wir mehr Pilotinnen haben – einfach aus Gründen der Gerechtigkeit. Zweitens würden dann wahrscheinlich auch weniger solche Selbstmordflüge stattfinden, die das ganze Personal und die ganzen Passagier:innen mit in den Tod reißen, denn Frauen neigen nicht zu solchen Taten. Es sind fast immer Männer, die Amokläufe begehen.«

CHRISTOPH: Vereinfacht gesagt, wurde Ihnen vorgeworfen, Sie würden die Opfer für Ihre Quotenforderung instrumentalisieren.

Es ging in meinem Text aber noch um etwas anderes. »18 Opfer aus Haltern, zwei Lehrer und 16 Schüler«, stand in der Presse. Ich hatte gelesen, es sei ein Spanischkurs gewesen. Und welche Leute lernen Spanisch? Frauen. Es waren zwei Schüler, 14 Schülerinnen und zwei Lehrerinnen, von denen nur als Schüler und Lehrer gesprochen wurde.

In einer zweiten Glosse habe ich gefragt: »Dürfen Frauen nicht um Frauen trauern?« Bei jedem Unglück wird gesagt: »Unter den Opfern waren drei Deutsche.« Um Deutsche darf ich anscheinend trauern. Aber als Frau darf ich nicht wissen wollen, ob Frauen unter den Opfern waren.

CHRISTOPH: Können Sie verstehen, dass Ihnen ein Mangel an Empathie unterstellt wurde?

Ja, aber da muss differenziert werden. Die mangelnde Empathie kam durch den Aufmacher, den die *Emma* vor den Text gesetzt hat – und die meisten haben nicht mehr gelesen als diesen Aufmacher. Da stand so etwas wie: »Amokflüge sind Männersache« und »Unter den Opfern sind oft Frauen«. Das war in der Eile vollkommen danebengegriffen. Diese Zuspitzung der *Emma* hat die Leute wütend gemacht. Ich musste die Konsequenzen tragen.

Beachtlich: vier Klaviere, ein Flügel in den Haushalten Pusch-Horsley

CHRISTOPH: Welche waren das?

Ich habe tagelang Mails und Twitter-Nachrichten bekommen. In denen stand zum Beispiel, dass sie meinen Kopf gern auf den Bordstein knallen und darauf herumtrampeln würden. Oder dass sie vorbeikommen und mich vergewaltigen würden. Es war unvorstellbar.

JOCHEN: Die Frage nach der Benennung der Opfer berührt den Kern dessen, womit Sie sich schon seit Jahrzehnten beschäftigen: Wer ist eigentlich mitgemeint? Was sind die Schwächen des generischen Maskulinums?

Im Deutschen und in vielen anderen Sprachen sind zum Beispiel die femininen Berufsbezeichnungen – um die geht es im Wesentlichen – von den maskulinen Bezeichnungen abgeleitet.

JOCHEN: Journalist, Journalistin …

Die Ableitung als solche ist eigentlich schon eine Beleidigung. Im Englischen haben wir beispielweise *nurse*. Das Wort können wir mit *she* oder *he* pronominalisieren. *Nurse* ist infolgedessen geschlechtsneutral. Im Deutschen haben wir nur eine Pseudo-Geschlechtsneutralität. Sie wird behauptet. Wenn aber der Oberbegriff identisch mit dem Unterbegriff ist, kann das ganze Konstrukt in keiner Weise neutral sein.

CHRISTOPH: Geben Sie uns ein Beispiel.

Ich habe zum Beispiel den Oberbegriff »das Pferd«, das ist neutral. Und dann habe ich »die Stute« und »der Hengst« als Unterbegriffe. Wäre Hengst der Oberbegriff, wüsste ich nie, ob Hengste nun männliche Hengste meint oder die Tierart im Allgemeinen.

Weil die meisten über Grammatik nicht nachdenken, versuche ich, Analogien zu finden. Nehmen wir an, es hätte eine SPD-Versammlung stattgefunden und es wäre auch ein CDU-Mensch dabei gewesen. Am nächsten Tag hieße es: »Da war eine CDU-Versammlung.« Es würde wegen dieses einen CDU-Menschen quasi die Partei SPD als Ganzes zerschlagen.

Das generische Maskulinum zeigt: Die Frau ist nicht der Rede wert. Sowie ein Mann in einer Gruppe von 100 Frauen auftaucht, wird die Gruppe grammatikalisch zu einer männlichen Gruppe. Das verleitet dazu, das Maskulinum zu denken – was auch der Sinn der Sache ist. Das generische Maskulinum ist eine Werbemaschinerie für den Mann.

Wenn gefragt wird: »Wer sollte der nächste Vorsitzende in unserem Verein sein?«, fallen den meisten irgendwelche Männer ein. Wird explizit nach beiden Geschlechtern gefragt: »Wer sollte denn der oder die Vorsitzende sein?«, fallen mehr Frauennamen. Das ist nachgewiesen. Im Zeitalter der Aufmerksamkeitsökonomie gibt es für Frauen nichts Schlimmeres als diese Sprache – und nichts Besseres für Männer. Die ganze Aufmerksamkeit wird immer aufs Maskulinum gelenkt.

JOCHEN: Als Beobachter bekommt man gelegentlich den Eindruck, ein Charakteristikum unserer Zeit sei: Wir streiten mehr über Sprache als über Verhältnisse. Wäre das nicht viel wichtiger?

Das ist die alte Geschichte, die uns immer vorgeworfen wird. Es heißt, wir würden Sprachkosmetik betreiben und uns nicht um die wirklich wichtigen Fragen kümmern, zum Beispiel um gleichen Lohn für gleiche Arbeit. Die Antwort darauf ist: Ich kenne keine Feministin, die sich nicht genauso um die anderen Probleme kümmert.

Sprache war noch nie etwas, mit dem ich mich ausschließlich beschäftigt habe. Ich habe immer gesagt: »Mein wichtigstes Buch ist ›Sonja‹ und nicht ›Das Deutsche als Männersprache‹.« In »Sonja« geht es um Unterdrückung erster Güte, die sich auch sprachlich äußert. Ich stimme Ihnen zu: Andere Dinge sind mindestens genauso wichtig, aber Sprache ist immer ein Motor, der mithilft, das richtige Ziel entweder schneller oder weniger schnell anzusteuern.

JOCHEN: Warum interessieren sich nicht mehr Leute dafür, Sprache zu verändern?

Wir sind einfach bequem. Sprache gehört zu unserem Intimbereich und da lassen wir uns ungern reinregieren. Es ist auch schwierig, sich eine andere Sprechweise anzugewöhnen. Es spricht also vieles dagegen.

JOCHEN: Trinken Sie eigentlich Wein?

Sehr gern.

JOCHEN: Gott sei Dank.

CHRISTOPH: Zum Wohl, Frau Pusch!

© JACOBIA DAHM

Hmm, lecker. Von der Farbe her erinnert er an Federweißen.

JOCHEN: Ich fürchte, es ist ein Naturwein. Er könnte ein bisschen ähnlich schmecken.

Da muss man vorsichtig sein. Man trinkt so vor sich hin und plötzlich liegt man unterm Tisch.

CHRISTOPH: Das passiert hier nicht. Wir passen auf. Wie haben Sie eigentlich Ihre Frau kennengelernt?

Am Bahnhof South Boston. Ich war auf einer Vortragsreise durch die USA mit Stopps an ungefähr 30 Universitäten und aus dem Süden mit dem Amtrak gekommen. Ich hatte schon eine Weile im Warteraum gesessen und gedacht: »Hoffentlich hat man mich nicht vergessen.« Da kam Joey und fragte: *»Are you waiting for somebody?« »Yes, I'm waiting for Joey Horsley.«* Das ist unser Lebensmotto geworden: *»I'm waiting for Joey Horsley«* – dass sie endlich mal aufkreuzt. Die Amerikaner:innen sind immer etwas unpünktlich. Es gilt als unhöflich, pünktlich zu erscheinen. Da ist die Hausfrau ja noch nicht mit dem Kochen fertig.

CHRISTOPH: Dachten Sie sofort: »Das ist die Frau meines Lebens!«?

Nein, es fing langsam an. Sie erzählte mir noch am selben Abend, dass sie sich in die Klavierlehrerin ihrer beiden Töchter verliebt hätte. Ich dachte: »Warum erzählst du mir das jetzt?«

CHRISTOPH: Wie haben Sie reagiert?

Ich habe es mir angehört und gesagt: »Ach ja? Gut.« Sie hatte eine Ehekrise. Der Mann war schon länger untreu mit knackigen Studentinnen. Eigentlich ist er ein guter Feminist. Ich mag ihn gern, aber für Joey war das natürlich nicht auszuhalten. Sie fühlte sich sehr unwohl in ihrer Ehe, wollte aber noch dafür kämpfen. Ich bin dem Mann sehr dankbar für seine Untreue, denn sonst wäre Joey nicht von ihm weggegangen. Sie ist nämlich sehr treu.

Unverständlich: Judith Butler, lieber Sekundärliteratur von Martha Nussbaum

CHRISTOPH: Eigentlich war sie also in jemand anderen verliebt. Wie haben Sie sich dann angenähert?

Die dumme Klavierlehrerin hat sie abgelehnt. Sie hat gesagt: »Nein danke.« Dann passierte erst einmal gar nichts. Ich fand Joey sehr liebenswert und schön, aber sie war ja verheiratet. Drei Wochen später trafen wir uns bei einer Tagung der *Women in German* in Portland. Die hatten mich zu dieser Vortragsreise eingeladen.

JOCHEN: *Women in German* ist ein Forum für Germanistinnen?

Genau. Die Veranstaltung war ein großer Erfolg. Anschließend saßen wir noch lange zusammen und haben Wein getrunken. Schließlich waren es nur noch Joey, eine andere und ich. Ich dachte: »Ja, was will die Joey denn hier?« Sie wankte und wich nicht, aber die andere leider auch nicht. Also sind wir schließlich doch ins Bett gegangen. Vielleicht haben wir voneinander geträumt. Auf jeden Fall ist in der Nacht etwas herangereift.

Am nächsten Tag musste ich von Portland über Vancouver nach Alaska fliegen. Es war der 28. Oktober, Joey hatte Geburtstag. Wir haben uns sehr innig verabschiedet und ich habe ihr wohl plötzlich eine Liebeserklärung gemacht.

JOCHEN: Einfach so?

Ja, ich habe gesagt: »*I could easily have loved you,* aber jetzt muss ich nach Alaska.« Ich weiß nicht, warum ich das gesagt habe. Wahrscheinlich ob der Dinge, die in der Nacht in meinem Kopf vorgegangen waren.

CHRISTOPH: Was hat sie erwidert?

Sie hat mich noch etwas heftiger geküsst, glaube ich. Jedenfalls sind wir beide fast ohnmächtig geworden, aber dann musste ich ja nach Alaska. Im Flugzeug habe ich gedacht: »Meine Güte, diese Amerikanerin ...«

Eigentlich besagt die lesbische Etikette ja: Sei vorsichtig – diese Hetero-Frauen wollen mal sehen, wie das ist mit einer Lesbe, dann gehen sie wieder zurück in die Ehe und du bleibst als Opfer übrig. Daran habe ich mich nicht gehalten.

CHRISTOPH: Sie sind zusammengekommen und zusammengeblieben. Was ist das Geheimnis einer langen Beziehung?

Die Tatsache, dass wir im Jahr ein Drittel der Zeit nicht zusammen sind, dass wir zwei Wohnungen haben und jede ihren eigenen *turf* hat.

CHRISTOPH: Getrennte Schlafzimmer?

Ja. Ich kann nicht schlafen, wenn jemand neben mir liegt. Für Joey war es erst ungewohnt, aber inzwischen findet sie es auch sehr angenehm. Diese Eigenständigkeit ist uns beiden extrem wichtig. Zwischen uns liegt der Atlantik, das ist natürlich sehr viel Raum. Sie hat ihren Kontinent, ich habe meinen – da bin ich die Expertin und umgekehrt, obwohl sie mir viel von Deutschland gezeigt hat, was ich noch gar nicht kannte.

© JACOBIA DAHM

CHRISTOPH: Zum Beispiel?

Die Burg Eltz, Rothenburg ob der Tauber, die Marksburg. Für mich waren Burgen immer das Letzte, aber für sie waren sie sehr schön. So habe ich das auch kennen- und lieben gelernt.

CHRISTOPH: Wie kam es, dass Sie nach vielen Jahren Beziehung geheiratet haben?

Wegen Covid. Ich hatte Boston Ende Februar 2020 verlassen. Anfang April machte Donald Trump Amerika dicht, als Europäerin durfte ich nicht mehr einreisen. Dann haben die Deutschen reagiert und Deutschland dichtgemacht. Joey wollte kommen, aber sie durfte auch nicht mehr. Das ging ja nicht nur uns beiden so, sondern ganz vielen Paaren, die nicht verheiratet waren. Die saßen alle erst einmal anderthalb Jahre getrennt da. Furchtbar!

Joey hat dann ihre Senator:innen aktiviert, Elizabeth Warren und Ed Markey. Die haben sich dafür eingesetzt, dass ich ein Sondervisum bekam – als erwünschte Person oder so. Am 13. August konnte ich einreisen. Ein Jahr später, am 18. September, haben wir in Boston geheiratet, damit wir für die nächste Pandemie gerüstet sind.

CHRISTOPH: Wie lief die Beziehung in der Zeit ab, in der Sie getrennt waren?

Ich habe meine zweite Autobiografie geschrieben. Morgens bin ich spazieren gegangen, über den Mittag habe ich geschrieben. Um 15 Uhr haben Joey und ich geskypt. Bei ihr war es dann neun Uhr. Sie kam verschlafen aus dem Bett und kriegte sofort eine neue Ladung Text.

Bei der Arbeit an meinem neuen Buch habe ich noch einmal besser kapiert, wie schrecklich es war, mit etwas aufzuwachsen, dessentwegen ich mich schuldig fühlen musste, was ich aber nicht ändern und worüber ich mit niemandem reden konnte. Ich habe erst spät festgestellt, dass die Schuld nicht bei mir lag, sondern dass die Gesellschaft schuldig ist an mir.

CHRISTOPH: Das Buch heißt »Gegen das Schweigen. Meine etwas andere Kindheit und Jugend«.

Ich entblöße mich darin in gewisser Weise. Es scheint mir wichtig, dass das jemand tut, um zu zeigen, wie es ist in diesem inneren Gefängnis, in dem man nicht atmen kann. Die Gesellschaft muss wissen, was das für eine Kindesmisshandlung ist, um endlich zur Tat zu schreiten.

CHRISTOPH: Was meinen Sie mit Kindesmisshandlung?

Es ist 24/7-Kindesmisshandlung, Kinder mit dem Gefühl aufwachsen zu lassen, sie wären schuldig wegen etwas, wofür sie nichts können. Es ist, als dürften Sie nicht zeigen, dass Sie einen rechten Arm haben. Es wird kompliziert, wenn Sie andauernd verstecken müssen, was existenziell zu Ihnen gehört.

CHRISTOPH: Wie haben Sie sich versteckt?

Ich habe mich quasi abgetötet. Meine Mutter fand mich gefühlskalt, während ich eigentlich das Gegenteil davon war. Um diese Art von Gleichmut vorzuspielen, musste ich mich besonders stark zurücknehmen.

CHRISTOPH: Hätten Sie eine Empfehlung an Eltern?

Eltern sollten wissen, dass ihr Kind lesbisch oder schwul sein kann.

JOCHEN: Das akzeptiere ich sofort. Aber ich würde mich wahnsinnig schwer damit tun, in meine Kinder hineinzufragen: »Du, sag mal ...«

Das sollen Sie auch auf keinen Fall. Wichtig ist, dass Sie das Bewusstsein haben: Ihr Kind könnte alles Mögliche sein. Wichtig ist auch, wie Sie über andere Menschen sprechen. Ich habe zum Beispiel oft so nebenbei gehört, wie grässlich Oscar Wilde sei.

Ein Chef sagte mal zu mir: »Gestern habe ich diese Alice Schwarzer gesehen, ein unglaubliches Mannweib. Die ist wahrscheinlich lesbisch.« Dann ging er zum nächsten Thema über. Er hat offensichtlich nicht daran gedacht, dass ich lesbisch sein könnte. Sonst hätte er das nicht gesagt. Wenn man den Gedanken hat, das Gegenüber könnte vielleicht zur geschmähten Partei gehören, benimmt man sich in der Regel anders.

CHRISTOPH: Wäre Ihre Mutter heute stolz auf Sie?

Ich glaube, sie war auch damals schon stolz auf mich, besonders als ich noch zur Schule ging und gute Noten mitbrachte. Zu meiner Doktorprüfung schenkte sie mir einen Riegel Mon Chéri.

JOCHEN: Einen ganzen Riegel ...

Ich mag kein Mon Chéri. Explizit mag ich keine Pralinen mit Schnaps. Aber sie mochte die.

CHRISTOPH: In Wahrheit hat sie sich also selbst etwas geschenkt. War Ihre Mutter so?

Sie konnte so sein. Ein Analytiker sagte mal zu mir, sie sei etwas narzisstisch und deswegen sollte ich mich vor ihr hüten. Sie würde ihre Kinder als Verlängerung ihrer selbst ansehen. Aber das sind alles so Theorien. Heute sieht man das wahrscheinlich auch wieder anders.

JOCHEN: Haben Sie eigentlich gewonnen?

Was?

JOCHEN: Auch in diesem Podcast wurde gelegentlich schon mit dem stimmlosen glottalen Plosiv gesprochen. Mittlerweile sprechen viele Menschen selbstverständlich so.

Ja, es ist vor allem die jüngere Generation. Als ich im Februar 2020 wieder nach Hannover kam, dachte ich zum ersten Mal: »Es hat sich irgendetwas geändert. Das ist ja wunderbar. Die sprechen alle so, wie ich es schon immer vorgeschlagen habe. Nicht zu fassen!« Ich hätte nicht gedacht, dass das noch zu meinen Lebzeiten passiert.

JOCHEN: Sie haben gewonnen.

So gesehen ja.

A ODER B

Putzen oder Putzmann?
Putzmann.

Boston oder Hannover?
Hannover.

Emma oder Missy Mag?
Emma.

Möhren oder Karotten?
Karotten.

Luise Pusch war mit ihrer zweiten Autobiografie »Gegen das Schweigen« auf Lesereise und hat ihren jährlichen Kalender »Berühmte Frauen« für das Jahr 2024 herausgegeben.

Inzwischen liegt ein Entwurf für das Selbstbestimmungsgesetz von Bundesjustiz- und -familienministerium vor – inklusive Sonderregelungen für Frauensaunen und Strafvollzug. Es soll im Herbst 2023 verabschiedet werden. Pusch bleibt kritisch.

Das Catering kommt vom Fine-Dining-Restaurant Dottir in Berlin-Mitte. Das vegetarische Menü umfasst Tomatensalat mit Mandelcreme, glasierte Bete, Bohnensalat mit Feta und Estragon sowie Kohlrabi mit arktischem Thymian. Dazu gibt es verschiedene Sorten Brot und Butter, Nüsse mit rosa Pfeffer und Oliven sowie zum Nachtisch Schokolade.

Getrunken wird 2020er Chardonnay vom Pfälzer Weingut Seckinger.

Schlusswort Jakarta

MAXIM BILLER

Man möge ihn bloß nicht einen Kolumnisten nennen. Maxim Biller versteht sich als klassischen Schriftsteller. In dieser und jener Textform zählt er seit Jahrzehnten zu den Größen der schreibenden Zunft.

Biller wurde 1960 in Prag geboren. Die Mutter war studierte Wirtschaftsgeografin, der Vater arbeitete als Übersetzer, nachdem er sein Studium in Russland unter Josef Stalin hatte abbrechen und das Land verlassen müssen. Vor allem arbeitete er viel und hart, sodass die Familie ein angenehmes Leben führen konnte. »Sogar zwei Autos« hatten sie, sagt Biller. Zwei Jahre nach Niederschlagung des Prager Frühlings 1968 emigrierten die Billers nach Hamburg.

Im Wandsbeker Reihenhaus zerriss Biller die grünen Stoffhosen, die sein Vater von der Arbeit mitbrachte. Er wollte Jeans statt Otto Versand, doch es fehlte Geld. Vater, Mutter, Tochter und Sohn lebten von 1000 D-Mark im Monat. Gespart wurde trotzdem. So konnte die Familie 10 000 D-Mark Abstand für eine große Altbauwohnung im Grindelviertel stemmen. Auf dem neuen Farbfernseher lief endlich »Raumschiff Enterprise«.

Biller sah seine Mutter im Schlafzimmer russische Romane lesen. Der Vater blätterte in Zeitschriften. Sie ließ ihn träumen, er lehrte ihn den Wert eigener Hände Arbeit – und schenkte seinem zwölfjährigen Sohn eine Olivetti Praxis. Kurz zog Biller mit Linken durch Hamburger Kneipen. Dann zerlegten einige von ihnen zu Silvester die Familienwohnung. Billers Eltern halfen, die Scherben zusammenzukehren. Er sagt: »Zu Hause herrschte eine unglaubliche intellektuelle Freiheit.«

Nach dem Abitur mit 3,0 studierte Biller in Hamburg und München Neue deutsche Literatur, Geschichte und Philosophie. Im Anschluss besuchte er die Deutsche Journalistenschule in München, verzweifelte an der eigenen Peergroup und verdiente dann trotzdem erst einmal Geld in ihrer Mitte. Beim Kultmagazin *Tempo* durfte Biller schreiben, was er wollte. Bis heute ist die selbsterklärte Nervensäge berüchtigt für scharfe Polemiken.

Als ihn der Kritiker Hubert Winkels zu einem Literaturfestival einlud, las Biller überraschend eine literarische Erzählung, begeisterte damit den Verleger Helge Malchow und der erste Schritt zum Schriftsteller war getan. Auf seinen Erzählband »Wenn ich einmal reich und tot bin« folgten rund 30 Bücher, darunter »Die Tochter«, »Sechs Koffer«, und der gelegentliche Rundumschlag gegen die deutschsprachige Literaturszene.

Biller hat im Eiscafé Venezia auf der Münchner Leopoldstraße herumgesessen und im 103 am Berliner Zionskirchplatz. Im Januar 2022 sitzt er gemeinsam mit Jochen und Christoph im Studio der Produktionsfirma Pool Artists. Die PCR-Tests sind negativ, der Luftfilter läuft, die Diskussion kann beginnen. Jochen ist mit der Vorstellung des Gastes noch nicht fertig, da regt sich bereits Widerspruch.

JOCHEN: Maxim Biller ist ein zertifizierter, aber nur noch gelegentlicher Journalist, ein sehr regelmäßig publizierender und großer Schriftsteller. Viele, die sich auskennen, sagen: »Biller ist ganz oben.« Vor allem in kleineren Textformen, je länger es wird …

MAXIM BILLER: … desto länger muss man lesen. Ich muss da sofort einhaken. Als ich angefangen habe zu schreiben, kannten die Leute mich wegen der »100 Zeilen Hass«, meiner Kolumne in *Tempo*. Die meisten im Mainstream-Establishment fanden, das sei der totale Horror. Dann erschien mein erster Band mit Erzählungen und es hieß: »Toller Kolumnist, aber die Erzählungen – Horror.« Dann kam der erste Roman: »Horror, der Roman, aber ein toller Short-Story-Autor ist er.« Und so setzt sich das fort. Das Verhältnis der Kritiker zu mir ist immer sehr fiebrig.

JOCHEN: Maxim Biller ist ein großer Essayist. So nimmt man ihn wahrscheinlich am stärksten wahr, wenn man seine Bücher nicht kennt. Vermutlich ist er der bekannteste lebende Polemiker in deutscher Sprache. Ich frage mich, wer eigentlich noch nicht von ihm beleidigt worden ist.

Jeder, der es nicht verdient hat.

JOCHEN: Umgekehrt frage ich mich, ob man einfach nur nicht bedeutend genug ist, wenn man noch nie von Biller beleidigt worden ist. Wenn man in sehr kurzer Zeit ganz viel Biller liest, was ich gerade gemacht habe, kommt man in so einen Rausch und …

Entschuldigung, aber was hast du denn gelesen?

JOCHEN: Fast alles.

Alles?

JOCHEN: Leute, wenn ihr euch in Biller einarbeiten wollt: Der frühe *Tempo*-Biller ist schon gut. Unfassbar, was dieser Mann sich getraut hat.

Aber hast du »Wenn ich einmal reich und tot bin« gelesen? Hast du »Land der Väter und Verräter« gelesen? Hast du »Bernsteintage« gelesen?

JOCHEN: Jetzt fragt er mich ab.

Hast du »Die Tochter« gelesen? Hast du »Im Kopf von Bruno Schulz« gelesen?

JOCHEN: Ich habe sogar 300 von den 800 Seiten »Biografie« gelesen.

Hast du »Sechs Koffer« gelesen?

JOCHEN: Ja.

CHRISTOPH: »Sechs Koffer« ist eins meiner Lieblingsbücher von Maxim Biller.

JOCHEN: Nee, weißt du, was das Beste ist? Das verbotene Buch: »Esra«. Ein autofiktionales Werk, das nach deutschem Recht verboten wurde, nachdem sich mehrere Personen darin wiedererkannt hatten. So etwas kommt sehr selten vor.

CHRISTOPH: Ich habe es hier, ich hole es.

Darf ich dich fragen, warum du es toll findest?

JOCHEN: Weil es eine ganz bezaubernde, zarte Liebesgeschichte ist.

Komisch. Von jemandem, der alle beleidigt? Das passt doch nicht zusammen.

CHRISTOPH: Wie geht es dir, Maxim, wenn du jetzt dieses Buch siehst, also das tatsächlich gedruckte Exemplar?

Ja, glaubst du, ich habe keine mehr?

CHRISTOPH: Wie viele hast du noch?

Das werde ich dir sicher nicht sagen. Ich habe zum Verbot meines Romans keine Meinung. Ich halte, ganz allgemein gesprochen, das Verbot eines literarischen Werks für einen Zivilisationsbruch. Mehr habe ich dazu nicht zu sagen.

JOCHEN: Soll ich noch kurz ein bisschen über Maxim Biller erzählen?

Ja, aber bevor du weitermachst: Mir hat es missfallen, dass ...

JOCHEN: Ich habe es befürchtet ...

Warum tust du es dann?

JOCHEN: Weil dir nicht jede Wahrheit gefallen muss.

Ich sitze 90 Prozent meiner Zeit da und schreibe Literatur. Das, was du benennst, also Essayismus oder Kolumnismus, ist einfach und schnell. Aber sich fallen zu lassen in einen Roman, das ist ein viel längerer Vorgang. Vor dem Krieg, bei Joseph Roth oder Kurt Tucholsky, war immer klar, dass das zusammengehört – genauso nach dem Krieg bei Heinrich Böll, Günter Grass oder Hans Magnus Enzensberger.

CHRISTOPH: Der war auch Essayist.

Er war ein sich politisch sehr explizit äußernder Autor. Eine Zeit lang hat man gefragt: »Wo sind die politisch engagierten Schriftsteller?« Der Berg kreiste und gebar eine Maus, die dann Juli Zeh hieß. Mit anderen Worten: Wer sich politisch äußert, gleichzeitig Schriftsteller ist und das Pech hat, eine bestimmte Herkunft zu haben – oder das Glück, wie ich es empfinde, auf den verengt sich der Blick.

In Deutschland ist seit dem 19. Jahrhundert klar, dass wir Juden nicht wirklich als Schriftsteller anerkennen wollen. Wir wollen sie sowieso nicht in unserem kleinen *Compound*, in unserer Scheune, in unserem Olymp haben. Also sagen wir: »Oh, die sind ja nur Kritiker, die sind ja nur böse. Die können nur zerstören, die können keine Kunst erschaffen.« Manchmal habe ich das Gefühl, dass mich das ein bisschen einholt. Aber vielleicht ist mein Verdacht auch falsch.

Unter Verschluss: der unveröffentlichte Roman aus Studienzeiten

JOCHEN: Teil deiner öffentlichen Person oder etwas, das man automatisch bemerkt, wenn man sich mit dir beschäftigt, ist jedenfalls, dass du sehr harsche Urteile fällst – vor allem in den Essays.

Aber was soll ich da sonst tun?

JOCHEN: Du hast eine Journalistenschule besucht. Als ich das zum ersten Mal hörte, war ich irritiert, weil ich das nicht mit deiner Person in Verbindung gebracht hätte.

Ich bin auch mehrmals fast rausgeflogen.

JOCHEN: Das wiederum kann ich mir gut vorstellen.

Ich habe diese Schule geliebt, ich hatte nur ein Problem mit meinen Kommilitonen.

CHRISTOPH: Warum?

Na, weil das alles Schafe waren, Schafe und Streber – mittlerweile sind sie die Avantgarde des Journalismus.

Während meiner Hospitanz im Feuilleton der *ZEIT* habe ich viel gelernt, vor allem von Fritz J. Raddatz, aber auch in den Konferenzen. Gerade noch hatte mir jemand gesagt: »Der Raddatz nervt mich, dem werde ich es heute richtig geben.« Während der Konferenz schwieg er wie ein Lamm.

CHRISTOPH: Die Schafe wieder.

Genau. Der Raddatz hat sich zwar nicht für mich interessiert – wieso sollte er auch? Aber als ich ihm einfach einen Text gegeben habe, hat er ihn gedruckt.

JOCHEN: Das ist ungewöhnlich für einen Hospitanten bei der *ZEIT*, bis heute.

Ich habe einigen Leuten sehr, sehr viel zu verdanken. Aber nicht, weil sie mir geholfen haben, sondern weil sie sich mir nicht in den Weg gestellt haben.

Nach der Journalistenschule musste ich Geld verdienen. Da rief mich Markus Peichl an, der legendäre Gründer des Magazins *Tempo.* Ich fragte: »Warum rufst du mich an?« Er sagte: »Jemand hat dich empfohlen.« Sag ich: »Wer?« Sagt er: »Ben Witter.« Ich kannte Ben Witter gar nicht, auch eine Legende bei der *ZEIT*.

CHRISTOPH: Der berühmte Spaziergänger. Axel Springer hat während eines Spaziergangs mit ihm über die *Bild*-Zeitung geschimpft und gesagt: »Ich leide unter der *Bild*-Zeitung wie ein Hund.«

Gegen dich kann man nicht »Wer wird Millionär?« spielen.

© MARZENA SKUBATZ

JOCHEN: Christoph weiß immer alles.

Ben Witter war ein fantastischer Autor. Und er gehörte zu diesen älteren Leuten, die den Jungen hier und dort eine Tür aufmachen wollen. Das fehlt mir heute. Ich selbst mache es, wo ich kann. Wobei die meisten, die zu mir kommen, solche Streber sind, dass ich sie einfach ghoste. Aber wenn jemand einen eigenen Kopf hat und kein Arschkriecher ist, mache ich es wahnsinnig gerne.

CHRISTOPH: Für die Nachgeborenen müssten wir erklären, was *Tempo* war.

Diese Zeitschrift war nichts anderes als eine monatliche Illustrierte, eher für ein jüngeres Publikum, ohne die damals in linken

Kreisen verbreitete Verachtung von Schönheit, Mode und Sexualität. Es gab *hardcore* politische Geschichten, keine Angst vor niemandem – schon gar nicht vor dem Establishment. Man hatte Sinn für Autoren, die ihre eigene Sprache und ihren eigenen politischen Blick auf die Welt hatten.

Unter den Texten im *Spiegel* stand noch nicht einmal der Name des Autors, nur bei den Augstein-Kolumnen. Es war wie eine Endlosschleife aus denselben Sätzen. *Tempo* war das Gegenteil davon. Hier sprach jeder anders, mit eigener Stimme. Und wir hatten auch nicht den Anspruch, die Welt in eine Form zu gießen, damit die Leser das genauso übernehmen.

Die Zeitschrift war witzig, auf eine altmodische Art sehr links sogar. Es wurden Tabus gebrochen. Dazu gab es ein wahnsinnig modernes, fantastisches Layout und tolle Fotos. Gerade in kleineren Städten sind die Leute damals erstickt am bürgerlichen Mainstream. Für sie war *Tempo* eine Befreiung.

JOCHEN: Es gab 18 Jahre lang eine Kolumne in der *Frankfurter Allgemeinen Sonntagszeitung*, »Moralische Geschichten«. Privat-Notiz: Das gehört mit zum Besten, was der Mann je publiziert hat. Man darf ihm das nur nicht sagen. Bestimmt findet er das nicht so gut.

Es freut mich sehr. Mein bester Freund, in meinem Roman »Biografie«, von dem du nur 300 Seiten geschafft hast, heißt er Noah Forlani, sagt: »Du hast nur zwei Sachen gemacht, die wirklich gut sind: die ›Moralischen Geschichten‹ und ›Biografie‹.«

Ich habe die Kolumne wahnsinnig gern geschrieben. Sie funktioniert als kurze literarische Satire, ein bisschen in der Tradition von Art Buchwald. Ich habe Personen erfunden. Dann habe ich mir aktuelle Ereignisse genommen und sie mit meinen Figuren belebt. Als kürzlich diese Anne-Frank-Geschichte aufkam, haben mir die Finger gezuckt. Ach, wäre das toll gewesen, eine Satire darüber zu schreiben, dass angeblich ein Jude Anne Frank verraten hat.

JOCHEN: »Über den Linden« in der *ZEIT* ist eine weitere Kolumne. Es gab davor eine andere, die dann nicht weitergeführt wurde. Da gab es Ärger wegen eines Textes über Joschka Fischer.

Weißt du was? Sei mir nicht böse, ich bin Gast, aber wir reden die ganze Zeit über journalistische Dinge. Dass parallel auch literarische Dinge stattfanden, wird gar nicht erwähnt.

CHRISTOPH: Kommt gleich. Aber das müssen wir noch kurz erklären. Es gab einen Text über Joschka Fischer, der nicht erschienen ist, weil er verhindert wurde. Was ist da passiert?

Ich hatte eine Kolumne im *ZEITmagazin* mit drei anderen Schriftstellern: Sibylle Berg, Katja Lange-Müller, Matthias Alternburg. Dann wurde das damalige *ZEITmagazin* eingestellt. Alle haben dafür gekämpft, dass die Kolumne in der *ZEIT* weiterläuft. Sie hieß »Junges Deutschland« und war für mich die Fortsetzung von »100 Zeilen Hass«. Meinen ersten Text schrieb ich über Joschka Fischer. Ich versuche, mich zu erinnern, deswegen will ich vorsichtig sein: Es ging um den Jugoslawienkrieg.

JOCHEN: Ich habe sie gestern gelesen. Wenn ich kurz zusammenfassen darf? Du wirfst Fischer vor, dass er über die Jahre so oft seinen Standpunkt gewechselt hat. Das erzählst du am Rande dieses Kriegs und irgendwie hast du ihn natürlich beleidigt.

Vor dem Krieg hat er als Grüner gesagt: »Waffen? *No way!*« Und als er Minister war …

CHRISTOPH: 1998.

… war er dann dafür. Ich habe gesagt: »Wer etwas sagt und dann zwei, drei oder acht Jahre später etwas anderes, ist ein Lügner.« Ich habe das Wort Lügner benutzt, ich habe ihn nicht beleidigt.

Daraufhin hieß es: »Die Kolumne kann nicht erscheinen.« Worauf ich sagte: »Solange sie nicht erscheint, mache ich nicht weiter.« Und meine großartigen Kollegen, heute auch undenkbar, haben gesagt: »Wir sind Maxims Meinung. Entweder seine Kolumne wird gedruckt oder wir machen auch nicht weiter.« Wer gibt heute noch eine *ZEIT*-Kolumne aus prinzipiellen Erwägungen auf? Das war ganz fantastisch!

JOCHEN: Die Kolumne über Fischer ist dann in der *Taz* erschienen. Und ab jetzt reden wir nur noch über Literatur.

Bitte.

CHRISTOPH: Bei einem Literaturfestival in München hast du Ende der 80er-Jahre zum ersten Mal öffentlich einen literarischen Text gelesen: eine Erzählung über deine Mutter. Plötzlich hast du sie im Publikum entdeckt. Wie hat sie reagiert?

Wir sind eine sehr literarische Familie. Ich hätte sie in der Geschichte auch zur Ehebrecherin machen können, es wäre okay für sie gewesen. Danach ist sie mit uns noch zu einer Party gegangen. Es war einfach nur ganz toll. Ehrlich gesaget fand ich es ein bisschen kitschig.

CHRISTOPH: Den Text?

Nein, die Situation.

CHRISTOPH: Ist es schlimm, dass sie kitschig war?

Nichts ist schlimm. Ich habe heute zum Beispiel Pantoffeln mitgebracht, so lächerliche weiße Hotel-Hausschuhe. Wenn das hier länger geht, ziehe ich die an. Ich habe mir schon als Kind immer gesagt: »Was soll passieren?«, wenn ich etwas sage oder mache, wie ich es möchte. Versteht ihr? Soll das Haus einstürzen, wenn ich mir hier Pantoffeln anziehe?

JOCHEN: Also die weißen Schlappen sind schon kurz vor Einsturz.

Schlecht fühle ich mich nur, wenn ich jemandem Unrecht angetan habe. Das will ich schnell in Ordnung bringen. Viele Leute sagen so etwas, aber ich meine es wirklich.

JOCHEN: Moment, aber das betrifft nicht die Leute, die du in deinen Texten beleidigt hast?

Warum stellst du mir schon wieder so eine insinuierende Frage? Ich habe niemanden beleidigt. Das ist ganz wichtig. Ich arbeite immer mit Argumenten und verstärke sie durch Polemik. Ich bin nicht Wiglaf Droste. Ich bin nicht Thomas Bernhard. Ich verachte Thomas Bernhard! Ich verstehe nicht, wie man Thomas Bernhard gut finden kann.

CHRISTOPH: Was verachtest du an Thomas Bernhard?

Dass der einfach nur schimpft. Darin sehe ich nichts. Bei meinen journalistischen Texten wirst du bemerken, dass ich alles begründe. Ich sehe jemanden kritisch und belege dann, warum ich ihn kritisch sehe. Viele wissen gar nicht, wie man jemandem mit einem Argument auf die Pelle rückt. Vielleicht sind sie deswegen so vorsichtig.

CHRISTOPH: Du bist nie beleidigt? Also entschuldige, aber eins deiner berühmtesten Bücher, »Die Tochter«, war ein Publikumserfolg, bis Marcel Reich-Ranicki es im »Literarischen Quartett« so verrissen hat, dass es am nächsten Tag keine Verkäufe mehr gab.

Ich war ja derjenige gewesen, der dafür gesorgt hatte, dass das Buch überhaupt im »Literarischen Quartett« besprochen wurde. Früher, als das »Literarische Quartett« noch gut war – ich meine die Zeiten von Reich-Ranicki, Hellmuth Karasek und Sigrid Löffler –, gab es praktisch in jeder Buchhandlung zwei, drei Wochen vor Ausstrahlung einen Altar mit den Büchern, die in der Sendung diskutiert werden würden. Das heißt, die haben sich allein dadurch massiv verkauft. Ich war schon dankbar über die 7000 Exemplare.

Im »Literarischen Quartett« sagte Reich-Ranicki dann sinngemäß: »Der Biller ist hochintelligent, aber in diesem Buch geht es nur um Sex. Und deshalb ist es Blödsinn.«

CHRISTOPH: Es gab auch keinen großen Widerspruch in der Runde.

Löffler hat mich verteidigt. Karasek fand das Buch scheiße. Das ist ja auch okay. Ich bin ihm doch deshalb nicht böse.

© MARZENA SKUBATZ

CHRISTOPH: Auch nicht Reich-Ranicki?

Nein. Willst du wissen, wieso ich Reich-Ranicki nicht böse bin?

CHRISTOPH: Ja.

Es zieht. Kann man da was machen?

CHRISTOPH: Vielleicht magst du deine Pantoffeln anziehen.

Nein, noch nicht. Aber gleich.

CHRISTOPH: Wir können ja mal das Essen auf den Tisch stellen.

Das wäre eine gute Zäsur. Wir haben echt viel über diese Alte-Leute-Geschichten gesprochen. Ich möchte allerdings noch das mit Reich-Ranicki zu Ende erzählen.

CHRISTOPH: Bitte.

Irgendwann erschien mein erstes Buch, ein Band mit Erzählungen. Reich-Ranicki wurde in einer jüdischen Studentenzeitung gefragt, wie er »Wenn ich einmal reich und tot bin« von Maxim Biller finde. Er sagte: »Über diese Art von Literatur möchte ich lieber nicht sprechen.« Ein rätselhafter Satz, oder?

CHRISTOPH: Warum rätselhaft?

Na, was heißt das? Kannst du den Satz entschlüsseln?

CHRISTOPH: Es wirkt, als hätte er das Buch nicht für erwähnenswert gehalten.

Nein. »Ich möchte darüber lieber nicht sprechen« bedeutet: »Wenn ich erst einmal loslege, dann ...«

Im Nachhinein weiß ich, dass ich für Reich-Ranicki wie ein Menetekel war. Ich war die Sorte Schriftsteller, von der es früher in Polen und vor allem in Deutschland unendlich viele gab: jüdische Denker und Dichter. Reich-Ranicki war von seinem ganzen Denken, Schreiben und Wirken, von seinem Charisma und von seinem Temperament her genauso. Nur wollte er kein jüdisches Denken mehr in Deutschland haben, denn das hatte ja nur Unglück gebracht.

Vor dem Krieg haben die deutschen Juden davon geträumt, Deutsche zu sein. Reich-Ranicki hat den Traum weitergeträumt. Er hat erst sehr spät verstanden, dass es eine Illusion war. Damals wollte er von Leuten wie mir nicht wieder zurück ins Ghetto gestoßen werden. Das habe ich von einer sehr engen Freundin von ihm gehört. Ich war aus seiner Sicht toxisch.

Ich habe ihn allein durch meine Existenz irritiert. Was ich schrieb, wie ich aussah, wie ich mich zur deutschen Gesellschaft stellte. Vor allem warb ich für ein Literaturverständnis, das nicht dem zeitgenössischen deutschen Literaturverständnis entsprach. Ich war viel näher bei Isaac Singer und Saul Bellow als bei Peter Handke.

CHRISTOPH: Wofür wiederum Marcel Reich-Ranicki stand.

Teilweise. Er hat auch Wolfgang Koeppen gefördert, neben Heinrich Böll der einzig gute deutsche Nachkriegsschriftsteller. So einfach war das nicht, denn nichts im Leben ist einfach.

Irgendwann passierte es. Es gab Streit zwischen Marcel Reich-Ranicki und Walter Jens. Oder zwischen Reich-Ranicki und Günter Grass. Vielleicht waren es beide. Im *Spiegel* erschien eine kleine Notiz, in der Reich-Ranicki sagte: »Ich kann mich mit jedem vertragen.«

Ohne mir große Hoffnungen zu machen, schrieb ich ihm einen Brief. Es war so frech: »Lieber Herr Reich-Ranicki, Sie haben das und das gesagt. Also warum versöhnen wir uns nicht?« Eine Woche später traf ein Brief von ihm ein: »Rufen Sie mich an.« Ich habe angerufen, wir haben geredet, und er sagte: »Besuchen Sie mich doch mal.« Perfekt!

Ich bin nach Frankfurt gefahren und bin mit einem großen Blumenstrauß zu den Reich-Ranickis gegangen. Die wohnten dort im Dichterviertel. Seine Frau Teofila Reich-Ranicki war ganz toll und freundlich. Er war auch sehr freundlich.

Wir haben darüber diskutiert, was es bedeutet, wenn man in Deutschland Schriftsteller oder Kritiker und zugleich Jude ist. Sprache definiert den Autor. Jhumpa Lahiri ist eine englisch-amerikanische Schriftstellerin, keine indische, und Junot Díaz ist ein amerikanischer Schriftsteller, kein dominikanischer. Da waren wir uns einig. Aber gleichzeitig habe ich gesagt, dass das Maul der Gegner immer ganz weit offen ist für Leute wie uns. Sie verschlingen uns gerne und schnell. Da hatten wir unterschiedliche Meinungen.

Abgebrochen: »Infinite Jest« nach 300 Seiten

Als ich ging, sagte entweder Marcel Reich-Ranicki oder seine Frau: »Kommen Sie bald wieder? Es kommt fast niemand mehr zu uns.« Wenn ich das erzähle, läuft es mir kalt über den Rücken. Ich will nur sagen: Am Ende seines Lebens hat auch er immer öfter die Erfahrung gemacht, dass ihm in Deutschland etwas fehlte. Ich scheine ihn daran erinnert zu haben. Deshalb war ich ihm eigentlich schon immer nicht böse.

Und jetzt trinke ich eine Coke Zero.

CHRISTOPH: Es wurde extra gesagt: Zero, nicht Light.

Nein, Light ist schlimm.

JOCHEN: Was ist der Unterschied?

Cola Light schmeckt nach Plastik. Cola Zero schmeckt *fresher.* Man denkt nicht so sehr daran, dass der Geschmack künstlich ist. Aber inzwischen schmeckt Cola Zero auch wieder mehr nach Plastik. Die haben vor einem halben Jahr die Rezeptur geändert.

JOCHEN: Und es gibt tatsächlich einen Unterschied oder glaubt ihr nur, dass es einen gibt?

Du meinst, wir sind so Placebo-Trottel?

JOCHEN: Nö, aber Generika-Trottel.

Ach, du kaufst auch nicht gern Generika?

JOCHEN: Doch.

Ich nicht. Ich verlange immer das Original.

JOCHEN: Um die Pharmaindustrie zu fördern.

Ich habe mit Originalen bessere Erfahrungen gemacht als mit Generika.

JOCHEN: Ich kaufe nicht Aspirin, sondern ASS von irgendwem.

Igitt.

JOCHEN: Da ist dasselbe drin. Deswegen heißen die doch Generika.

Aber bei Mode ist es doch auch so: Wenn H&M etwas von Dries Van Noten brillant nachbaut, willst du trotzdem Dries Van Noten.

JOCHEN: Ist da nicht die Qualität unterschiedlich?

Bei H&M ist die Verarbeitung besser. Irre.

JOCHEN: Maxim ist der wahre Modeexperte. Er trägt auch coole Schuhe. Was sind das für welche, wenn ich fragen darf?

Ludwig Reiter.

JOCHEN: Die sehen elaboriert aus. Aber die Jeans sieht aus wie eine Jeans.

Falsch.

JOCHEN: Es ist Acne!

Das sind die Neuen, die wieder weit geschnitten sind. Ey, ich bin 61 Jahre alt und rede über Jeans. Seid ihr wahnsinnig? Können wir endlich über Literatur reden?

JOCHEN: Wenn wir jetzt anfangen, das gesamte literarische Werk chronologisch vorzutragen …

Nein, musst du nicht. Willst du das?

JOCHEN: Nein.

Ich würde gern über »Die Tochter« reden.

JOCHEN: Aus dem Jahr 2000.

Es ist ein sehr psychologischer, realistischer Roman. Dostojewskihaft, wie Hannes Stein in der sonst so verbohrten *FAZ* geschrieben hat – das weiß ich noch, weil es auf der Rückseite des Buchs steht. Es handelt von einem israelischen Soldaten aus einer normalen, schönen Familie, der im ersten Libanonkrieg ein schlimmes Verbrechen begeht und damit nicht zurechtkommt. Nach dem Dienst flieht er. Eigentlich will er nach Indien, aber weil er im Flugzeug eine Deutsche kennenlernt, landet er in München-Schwabing. In diesem aus seiner Sicht traurigen Land geht es ihm so schlecht, dass er irgendwann ein noch schlimmeres Verbrechen begeht.

Es ist kein Roman, in dem politisch Haltung eingenommen wird. In der Literatur soll man nie, nie, nie politisch Haltung einnehmen. Vielleicht ist das die Erklärung, wieso es leichter ist, mit mir über das Essayistische zu reden, denn da beziehe ich politisch Stellung. In der Literatur beziehe ich nur Stellung für das Menschliche. Da erzähle ich einfach – hoffentlich ohne Parteinahme – von diesem Menschen, der unglücklich ist und diese Sachen tut.

Der Roman war eigentlich seiner Zeit voraus. Ich habe »Die Tochter« geschrieben, weil ich in Israel immer diese jungen Leute gesehen hatte. Die waren gerade noch beim Armeedienst und am Abend saßen sie mit ihren Eltern beim Schabbat oder tanzten auf irgendeiner Party in Tel Aviv. Das hat mich traurig gemacht. Damals wurde weder in Israel noch hier darüber gesprochen, wie die Lage für junge Menschen bei der Armee ist. Ungefähr zehn Jahre später kam der Film »Waltz with Bashir« in die Kinos. Der wurde sehr viel rezipiert.

Abgeschafft: Anzüge – zu unbequem

CHRISTOPH: Ein toller Film!

Sehr ähnliche Geschichte.

CHRISTOPH: Stimmt.

Ich hätte mir gewünscht, dass mein Roman mehr gelesen wird. Die Deutschen lösen lieber ihre Probleme mit Uropa, statt zu schauen, was heute wirklich im Nahen Osten passiert. Vielleicht würde ein Roman wie meiner ihnen die Augen öffnen für das Menschliche, was dort geschieht.

CHRISTOPH: Kann Literatur zum falschen Zeitpunkt erscheinen?

Ja, das kann sein. Ich habe lange gebraucht, um zu verstehen, dass ein Leser nicht bloß zu einem Essay, sondern auch zu einem Roman sagen muss: »Ja, so erlebe ich es auch. Das ist ein Thema, das mich gerade interessiert.« Wer Kafka liest, denkt in der Regel nicht: »Das ist das schönste Deutsch, das es gibt.« Das tue vielleicht ich als Schriftsteller. Aber die meisten denken einfach nur: »Das ist ja aufregend. So fühle ich mich auch, wenn ich morgens aufwache und nicht weiß, wer ich bin.«

JOCHEN: »Vor dem Gesetz«, so fühle ich mich.

Ich bin wie der Typ aus »In der Strafkolonie«. Aber nicht der, der auf dem Brett liegt.

Wobei ich mich ehrlich gesagt nie wie irgendeine Romanfigur fühle. Ich lese, weil mich eine Welt interessiert. Oft ist das eine jüdische Welt. Isaak Babel ist für mich der größte Schriftsteller, den es gibt.

CHRISTOPH: Ich hätte gedacht, du sagst Kafka.

Nein, der war nicht ganz dicht. Ich glaube, viele seiner Geschichten sind nur Träume, die er aufgeschrieben hat.

Isaak Babel war ein russischer Schriftsteller aus einer jüdischen Familie. Nach dem Ersten Weltkrieg war er zuerst sehr revolutionsbewegt. Davon entfernte er sich immer mehr. Weil er nicht anders konnte, als in seiner Literatur die Wahrheit zu schreiben, und sich nicht angepasst hat wie viele andere, wurde er unter Josef Stalin umgebracht. Aber warum spreche ich von Isaak Babel? Ich finde seine Sprache fantastisch!

Die Sprache ist, was mich beim Lesen zuerst interessiert. Ich lege ein Buch nach zwei Zeilen weg, wenn es einfach nicht atmet. Die meisten Menschen wollen zunächst wissen: »Hat das etwas mit mir zu tun?« In den 70er-Jahren kauften alle dieses unlesbare Buch von Verena Stefan, »Häutungen«. Es ist ein feministischer Roman, kleiner Verlag, großer Bestseller. Die Leute haben ihn gelesen, um ihr Lebensbild zu bestätigen. Aber solchen Büchern fehlt das Universelle, das Poetische.

JOCHEN: »Die Tochter« ist 2000 erschienen. Im selben Jahr hast du eine Tagung in Tutzing organisiert: »Freiheit für die deutsche Literatur«. Die ist heute legendär, weil du so eine Art Schriftstellerbeschimpfung ...

Nein. Hast du den Text gelesen?

JOCHEN: Ja.

Ist es eine Beschimpfung?

CHRISTOPH: »Schlappschwanzliteratur« ist das Wort, das bis heute nachhallt.

Es ist mir völlig klar, dass griffige Sachen übrig bleiben. Das ist mein Risiko. Aber ich kann es erklären: Ich bin ja immer ein bisschen naiv und ich habe wirklich gedacht, es wäre schön, wenn wir Schriftsteller der jungen und mittleren Generation uns treffen würden. Ich wollte, dass wir diskutieren.

Es regt mich wahnsinnig auf, dass in Deutschland seit ein paar Jahren ständig von Streit geredet wird, wenn Diskussion gemeint ist. Vielleicht können Deutsche nicht diskutieren, sondern nur streiten – kann ja sein. Meine These bei der Tagung war jedenfalls: Wir sind eigentlich alle Kinder Kohls.

CHRISTOPH: Helmut Kohl.

Den muss man nicht erklären.

Also noch mal: Wir sind alle die Kinder von Helmut Kohl und wir sind es gewöhnt, dass es im Prinzip kein Gut und kein Böse mehr gibt. Und dadurch, dass es kein Gut und kein Böse mehr gibt, können wir nicht mehr erzählen, denn zu jedem literarischen Text gehört ein Kampf zwischen Gut und Böse oder das Bewusstsein für Gut und Böse und so weiter. Als Beispiel für das völlige Misslingen von Literatur auf Grundlage dieses komplett amoralischen Denkens und Seins habe ich das neue Buch von Rainald Goetz genommen.

CHRISTOPH: Der in der ersten Reihe saß.

Natürlich, wo sollte er sonst sitzen?

CHRISTOPH: Du beugtest dich zu ihm runter und sagtest: »Auch du, lieber Rainald.«

Das ist echt eine geile Legende, klingt nach Cäsar und Brutus. Aber das gefällt mir.

Auf jeden Fall war er beleidigt. Er, der wirklich Leute beschimpft hat! Er hat ja sogar in einem Gewalttext in der Zeitschrift *Merkur* geschrieben, dass er dem amerikanischen Präsidenten Ronald Reagan ins Gesicht schießen will.

CHRISTOPH: Er hat dann den Raum verlassen, oder?

Das weiß ich nicht mehr. Ich meine, er hat die Fassung bewahrt.

Rainald Goetz ist nicht so gut wie Kafka, aber er ist einer der wenigen Prosaautoren, die auf höchstem Niveau ganz fantastisches Deutsch schreiben. Nur versteht man oft nicht, worum es in seinen Texten geht. In Deutschland geht so was: Schreib einen Text, bei dem man nichts versteht, und du heißt Elfriede Jelinek und kriegst von Schweden, die auf Naziporno stehen, den Nobelpreis. Das habe ich kritisiert.

Unverzichtbar: alte Designermöbel zum Schnäppchenpreis

Ein Jahr später gab Goetz ein Interview, in dem er mich dann beschimpft hat, in dem Sinne von: was ich mir erlaubt hätte. Ich habe keine Worte dafür, außer: »Tut mir leid, dass du zu Hause nicht diskutieren gelernt hast.«

JOCHEN: Ich finde es wahnsinnig mutig, eine Menge Schriftsteller einzuladen und die dann zu beschimpfen.

Du hörst nicht zu. Ich habe sie nicht beschimpft! Du kriegst es einfach nicht aus deinem System.

JOCHEN: Vor versammelter Mannschaft zu sagen: »Einige von euch veröffentlichen Schlappschwanzliteratur!«?

Ich habe nicht gesagt: »Ihr macht Schlappschwanzliteratur!« Es kommt schon auf die Formulierung an. Aber auf jeden Fall war das ein schönes Wort: Schlappschwanzliteratur.

JOCHEN: Und woher kommt nun dein Mut?

Woher kommt die Feigheit der anderen? Das weiß ich nicht, aber ich habe Verständnis dafür. Ich bin auch gar nicht so mutig. Wäre ich im Gulag, würde ich immer genau das tun, was mein Aufseher will. Wenn es wirklich hart auf hart käme, würde ich verschwinden, statt gegen die Diktatur zu kämpfen. Ich würde mich nie physischer Gewalt aussetzen. Ich bin sozusagen ein glückliches Kind der Demokratie.

Warum ich oft keine Angst habe? Vielleicht ist es genetisch. Ich habe braune Augen und eine gerade Nase – meine Mutter meinte, ich hätte die schönste Nase. Ich bin neurotisch, ich bin hypochondrisch, aber ich bin auch selbstbewusst. Ich kann mir nicht helfen. Deshalb bin ich auch nie beleidigt. Entweder hast du mit deiner Kritik recht oder sie hat nichts mit mir zu tun.

CHRISTOPH: Könnte es sein, dass dir das Recht auf freie Meinungsäußerung stärker als anderen bewusst ist, weil deine Familie erlebt hat, was es bedeutet, nicht in einer Demokratie zu leben?

Du sagst es besser, als ich es hätte sagen können, mir ist das so gar nicht klar gewesen. Das wird jetzt pathetisch klingen: Es ist ein großes Geschenk für mich, sagen zu können, was ich will. Gleichzeitig kenne ich genug Leute, denen es ähnlich geht und die sich trotzdem in die Hose machen würden.

Ich kann nichts dafür, wie ich bin. Das hat viel mit meiner Erziehung und unserer Emigration zu tun. Und mit den Bolschewiken. Ich weiß, dass das Leben meines Vaters im Grunde wegen nichts zerstört wurde, und es gibt noch genug andere solcher Geschichten in unserer Familie. Der Gulagismus, also der Stalinismus, hat mich mehr geprägt als der Nationalsozialismus. Daher kommt bestimmt diese unglaubliche Nähe zu Isaak Babel.

Ich habe eine Erzählung geschrieben, sie ist noch nicht erschienen. Darin wird Babel in seiner Gefängniszelle von Stalin besucht. Stalin sagt zu ihm: »Schreib meine Biografie, dann kannst du weiterleben.« Babel verzichtet. Dieses für ihn todbringende Schweigen ist seine größte schriftstellerische Leistung.

CHRISTOPH: Du hast vorhin erwähnt, dein Literaturverständnis entspreche nicht dem typisch deutschen Literaturverständnis. Was meinst du damit?

Ich bin ein klassischer Schriftsteller, der sich aber auch aller Errungenschaften der Moderne bedient, von Gustave Flaubert bis James Joyce. Meine Texte haben Anfang, Mitte und Ende. Man versteht sie. Sie sind sehr poetisch, aber nicht undurchdringbar. Sie berühren dein Herz, ohne kitschig zu sein. Oft bieten sie einen intellektuellen Anreiz. Und ich ergreife nie, nie, nie politisch Partei in einem literarischen Text.

Ich habe die offiziöse deutsche Literatur immer als System angegriffen, als Institution. Inzwischen langweilt mich diese Auseinandersetzung, weil sich ohnehin nichts ändert. Wieso lieben die Leute Leïla Slimani? Sie ist eine klassische Erzählerin. Sogar dieser Kindskopf Michel Houellebecq mit seinen jugendlichen Fantasien ist ein klassischer Erzähler. Klassisch erzählen bedeutet – tut mir leid: keine Avantgarde-Experimente, trotzdem nicht stehen bleiben und in der Sprache mit der Zeit gehen.

Vor ein paar Monaten ist mein Roman »Der falsche Gruß« erschienen. Da versuche ich das. Er handelt von einem jungen Autor.

JOCHEN: Erck Dessauer.

Genau. Der will was werden. Und es gibt einen etablierten Schriftsteller, der Jude ist. Erck Dessauer bewundert ihn. Eines Nachts rutscht ihm in einem Restaurant der Arm aus und er macht einen Hitlergruß vor ihm. Daraufhin rennt Erck Dessauer weg und denkt: »Oh Gott, jetzt werde ich geteert und gefedert. Meine Karriere ist vorbei. Ich werde dasselbe Schicksal erleiden wie damals die Juden.« Kompletter Irrsinn! Und dann beginnt eine Geschichte darüber, wie ein junger Deutscher eine Gegnerschaft imaginiert.

Es ist die Geschichte eines Antisemiten. Aber ist die Geschichte eine politische Stellungnahme? Habe ich jemanden provozieren wollen? Nein. Jeder, der das Buch liest, sagt: »Ich fühle mit diesem Erck mit.« Und das will ich auch so. Sonst hätte ich keinen Roman, sondern einen Artikel zu dem Thema geschrieben. Interessanterweise gab es viele positive Kritiken. Ob sich wohl einige der Rezensenten in Erck Dessauer wiedererkennen?

JOCHEN: Wo wir schon beim Projizieren sind. Bist du der Antagonist, an dem Erck Dessauer sich die ganze Zeit abarbeitet?

Ja, klar.

JOCHEN: Der sprühende, intelligente Autor.

Der ist eine Nervensäge, total eingebildet.

JOCHEN: Mit einer gut aussehenden Frau.

Dazu stehe ich. Meine Freundin ist eine sehr gut aussehende Frau.

JOCHEN: Und intelligent.

Sie gehört zu den drei intelligentesten Menschen, die ich kenne.

JOCHEN: Steckt auch in Erck Dessauer etwas von dir?

Nein. Aber noch was: Wenn jemand sagt: »Ich habe beim Schreiben mit meinen Figuren gelebt und gelitten«, weiß ich, dass er eine Null ist. Das ist pseudo, Pathos, totaler Quatsch!

CHRISTOPH: Kann es da nicht unterschiedliche Typen geben?

JOCHEN: Es gibt beim Schauspiel ja auch Method Acting.

Ich nehm's zurück!

JOCHEN: Wie kannst du über andere Autoren so urteilen?

Weil es Spaß macht.

JOCHEN: Jetzt kommen wir zum Punkt.

Einigen wir uns darauf: Es gibt *Method*-Schriftsteller, ich bin keiner. Und mich interessiert bei einem Roman nicht die politische Botschaft, sondern der Mensch.

Die Leute müssen ständig ihr Leben sortieren, fernsehen, Podcasts hören, Zeitung lesen, über Corona nachdenken. Mag sein, dass es ihnen schwerfällt, innerhalb eines komplizierten Werks wie meinem zu unterscheiden: hier die Essays, die oft sehr kritisch, angriffslustig, scharf oder auch verletzend sind, da diese

Menschenliteratur. Würde man mich nachts um drei wecken und fragen: »Was wünschst du dir?« Dann würde ich sagen: »Erstens eine Wohnung in Tel Aviv und zweitens, dass die Leute endlich verstehen, dass es diese zwei unterschiedlichen Teile meines Werks gibt.«

A ODER B

Ordnung oder Chaos?
Ordnung.

Gott oder kein Gott?
Kein Gott.

Dichter oder Denker?
Denker.

Augen zu oder Augen auf?
Augen auf.

Bleibt Maxim Biller bei seinem Wort, ist er die längste Zeit ein klassischer Schriftsteller gewesen. Im August 2023 erschien der Roman »Mama Odessa«. Es soll sein letztes Buch sein.

Er habe Menschen beschreiben wollen, wie sie sind, nicht wie sie sein sollen, schrieb Biller im März 2022 in der *ZEIT*. »Wer das liest, hoffte ich, wird sich bei der nächsten Gelegenheit dreimal überlegen, ob er ein Schwächling und Schwein sein will oder nicht.« Mit Beginn des russischen Angriffskriegs in der Ukraine wurde diese Hoffnung enttäuscht. »Das ganze Schreiben und Leiden und Kritikerbeschimpfen war umsonst!«

Das vegetarische Catering kommt vom Berliner Restaurant The Butterfly Lovers in Berlin-Mitte. Es gibt grüne Bohnen in Ingwersoße, Wasserspinat auf Glasnudeln in Knoblauch-Essig-Dressing, geräucherten Tofu in pikant-scharfer Erdnusssoße, Avocadosalat, einseitig gebratene Teigtaschen mit Tofu- und Spinatfüllung, Mapo Tofu, Tofutopf nach Szechuan-Art sowie Lotuswurzeln scharf gebraten mit Paprika, Chili und Zwiebeln.

Zu trinken gibt es Cola Zero und trockenen Grauburgunder vom Weingut Jürgen Kissinger in Rheinhessen sowie Jasmintee für Maxim Biller. Außerdem werden Süßigkeiten aus dem Vorrat von Pool Artists verdrückt.

Schlusswort Odradek

JUTTA ALLMENDINGER

Das Leben von Jutta Allmendinger fühlt sich an wie Wellpappe: viele Höhen, viele Tiefen. Anders wollte sie es auch nie haben, sagt sie. Die Soziologin ist eine der führenden Wissenschaftlerinnen Deutschlands.

Allmendinger wurde 1956 in Mannheim geboren. Der Vater arbeitete bis zu seinem Tod als Architekt, die Mutter hatte ihr Studium nach der Geburt der Tochter abgebrochen und ging zurück an die Uni, als Allmendinger gerade erwachsen war.

Allmendinger studierte Soziologie, erst an der Universität Mannheim, später an der University of Wisconsin, weil dort die Statistikprofis zu finden waren. Anschließend ging sie für ihre Promotion nach Harvard, ackerte für den akademischen Titel, ackerte, um die hohen Studiengebühren zu stemmen.

»Im zweiten Sommer war ich nur noch halb so groß«, sagt Allmendinger. Ihren Rückenschmerzen war mit Chiropraktik und Tabletten nicht länger beizukommen. Die Mutter fuhr sie ins Krankenhaus. Auf der onkologischen Station der Kinderklinik erlebte Allmendinger sediert, wie Freunde und Familie sich von ihr verabschiedeten. Doch Knochenkrebs war eine Fehldiagnose, Allmendinger lebte weiter.

Vom Gipsbett aus verliebte sich Allmendinger ins Krankenhauspersonal, ließ sich auf einer Bahre in die Sonne schieben. Sportchirurgen holten zwei Tassen Eiter aus ihrem Bauch und steckten sie in ein Korsett à la Frida Kahlo. Die Patientin flog zurück in die

USA, es wartete schließlich die Promotion – und die ganz große Karriere in der Wissenschaft.

Allmendinger hat am Max-Planck-Institut für Bildungsforschung und an der Harvard Business School gearbeitet. Sie habilitierte sich an der Freien Universität Berlin. Sie war Soziologie-Professorin an der Ludwig-Maximilians-Universität München und Direktorin des Instituts für Arbeitsmarkt- und Berufsforschung.

Seit 2007 ist Allmendinger Präsidentin des Wissenschaftszentrums Berlin für Sozialforschung (WZB) und Professorin für Bildungssoziologie und Arbeitsmarktforschung an der Humboldt-Universität zu Berlin. Sie sitzt in diversen Beiräten, unter anderem im Herausgeberrat der *ZEIT*.

Seit 1988 ist Allmendinger Mitglied der SPD. Man munkelt, seitdem hätte sie in der Partei nicht nur einmal mehr als ein einfaches Mitglied sein können. Beraten hat sie oft, etwa die Hessen-SPD als Vorsitzende von Thorsten Schäfer-Gümbels Zukunftsrat.

Allmendingers Haare sind nass vom Sommerregen, als sie Jochen und Christoph im Juni 2019 zum Gespräch in der Podcast-WG trifft. Die Köstlichkeiten in ihrer Kühlbox sind trocken geblieben. Sie werden für Verwirrung sorgen.

JOCHEN: Sie waren als junge Frau sehr lange sehr krank. Wie hat Ihre Krankengeschichte Sie verändert?

JUTTA ALLMENDINGER: Ich habe einen unkomplizierteren Umgang mit dem Leben als andere. Ich mache mir weniger Sorgen. Ich war schon mal fast tot, von daher genieße ich eine Art Wiedergeburt. Ich bin auch ein bisschen abenteuerlicher als andere, viele meinen: unvorsichtiger. Die Krankheit hat mir die Schwere des Lebens genommen.

JOCHEN: Man hätte erwarten können, Sie fahren danach erst einmal nach Kalifornien an den Strand und werden Hippie. Stattdessen sind Sie sehr hart in die Wissenschaft eingestiegen und haben stringent Karriere gemacht. Wie passt das zusammen?

Ich würde von mir nie sagen, dass ich stringent eine Karriere begonnen habe. Und ich würde auch nicht sagen, dass ich hart in die Wissenschaft eingestiegen bin.

JOCHEN: Nein?

Nein. Da lesen Sie jetzt etwas raus. Sind Sie nicht Physiker?

JOCHEN: Ich bin Physiker.

Und war das Studium schlimm für Sie?

JOCHEN: Wieso fragen Sie das?

Sie denken offenbar, dass es hart für mich war, dieses Studium fertig zu machen. Ich fand es aber so was von cool in Harvard, dass ich das richtig gern gemacht habe. Es mag sich merkwürdig anhören: Nachdem ich über ein Jahr raus war, war das ein funktionales Äquivalent zum Strand in Kalifornien.

JOCHEN: Stimmt es, dass der Betreuer Ihrer Promotion Ihr Einleitungskapitel weggeworfen hat?

Es war noch viel schlimmer. Sie müssen sich das so vorstellen: Harvard University, hartes Aufnahmeverfahren – ich knallstolz, dass ich es geschafft hatte. Der Dean des Instituts begrüßte mich sehr nett. Ich dachte, ich bekomme jetzt eröffnet, dass er jede weitere Betreuung einstellen kann, weil ich so großartig bin. Darf ich kurz diesen Zettel hier haben?

JOCHEN: Frau Allmendinger hat Christophs komplette Fragennotizen genommen. Christoph ist jetzt völlig blank.

Mein Kapitel war in einem Umschlag. Den gab er mir verschlossen zurück, so wie ich Ihnen jetzt Ihre Notizen zurückgebe.

CHRISTOPH: Ein bisschen gelangweilt.

Ich nahm also diesen Umschlag und gedachte ihn gar nicht zu öffnen. Es war halt mein Kapitel. Dann sagte der Dean: *»Why don't you open it?«* Ich machte den Umschlag auf und darin waren lauter kleine Fetzen.

JOCHEN: Nein!

Es hatte etwas Zeremoniales. Er sagte: *»Well, you can do much better than that.«* Und damit war ich verabschiedet.

JOCHEN: Aber das ist doch eine Frechheit!

Natürlich war ich schockiert. Das möchte ich nicht in Abrede stellen. Gleichzeitig dachte ich: »Eigentlich hat er recht. Ich hätte darüber vielleicht noch mal nachdenken können.«

CHRISTOPH: Was haben Sie gemacht, nachdem Sie aus dem Raum raus waren?

Ich habe mich hingesetzt. Lange. Es wurde die mit Abstand beste Arbeit meines Lebens.

JOCHEN: 30 Jahre später haben Sie wieder in den USA gearbeitet, dieses Mal in Los Angeles. Ich habe im Kopf, dass Sie als eine der

ersten Fellows im Thomas-Mann-Haus auf dem Sprungbrett des Pools Champagner aus Pappbechern getrunken haben.

Es waren richtige Sektgläser. Eine Zugabe zum Champagner, den ich im Duty-free zur Begrüßung des Teams gekauft hatte. Und na ja, man hatte draußen eben noch keine Sitzgelegenheiten. Es war auch ein bisschen ...

CHRISTOPH: Sie reden plötzlich so leise.

Das Thomas-Mann-Haus gehört der Bundesregierung. Die Frage war, ob man sich da als Fellow unbedingt vor einem Swimmingpool ablichten lassen muss. Ich wusste allerdings nicht, dass ich fotografiert wurde, und erst recht nicht, dass daraus ein Tweet werden würde. Ich habe vom Pressesprecher des WZB erfahren, dass es dieses Bild gibt. »Schön, dass Sie gut angekommen sind«, meinte er nur.

CHRISTOPH: Andere Reaktionen waren nicht so entspannt?

Das Bild wurde gelöscht. Ich kann es verstehen. Ich war die erste Fellowine, es gibt ja keine weibliche Form für Fellow, komme da an und lasse mich am Pool abbilden statt an einem Schreibtisch – auf Kosten der Steuerzahler. Wie auch sollte man in Deutschland wissen, dass das Haus noch nicht fertig war?

JOCHEN: Dafür sollen Sie statt des Autos den Bus genommen haben, um in L.A. von A nach B zu kommen.

Ja. Vorab hatte man mir eine Anleitung geschickt, in der dargestellt war, dass ich ohne Auto nicht aus Pacific Palisades rauskommen würde. Ich habe das überprüft. Wer gut zu Fuß ist, ist in drei, vier Minuten an der Bushaltestelle. Unten am Pazifik muss man einmal umsteigen. Von dort kann man die U-Bahn nach Downtown L.A. nehmen.

JOCHEN: Das macht in den USA doch aber keiner.

Ich machte es regelmäßig. Ich war dann mit den ganzen Hausgehilfen zusammen im Bus, mit den Gärtnern und den Zugehfrauen, von denen es in dieser Gegend ganz viele gibt. Wobei es eine selektierte Gruppe ist, die mit den öffentlichen Verkehrsmitteln fährt. Viele übernachten auch in Autos. Aufgrund der Mietpreise kann sich im Umkreis kaum jemand eine Wohnung leisten. Aufgrund des dichten Verkehrs sind die Arbeitswege lang, wenn man weiter weg wohnt, und öffentliche Verkehrsanbindungen fehlen im größeren Umkreis.

Unvernünftig: dem angehimmelten Arzt nach – trotz absoluter Bettruhe

Als ich die erste Nacht spät nach Hause kam, wunderte ich mich, wieso so viele heruntergekommene Autos auf der Straße standen. Ich wohnte in unmittelbarer Nähe von Steven Spielberg.

Überall riesige Villen, da erwartet man keine abgewrackten Autos. Dann sah ich, dass in diesen Autos Menschen schliefen.

JOCHEN: Kann man als Soziologin Schlüsse daraus ziehen?

Man muss daraus Schlüsse ziehen. Schauen Sie sich die Mietentwicklung in Berlin an. Für Studierende ist es oft nicht mehr möglich, allein eine Wohnung zu finden. Also zieht man zu zweit oder zu dritt zusammen, doch auch das wird in Berlin zunehmend schwerer. Man zieht dann weiter raus aus der Stadt, weil man sich die Wohnungen dort leisten kann. Dann hat man allerdings längere *Commuting*-Zeiten.

Wenn Sie studieren, haben Sie vielleicht morgens ein Seminar und abends eine Vorlesung. Was machen Sie mit der Zeit dazwischen? Die Bibliotheken sind überfüllt. Im Grimm-Zentrum der Humboldt-Universität gibt es ein Rennen um freie Slots. Gleichzeitig gibt es in der Stadt nur wenig Plätze, an denen Sie sich aufhalten können, ohne konsumieren zu müssen. Das wird noch ein echtes Problem werden. Wir nähern uns einer Situation, wo man vielleicht nicht für immer, aber doch von einem Tag zum anderen in einem Auto übernachtet.

JOCHEN: Und Berlin gilt ja noch als relativ entspannt.

Relativ zu anderen Städten ist es in Berlin vielleicht entspannt. Absolut betrachtet ist es alles andere als das. Wir haben auch hier eine echte Notsituation. Die betrifft mitnichten nur Studierende. Wenn es zu einer Scheidung oder zum Tod eines Partners und dann zu einer reduzierten Rente kommt, können viele ihre Miete nicht mehr zahlen. Wenn man bestrebt ist, aus einer Vierzimmerwohnung in eine kleinere Wohnung zu ziehen, findet man nur kleinere Wohnungen, die teurer sind als die Vierzimmerwohnung.

Auch in Berlin sehen wir zunehmend mehr erwerbstätige Obdachlose oder Personen, die zwar eine Wohnung haben, allerdings so weit vom Arbeitsplatz entfernt, dass sie es sich rein zeitlich nicht mehr leisten können, zur Arbeit und wieder nach Hause zu kommen. Wir werden erleben, dass Berlin sich weiter ausbreitet. Wir brauchen eine kluge Verkehrspolitik, damit wir keine Zustände wie in L. A. bekommen. Von Pacific Palisades nach Downtown L. A. zu fahren, kann drei oder vier Stunden dauern, dabei geht es um eine Strecke von ein paar Meilchen.

Am Strand von Santa Monica bin ich an Obdachlosen vorbeigegangen – dachte ich. Auf dem Rückweg standen zwei von ihnen im Jackett da, hatten einen Spiegel in der Hand und kämmten ihr Haar. Ich fragte: *»What are you up to?«* Und einer sagte: *»I'm going to school.«* Er war ein Lehrer im zweiten Jahr. In den USA gibt es Ganztagsschulen. Er hatte am Vortag Unterricht bis 18 Uhr gehabt. Bis er zu Hause gewesen wäre, wäre es 23.30 gewesen, und er hätte morgens um 4.30 losfahren müssen, um wieder pünktlich in der Schule zu sein.

CHRISTOPH: Wie hat diese Zufallsbegegnung am Strand Ihre Forschungsarbeit beeinflusst?

Sie brachte mich zum Thema erwerbstätiger Obdachloser. Neulich habe ich beim Aufräumen meine Diplomarbeit gefunden, da ist mir das Herz aufgegangen: Ich habe mich nämlich schon damals mit dem Thema Wohnen beschäftigt. Über die Jahre habe ich mich viel mit Einkommensungleichheit befasst, mit Menschen, die arbeiten und trotzdem als arm gelten, Gesundheitsarmut oder Bildungsarmut. Wohnen ist ein bisschen aus meinem Blick geraten, aber inzwischen ist es wieder voll da.

CHRISTOPH: Ihr Vater war Architekt. Hat Ihre Affinität zu dem Thema auch damit zu tun?

Ja, natürlich. Dem können sich Kinder nicht entziehen. Ich fand das Arbeitsleben meines Vaters großartig: die Pläne, die Modelle von diesen Häusern ... Irgendwann hat er viel im Ausland gebaut, da gab es dann durchaus Konflikte. In Libyen für Muammar al-Gaddafi etwas bauen – fand ich nicht so richtig cool.

CHRISTOPH: Was hat er denn gebaut?

Alles Mögliche. In Libyen hat er einen ganzen Stadtteil angelegt. Man kann sich das vorstellen wie die Reißbrettstädte, die man jetzt in China sieht.

CHRISTOPH: Waren Sie mal dort?

Ich war mal dort. Ich musste ihn zurückholen. Er ist leider sehr früh und völlig unerwartet an einem Herzinfarkt gestorben.

CHRISTOPH: Oh Gott. Das heißt, Sie sind mit Ihrer Mutter …?

Nein, meine Mutter war dazu nicht in der Lage. Es wäre auch sehr seltsam, wenn eine Frau, die *out of the blue* ihren 48-jährigen Mann verliert, das so einfach tun könnte.

JOCHEN: Aber eine Tochter?

Es gibt Situationen, in denen Sie aufgrund der Umstände verantwortungsvoll reagieren. Es gab damals nichts zu denken, es galt nur zu handeln. Wir hatten ein Problem: Der Vater musste zurück. Es musste also jemand dorthin.

CHRISTOPH: Sie haben Geschwister. Hätten die nicht auch …?

Ach, das waren doch so kleine Bobbeles. Ich war 18 Jahre alt. Mein Bruder ist zehn Jahre jünger, meine Schwester vier. Das kam nicht infrage.

JOCHEN: Was machen Ihre Geschwister heute?

Mein Bruder ist eine Art »Privatier« und genießt äußerst sparsam sein Leben. Meine Schwester hat in Volkswirtschaft promoviert. Im Moment macht sie hauptsächlich Musik. Sie spielt Jazz und wird immer besser. Großartig!

JOCHEN: Klingt, als seien beide chilliger als Sie.

Wenn Sie mich als so eine verknorrte Wissenschaftlerin sehen, die nicht nach rechts und links guckt, dann stimmt das und ich bin das Gegenteil von chillig.

JOCHEN: Sie sind diszipliniert.

Ich bin nicht diszipliniert.

JOCHEN: Wir telefonieren ja immer mit Leuten, die die Leute kennen, die in unseren Podcast kommen. Oft wurde gesagt, Sie seien wahnsinnig zuverlässig, fleißig und arbeitsam.

Sagen die? Klasse, das finde ich cool. Ich würde sagen, ich bin verantwortungsvoll. Ich sitze zum Beispiel in vielen Kommissionen. Wenn ich so eine Position annehme, möchte ich vorbereitet sein. Man sitzt da mit fünf oder sechs Personen und will etwas geregelt bekommen. Wenn ich nicht vorbereitet bin, trage ich zu einer kollektiven Zeitverschwendung bei. Das finde ich nicht in Ordnung. Ich bin lieber vorbereitet und die Sitzung ist schneller zu Ende. Das ist ein Gebot der Fairness. Aber ich finde nicht, dass ich diszipliniert bin. Das würden auch meine Freunde nicht sagen. Andreas Lebert hat das sicher nicht zu Ihnen gesagt!

JOCHEN: Doch.

Andreas kann das überhaupt nicht sagen. Wie viele Nächte der schon mit mir gesoffen hat ...

CHRISTOPH: Andreas Lebert ist heute Chefredakteur von *ZEIT WISSEN*. Er war lange Jahre Chefredakteur der *Brigitte*. In der Funktion hat er mit Jutta Allmendinger angefangen, große Studien zu führen, zum Beispiel die Vermächtnisstudie.

JOCHEN: Für alle, die nicht wissen, was die Vermächtnisstudie ist: Was machen Sie da?

In der Vermächtnisstudie geht es ums Hier und Jetzt: Wie fühlen sich die Menschen in Deutschland? Welche Einstellungen haben sie? Wir untersuchen die Selbstkritikfähigkeit der Menschen und die Frage, inwieweit sie ihre Einstellungen auch von anderen gelebt sehen. Wir fragen: »Was machen Sie?« Sodann: »Was würden Sie eigentlich gerne machen?« Die letzte Frage lautet: »Was machen die anderen Menschen?« So erfahren wir, ob sich die Leute selbst kritisieren und inwieweit sie Unterschiede zwischen ihrem Verhalten und dem der anderen sehen.

Etabliert: Pilates-Stunden für die Mitarbeiter

CHRISTOPH: 2018 haben 73 Prozent angegeben, dass sie ihrer Arbeit gerne nachgehen. Gleichzeitig haben nur neun Prozent gesagt, dass sie glauben, ihre Mitbürger würden ihrer Arbeit gerne nachgehen. Hat Sie das überrascht?

Ja. Die meisten Menschen glauben, sinnvoller Arbeit nachzugehen, und sind gleichzeitig überzeugt, die anderen täten das nicht.

Das ist ein erstes Anzeichen dafür, dass es in Deutschland so kommen könnte wie in anderen Ländern: Man macht die Arbeit um des Geldes willen und nicht, um Interaktionen zu haben, Neues kennenzulernen und sich zu entfalten.

2015 haben im Rahmen der Studie noch 60 Prozent gesagt, sie würden auch arbeiten, wenn sie das Geld gar nicht bräuchten. 2018 waren es nur noch 45 Prozent. Das heißt, der Arbeitsbegriff verändert sich. Geld ist gut, aber auch Selbstverwirklichung jenseits materieller Nöte bleibt wichtig. Von dieser Warte aus gesehen könnten wir die Voraussetzung für ein bedingungsloses Grundeinkommen diskutieren.

CHRISTOPH: Was Sie ja ablehnen.

Ich war früher äußerst skeptisch, aber ich habe es nie abgelehnt. Wieso sollten wir Leute aus dem Arbeitsmarkt rauskaufen, obwohl es ihnen bei der Arbeit gar nicht primär um Geld geht, sondern um Sinn? Das hat mich umgetrieben. Jetzt muss man beobachten, wie sich das über die Zeit verändert. Im Moment glaube ich nicht, dass Deutschland schon weit genug ist. Wir haben keine Substitute für Arbeit entwickelt, Orte der Begegnung, die von Erwerbsarbeit abgekoppelt sind. Eher das Gegenteil ist der Fall.

JOCHEN: Kennen Sie das Buch »Bullshit Jobs« des Anthropologen David Graeber?

Ich habe es zu Hause liegen, aber ich habe es nicht gelesen.

JOCHEN: Der Ausgangspunkt des Buchs ist, dass viele Leute – ich nehme an im angelsächsischen Raum – in Befragungen angegeben haben, sie würden einen Job machen, der eigentlich gar nicht gebraucht wird. Das ist bei den Deutschen offensichtlich anders. Laut Vermächtnisstudie sagen sie: »Mein Job ist sehr sinnvoll, nur der vieler anderer nicht.«

Richtig. Wenn ich ergänzen darf? In Deutschland glauben nur drei Prozent der Befragten, ihre Arbeit könne durch einen Roboter er-

© MARIA STURM

setzt werden. Nur etwa 25 Prozent geben an, eine andere Person könne ihren Job machen.

JOCHEN: Das ist doch Wahrnehmungsverzerrung, oder?

Würde ich auch sagen. Von vielen Tätigkeiten weiß man, dass sie verschwinden werden. Ich glaube nicht, dass uns die Arbeit ausgeht. Aber die Hälfte der Menschen wird ihre aktuelle Tätigkeit über die nächsten fünf bis zehn Jahre nicht behalten.

Wir wissen das, aber die Leute wissen es nicht. Niemand von ihnen geht auf die Straße und sagt: »Tut was, ich verliere in fünf Jahren meinen Job.« Weil die Leute das Problem nicht erkennen können, müsste die Politik vorsorgend handeln.

CHRISTOPH: Die Politik macht es aber nicht. Weil die Leute das Problem nicht sehen, hat die Politik keinen Druck.

Da gibt es aber keine Entschuldigung. Seit ich 50 Jahre alt bin, bekomme ich alle zwei Jahre einen Brief, der mich daran erinnert, dass ich zur Mammografie-Untersuchung muss. Das ist Gesundheitsvorsorge. Aber was ihre Berufe anbelangt, lässt man die Leute allein. Man lässt sie in die Arbeitslosigkeit laufen, das führt zu Stigmatisierungen und stellt sie vor die Herausforderung der Weiterbildung. Dabei wissen wir um die niedrigen Vermittlungsquoten in neue Tätigkeiten nach einer Weiterbildung aus der Arbeitslosigkeit heraus. Wir müssen diese Leute jetzt aus ihren Berufen nehmen, zumindest Teilzeit, um sie auf andere Tätigkeiten vorzubereiten.

CHRISTOPH: Nehmen wir an, wir befänden uns in einer Traumwelt und Sie könnten bestimmen, was die Politik jetzt macht.

Ich möchte als Wissenschaftlerin gar nichts bestimmen. Ich möchte nur, dass bestimmte Diskussionen ernster geführt werden.

CHRISTOPH: Welche Diskussionen würden Sie gern führen wollen?

Es muss um Vermögensverteilung gehen. Die Vermögensungleichheit ist in Deutschland wesentlich krasser als in allen anderen EU-Ländern. Wir haben viele Einkindfamilien. Das muss man sich mal vorstellen: Ich habe nur ein Kind, was der alles erbt! Sein Vater Stephan Leibfried ist gerade gestorben, also hat er geerbt. Wenn ich sterbe, erbt er auch das. Entscheidend ist nicht mehr das eigene Tun, sondern: »In welche Familie bin ich geboren?«

Riskiert: die ein oder andere Wette – »ich bin ja kompetitiv«

So kann es nicht weitergehen. Wir wissen, dass das Wohlbefinden der Leute, im Übrigen auch das Wohlbefinden reicher Leute, davon abhängig ist, wie die Leute um sie herum leben. Das heißt, wir müssen mehr umverteilen. Vermögenssteuer, Erbschaftssteuer ...

CHRISTOPH: Das Thema Erbschaftssteuer ist extrem unpopulär.

Ich würde jetzt stufenweise damit anfangen, sodass ich die Leute noch mitnehmen kann.

JOCHEN: Warum sind Sie nie in die Politik gegangen?

Ich wurde oft angefragt. Aber man muss schauen, dass man die Authentizität wahren kann. Und man muss den Eindruck haben, dass das Kabinett so zusammengesetzt ist, dass man etwas bewirken kann.

CHRISTOPH: **Das ist aber eine komplizierte Antwort.**

Bei manchen Dingen bin ich halt nicht auf der Ebene der SPD. Ich gebe Ihnen ein Beispiel: Mein Sohn hat Medizin studiert. Das ist das teuerste Studienfach in Deutschland. Er war an der Charité, ich habe pro Semester 300 Euro für ihn gezahlt. Das finde ich nicht in Ordnung.

CHRISTOPH: **Zu wenig?**

Eine gut verdienende Mutter und ein ebenso gut verdienender Vater bekommen von den Steuerzahlern ein Studium finanziert: zehn Semester, vielleicht 25 000 Euro pro Jahr – da müsste man Umverteilung walten lassen. Wenn jemand gut ist, sollte er oder sie ein Stipendium bekommen. Als Mediziner hat man gute Verdienstaussichten, da kann man auch einen Kredit für die Studiengebühren abbezahlen. Vielleicht bin ich dahingehend angelsächsisch geprägt. Es gibt jedenfalls bestimmte Dinge, die den Kern der Sozialdemokratie betreffen und bei denen ich nicht so einfach hätte mitgehen können.

CHRISTOPH: **Als Bundespräsidentin würde es nicht darum gehen, die Linie einer Partei zu vertreten.**

Ich glaube, das hat die Presse erfunden.

JOCHEN: **Stimmt es nicht, dass Sie als Kandidatin gehandelt wurden?**

Bei manchen Positionen gab es tatsächlich Gespräche, aber in diesem Fall gab es kein Gespräch.

JOCHEN: »Zu Präsidentschaftsfragen will sich Allmendinger, für ihre Verhältnisse ungewohnt medienscheu, derzeit gar nicht äußern. Sie will sich Chancen nicht verbauen und vor allem hinterher nicht als ›beschädigt‹ dastehen.« *FAS*, 2016.

Der Artikel erschien an meinem 60. Geburtstag. Wir waren im Schwarzwald und am nächsten Morgen saßen meine Gäste da und ignorierten mich, weil sie alle diesen Artikel lasen. Ich finde die Presse manchmal echt zum Abküssen. Glauben Sie, dass ich so etwas sagen würde? Das ist doch ein Quatsch.

JOCHEN: Zeitgleich mit Ulrich Beck erhielten Sie 1992 eine Professur für Soziologie an der Ludwig-Maximilians-Universität München. Beck hat sich in gesellschaftliche Debatten eingemischt, Begriffe geprägt und Bestseller geschrieben. Er saß in Talkshows, war eine öffentliche Figur. Was haben Sie sich von ihm abgeschaut?

Ich würde mich nie mit ihm vergleichen. Ich hatte damals fast 1000 Leute in meiner Vorlesung zu Statistik und Methoden. So etwas hatte ich zuvor noch nie erlebt. Es war eine didaktische Herausforderung, insbesondere die völlig desinteressierten Journalisten bei der Stange zu halten. Es war eine Pflichtveranstaltung für Journalisten, Juristen, Ethnologen – es war extrem divers und die meisten hatten null Bock darauf. So eine Null-Bock-Vorlesung übertrug man der einzigen Frau. Parallel arbeitete ich an meiner Habilitation, weil ich es Rolf Ziegler, der mich nach München geholt hatte, versprochen hatte.

JOCHEN: Wie pflichtbewusst.

Für mich war es eine Ehrensache, dass ich tat, was ich versprochen hatte. Und dann wurde ich schwanger.

JOCHEN: Auch das noch.

Mein guter Freund Ulrich Beck – großartig – streichelte mir im sechsten oder siebten Monat über den Bauch. Er sagte: »Jutta, du hast im Tessin etwas zu viel gegessen.« Ich sagte: »Ulrich, ich kriege in zwei Monaten ein Kind.« Er: »Wie, du kriegst ein Kind?«

JOCHEN: Sie hatten ihm nicht von der Schwangerschaft erzählt?

Wir hatten Semesterferien. Im Juni, als das Semester zu Ende war, war ich noch nicht lange schwanger. Aber als im Herbst das neue Semester begann, konnte man es deutlich sehen.

CHRISTOPH: Und seine Reaktion war der Tatsache geschuldet, dass es einfach unvorstellbar war, dass eine Professorin ein Kind bekommen könnte?

Ja, es lag außerhalb seines Vorstellungsvermögens. Für ihn war die einzig mögliche Erklärung: »Madame hat die letzten Monate zu viel gegessen.« Er konnte es nicht glauben.

Auch diesbezüglich war ich amerikanisch sozialisiert. In den USA gab es keinen Mutterschutz, alle meine Vorbilder kamen mit ihren Säuglingen an die Universität. Für mich war das normal. Die Studierenden sollen auch kein Semester verlieren, nur weil ihre Professorin ein Kind bekommt. Ich habe drei Wochen nach der Geburt wieder unterrichtet. Meine Mutter hat mir geholfen. Das war alles kein Problem. Aber Sie hätten das mal erleben sollen, insbesondere die jungen Frauen …

CHRISTOPH: Was ist passiert?

Da gab es Pfeifkonzerte. Für mich war das furchtbar.

JOCHEN: Von welchem Jahr reden wir?

1994. Meine Mutter hat sich irgendwann vor die Studierenden gestellt und gesagt: »Meine Tochter will hier das Beste. Sie sehen, Philipp geht es bestens. Der ist bei seiner Oma. Sie brauchen sich keine Sorgen zu machen.« Das war mir so was von unangenehm.

JOCHEN: Die Leute buhen einen aus, weil man ein Kind hat?

Ich glaube nicht, dass es heute noch so ist. Wobei ... Eigentlich hat sich gar nichts geändert.

Meine Freundin Lena Hipp hat am WZB eine interessante Studie durchgeführt. Wir haben Initiativbewerbungen verschickt. Dafür haben wir Lebensläufe verfasst, die sich in folgenden Punkten unterschieden haben: erstens Mann oder Frau, in beiden Fällen waren es Eltern, zweitens zwei Monate Elternzeit oder zwölf Monate Elternzeit. Dann haben wir gewartet, was an Einladungsangeboten zurückkommt.

Bei Männern hat es keinen Unterschied gemacht, ob sie zwei oder zwölf Monate Elternzeit genommen haben. Bei Frauen war der Unterschied gravierend. Frauen, die nur zwei Monate Elternzeit genommen haben, wurden wesentlich seltener zu Bewerbungsgesprächen eingeladen. Wenn man gefragt hat, warum das so ist, hieß es: »Das sind so überambitionierte Karrierefrauen, die sich nicht um ihre Kinder kümmern.« Daher muss ich leider sagen, dass sich wenig geändert hat.

CHRISTOPH: In einem Interview mit dem *ZEITmagazin* haben Sie 2017 gesagt: »Eine Frau, die auf den Heiratsmarkt setzt, ist häufig erfolgreicher als eine, die auf den Arbeitsmarkt setzt.« Ist das immer noch so?

Nein, seit zwei Jahren ist es nicht mehr so. Seit zwei Jahren ist es pro Monat drei Euro lukrativer, auf den Arbeitsmarkt zu setzen.

Das gesetzliche Rentensystem vergibt sogenannte Rentenpunkte nach zwei Kriterien: Arbeitszeit und Verdienst. Diese Rentenpunkte werden nachher in eine monatliche Rentenzahlung ab Renteneintrittsalter umgerechnet. Die eigenen Altersrenten von Frauen sind in der Regel kleiner als die vom Mann abgeleiteten Renten, volkstümlich gesagt: die Witwenrenten. Sie entsprechen 60 Prozent des Rentenanspruchs der verstorbenen Männer. Oft sind diese 60 Prozent höher als das, was die

Frau durch ihre eigene Erwerbstätigkeit an Bezügen erwirtschaftet hat.

Im Moment ist es nicht mehr überwiegend so. Es kann allerdings sein, dass die Entwicklung wieder in die Gegenrichtung kippt. Wir sehen zwar, dass immer mehr Frauen erwerbstätig sind, aber oft nur in Teilzeit. Das schlägt sich bremsend auf die durchschnittliche Rentenhöhe nieder.

JOCHEN: Welche Länder kriegen das mit der Gleichbehandlung der Geschlechter besser hin als Deutschland?

Die Rentenunterschiede sind in Deutschland so hoch wie in kaum einem anderen EU-Land. Gerade die ganzen skandinavischen Länder sind uns weit voraus.

CHRISTOPH: Woran liegt das?

Wir haben ein System implementiert, in dem Zweiverdienerhaushalte ein Störelement darstellen. In Deutschland wurden solche Konstellationen nicht mitgedacht. Das Steuersplitting belohnt Ehepaare am meisten, wo ausschließlich eine Person Geld verdient. Als ich auf die Welt kam, hat meine Mutter aufgehört zu studieren. Das Einkommen meines Vaters wurde praktisch durch zwei geteilt, dadurch war die Steuerlast viel geringer. Grund allen Übels ist der Ursprungsgedanke eines Alleinverdienerhaushalts, wobei dieser Alleinverdiener traditionell der Mann ist.

JOCHEN: In Dänemark bekommt man Ärger, wenn man nach 16.30 Uhr im Büro angetroffen wird. Da heißt es dann: »Warum kümmerst du dich nicht um dein Privatleben? Geh nach Hause.« Wie kriegen wir so eine Kultur in Deutschland hin?

Bei mir gehen Männer früher nach Hause. Bei mir nehmen Männer auch mehr Elternzeit. Es gab sogar ein Jahr, in dem Männer länger Elternzeit genommen haben als Frauen.

JOCHEN: Sie haben eine ganze Menge Mitarbeiter, das sagt also durchaus etwas aus.

Es sind über 300. Einmal kam ein Mitarbeiter zu mir und sagte, er bekomme ein Kind. Ich sagte: »Okay, super. Herzlichen Glückwunsch!« Dann fragte ich, wie lange er plane, Elternzeit zu nehmen. Da guckte er mich vollkommen verdutzt an und sagte, er hätte bei seiner Einstellung gesagt bekommen, dass ich überhaupt keinen Mann nähme, der weniger als sechs Monate Elternzeit nimmt. Ich selbst darf solche Fragen in einem Bewerbungsgespräch nicht stellen ...

Tipp: Wolfgang Merkel, Frido Mann & Annette Schavan als Podcast-Gäste

JOCHEN: Arbeitsrecht.

… aber ich lasse die Kandidaten oft durch mein wunderbares Sekretariat leiten. Die Kolleginnen geben ihnen dann den Hinweis: »Fragen Sie mal, wie das mit Elternzeit ist.« Und wenn mich die Kandidaten dann fragen, darf ich antworten.

Ich finde diese Regelung total falsch. Ich bin lange genug im Geschäft, ich weiß, was bei wissenschaftlichen Karrieren geht und was nicht. Ich war über ein Jahr krank. *So what?* Das hat mir zu keinem Zeitpunkt geschadet, das konnte ich leicht überbrücken. Drei Jahre kann man aber schwer überbrücken. Das muss ich doch den Leuten sagen dürfen.

Allerdings habe ich definitiv nie gesagt: »Ich nehme nur Männer, die sechs Monate in Elternzeit gehen.« Aber es wurde kolportiert und trug zu einer Kulturveränderung bei. Bei uns ist die Kultur jedenfalls nicht »je länger, desto besser«.

JOCHEN: Es gilt also nicht: Alle gehen erst, nachdem der Chef gegangen ist?

Nein. Das wäre ganz falsch.

JOCHEN: Wann ist man eine gute Führungskraft?

Wenn man die Leute anhört und wenn man versucht, nachvollziehbare, faire Entscheidungen zu treffen. Transparenz und Ansprechbarkeit sind wichtig.

Könnte ich jetzt mein Eis haben?

JOCHEN: Unbedingt, ich denke schon die ganze Zeit daran. Frau Allmendinger hat uns ja Eis mitgebracht.

Mit den Erdbeeren dazu, bitte.

JOCHEN: Oh, das sieht toll aus.

Es ist eigentlich gar kein Eis, es ist ein Zitronensorbet.

JOCHEN: Wo kommt es her, wenn ich fragen darf?

Das kommt von meinem Lieblingsrestaurant.

JOCHEN: Welches ist Ihr Lieblingsrestaurant?

Das sage ich jetzt nicht.

JOCHEN: Warum nicht?

Weil ich es Ihnen später sage.

JOCHEN: Gibt es einen Unterschied zwischen Männern und Frauen?

Es gibt bestimmte Verhaltens- und Führungsqualitäten, die Frauen zugeordnet werden. Es heißt etwa, sie seien kollegialer und integrativer. Hier liegt allerdings eine *Selection Bias* vor. Die Stichprobe ist verzerrt, weil nur solche Frauen in Führungspositionen kommen, die diese Eigenschaften besitzen. Und wenn Frauen diese Eigenschaften nicht besitzen, wird ihnen das vorgeworfen und als Grund herangezogen, sie von Chefpositionen abzuziehen. Es heißt auch, Frauen seien eher multitaskingfähig als Männer. Empirisch bewiesen ist das nicht.

Es gibt allerdings unheimlich viele Unterschiede im medizinischen Bereich. Frauen haben ganz andere Anzeichen für einen Herzinfarkt. Frauen reagieren anders auf bestimmte Medikamente – die sind ja meistens überhaupt nicht an Frauen, sondern nur an Männern getestet worden. Diese Unterschiede negiert man.

Einerseits gibt es also biologische Unterschiede zwischen Männern und Frauen, auf die wir uns viel zu wenig konzentrieren, und andererseits Stereotypisierungen, die Männern und Frauen fälschlicherweise zugeschrieben werden und die fatale Folgen haben.

CHRISTOPH: Sie haben 2013 gesagt: »Frauen sind zerrissen zwischen Kinderwunsch und Karriere.« Ist das bis heute so?

Denken Sie an die Frauen, die zwei beziehungsweise zwölf Monate lang in Elternzeit gehen. Die einen gelten als zu ambitioniert, die anderen geraten auf die sogenannten *Mommy Tracks* und können nach dem Wiedereinstieg in den Beruf nicht anknüpfen, wo sie aufgehört haben. Es ist eine *No-win*-Situation. Deshalb ist meine Antwort auf Ihre Frage: Ja, Frauen sind natürlich noch immer zerrissen. Und nun sage ich Ihnen auch, dass diese Erdbeeren von Bricole –

A ODER B

Snooze oder Aufstehen?
Snooze.

Achtsamkeit oder keine Zeit?
Achtsamkeit.

Kühnert oder Schäfer-Gümbel?
Scheiße.

Kühnert oder Schäfer-Gümbel?
Weiter.

Geschlechtergerechtigkeit hat Jutta Allmendinger weiter beschäftigt. Bereits zu Beginn der Coronapandemie beobachtet sie eine Retraditionalisierung im Verhältnis der Geschlechter. Diese Beobachtung fand sie in der Vermächtnisstudie 2023 bestätigt. Demnach entscheiden sich junge Frauen aufgrund struktureller Ungleichheiten zunehmend eher für die Erwerbstätigkeit als für die Mutterrolle.

Zu essen gibt es Laugenstangen, drei verschiedene Sorten Comté-Käse sowie Ziegenkäse mit Feige, Pflaumenbrot und Walnussbrot aus den Galeries Lafayette.

Zum Nachtisch hat Jutta Allmendinger Zitronensorbet mit in Vanille marinierten Erdbeeren aus ihrem Lieblingsrestaurant Bricole mitgebracht. Ebenfalls in ihrer Kühlbox: »Juwel«-Grauburgunder von Winzerin Juliane Eller aus Rheinhessen.

Angestoßen wird mit 2018er Chardonnay vom Badener Weingut Hermann im Kaiserstuhl. Allmendinger trinkt außerdem Pfefferminztee.

Schlusswort Bricole

ALICE HASTERS

Alice Hasters weiß, was weiße Menschen nicht über Rassismus hören wollen, aber wissen sollten. Also hat sie sich entschieden, es weiße Menschen auch wissen zu lassen.

Hasters wurde 1989 in Köln geboren. Gemeinsam mit zwei Schwestern wuchs sie in Künstlerkreisen auf, der Vater Theaterpädagoge aus Düsseldorf, die Mutter Choreografin aus den USA.

Hasters Familie lebte buddhistische Traditionen. Die Eltern meditierten, die Kinder machten mit, wenn ihnen danach war. Nachdem der Vater einen Gastronomiebetrieb übernommen hatte, erledigte Hasters Hausaufgaben an der Bar. Später sortierte sie im Keller Weinflaschen.

»Wo kommst du her?«, fragten die Erwachsenen. Nie schien Hasters Antwort gut genug. Während eines Austauschjahrs in Philadelphia traf sie zum ersten Mal ein Mädchen, das war wie sie: eine Deutsche, eine Afroamerikanerin.

Als Kind wollte Hasters Schauspielerin werden. In der Musical-AG durfte sie Momo und das Biest sein, doch ihre Agentur fand keine Rollen für sie. Nach dem Abitur studierte Hasters deswegen erst an der Sporthochschule Köln, später an der Deutschen Journalistenschule in München. Gemeinsam mit ihrer Schulfreundin Maximiliane Häcke startete sie den Podcast »Feuer und Brot«, wurde Teil der Social-Media-Redaktion der »Tagesschau«.

Nachdem die AfD in den Bundestag eingezogen war, schrieb Hasters ihre erste, sehr persönliche Kolumne über Identität und

Rassismus für das Onlinemagazin *Kleinerdrei*. Knapp zwei Jahre später erschien ihr Buch: »Was weiße Menschen nicht über Rassismus hören wollen, aber wissen sollten«. Seitdem erklärt sie den Menschen in Deutschland, wieso Rassismus nicht erst am rechten Rand beginnt.

Hasters hätte eigentlich auf Lesereise sein sollen, als sie Jochen und Christoph im Mai 2020 via Zoom zum Gespräch trifft. Sie beklagt sich nicht, macht von zu Hause aus weiter. Hasters nennt sich Schwarz mit großem S, zeigt auf, was ihr Schwarzsein im Alltag bedeutet, und verlangt von weißen Gegenübern eine kritische Auseinandersetzung mit dem eigenen Weißsein.

CHRISTOPH: Sie sagen, Identität sei aus unterschiedlichen Komponenten zusammengesetzt. Welche sind das bei Ihnen?

ALICE HASTERS: Das ist immer kontextabhängig, aber die Art, wie ich auf die Welt schaue, ist stark geprägt von den Komponenten Schwarze Frau. Eigentlich müsste ich sagen: Schwarze heterosexuelle Cis-Frau. Ich weiß nicht, ob ich den Cis-Begriff noch erklären muss?

CHRISTOPH: Das kann nie schaden.

Cis bedeutet, dass man sich mit dem Geschlecht identifiziert, das einem bei der Geburt zugewiesen worden ist. Ich habe mich schon immer als Frau identifiziert und andere Leute haben mich auch schon immer als Frau identifiziert.

Weitere Komponenten wären zum Beispiel Afroamerikanerin oder Kölnerin.

JOCHEN: Kölnerin also. Sehr wichtig?

Sehr wichtig.

CHRISTOPH: Unser Gast ist in Nippes aufgewachsen.

Ich habe sehr viel Liebe für Nippes. Menschen mit sogenanntem Migrationshintergrund haben oft eine hyperlokale Identität, weil sich Deutschsein nicht richtig anfühlt oder weil es einem immer ein bisschen verwehrt worden ist. Vielleicht gilt das auch nur für Städter:innen. Mir ist auf jeden Fall aufgefallen, dass People of Color und BIPoC sich oft nicht als Deutsche identifizieren, dafür aber sehr mit der Stadt, aus der sie kommen.

JOCHEN: Wir sind ja ein Bildungspodcast. BIPoC, was ist das noch mal genau?

Der Begriff BIPoC beschreibt nicht-weiße Menschen. Er kommt aus dem Englischen und steht für *Black, Indigenous and People of Color.* Damit sind alle Menschen gemeint, die nicht weiß, also von Rassismus betroffen sind.

CHRISTOPH: Wieso hat sich der Anglizismus in Deutschland durchgesetzt?

Weil es kein gutes deutsches Wort gibt. Ich sage manchmal auch nicht-weiße Menschen, aber das hört sich ein bisschen defizitär an – als würde den Menschen etwas fehlen.

© ZEIT ONLINE (MARIA LORENZ-BOKELBERG)

JOCHEN: Als bei *ZEIT ONLINE* »People of Color« in der Headline stand, habe ich mich beschwert. In der Berliner Hipsterredaktion wissen vielleicht alle, was gemeint ist, aber in meiner Heimatstadt Bretten gibt es Leute, die das zum ersten Mal lesen und denken: »Hä?« Kann man einfach voraussetzen, dass Leute wissen, was People of Color bedeutet?

Das Gute ist ja: Bei *ZEIT ONLINE* kann man davon ausgehen, dass die Lesenden einen Internetanschluss und damit Zugang zu einer Suchmaschine haben. Sie könnten deshalb sehr leicht rausfinden, was People of Color bedeutet. Vielleicht stellen Sie auch einfach ein Glossar zur Verfügung?

Sprache kann nur verändert werden, indem man sie ein bisschen voraussetzt. Irgendjemand muss diese Sprache sprechen, damit sie selbstverständlich wird. Vielleicht weiß zunächst nur eine kleine Gruppe, was People of Color bedeutet, aber nach der Headline bei *ZEIT ONLINE* wissen es bestimmt mehr Menschen.

CHRISTOPH: Warum sind diese Begriffe so wichtig?

Um Sichtbarkeit zu schaffen. Begriffe wie People of Color oder BIPoC ermöglichen überhaupt erst einen Diskurs über Identitäten und Rassismus. In Deutschland denken viele: »Rassismus gibt es nicht und deshalb brauchen wir auch kein Wort für die Menschen, die von Rassismus betroffen sind.« Das ist aber falsch. Rassistische Strukturen wurden über Jahrhunderte aufgebaut und haben unsere Welt massiv geprägt. Wenn wir darüber sprechen, brauchen wir Wörter, um Identitäten zu benennen, die von Rassismus betroffen sind. Sonst existieren sie in einem komischen Nichtsein.

CHRISTOPH: Eine Abkürzung wie BIPoC ist im Sprachbild sehr ungewöhnlich. Da stolpert man automatisch drüber. Geht es auch um ein Sichtbarmachen im Sinne von: »Ihr beachtet uns nicht, deshalb finden wir Begriffe, die so quer in der Sprache drinstehen, dass man sie beachten muss«?

Hinter LGBTIQ oder LGBTQ+ steckt dasselbe Prinzip: Man identifiziert eine Gruppe mit einer Aneinanderreihung von Buchstaben. Diese Begriffe kommen aus der akademischen Ecke. Aus der Umgangssprache heraus hat sich einfach kein Begriff durchgesetzt, der nicht irgendwie feindlich konnotiert wäre. Deshalb gibt es jetzt diese etwas sperrigen Ausdrücke.

Ich bin auch nicht superhappy damit. Begriffe wie People of Color oder BIPoC benennen eine große Gruppe von Menschen, die in ganz unterschiedlichen Verhältnissen zueinander stehen. Es besteht Unklarheit darüber, wie zum Beispiel Menschen mit osteuropäischen Wurzeln in der Rassismusdebatte zu verorten sind. Viele haben ganz explizit Rassismus erfahren, sind aber weiß. Was ist mit Sinti und Roma? Solche Fragen müssen wir noch klären. Vielleicht sind People of Color und BIPoC nur Übergangsbegriffe und wir finden noch bessere. Ich finde es nicht schlimm, wenn sich Sprache verändert.

JOCHEN: Es ist der Job von Journalisten, Dinge zu erklären und Leute zunächst in eine Geschichte reinzuholen. Mein Eindruck ist, dass neue Wortschöpfungen immer auch Abstoßreaktionen auslösen. Wie geht man damit um?

Ganz viele BIPoCs haben die Erfahrung gemacht, dass Sprache vorausgesetzt wird. Sie kannten bestimmte Begriffe nicht, weil sie zum Beispiel aus einem Elternhaus kommen, wo Deutsch nicht die erste Sprache war.

Sprache enthält Codes für Zugehörigkeit. Oft braucht man ein bisschen Eigeninitiative, um sie zu verstehen. Wenn man inklusiver sein möchte, auch als *ZEIT ONLINE*, muss man andere Menschen zu Wort kommen lassen und damit leben, dass dann auch mal andere Begriffe in der Headline stehen.

JOCHEN: Als mich eine Person, die mir sehr wichtig ist, zum ersten Mal als weiß bezeichnet hat, war ich maximal irritiert. Wieso haben Leute, die man als weiß bezeichnen kann, so ein Problem mit dieser Kategorie?

Es gibt da ein großes Informationsdefizit. Rechte Demos noch und nöcher, rechte Menschen in Landtagen, rechte Menschen im Bundestag, rechte Menschen, die Bestseller schreiben – und die Leute schütteln verständnislos und überfordert den Kopf: »Oh mein Gott, was passiert hier gerade? Wo kommt das alles her?« Die Unterschiede zwischen weißen und nicht-weißen Menschen werden aber nicht erst durch Rechtsradikalismus spürbar.

Weiße Menschen sind eine Gruppe. Nur wissen sie anders als alle anderen nicht, dass sie eine Gruppe sind, weil sie als Norm gelten. Wenn ich jetzt zum Beispiel eine Geschichte erzählen würde und ich würde sagen: »Da kam eine Frau rein.« Dann würden die meisten Leute denken, es handle sich um eine weiße Frau. Das ist ein wahnsinniges Privileg.

Weiße Menschen haben die Welt beschrieben. Sie haben gesagt: »Hier, das sind Schwarze Menschen.« Jetzt müssen wir ihnen den Spiegel vorhalten: »Hier, das seid ihr und das ist eure Position in dieser Welt.« Die ist nämlich weder neutral noch allgemeingültig. Ihr denkt, sprecht und handelt aus einer ganz bestimmten Position heraus.

Köstlich: Jambalaya in der veganen Variante

JOCHEN: Kann man auch ohne Identität sprechen? Also: Ist es möglich, Aussagen zu treffen, bei denen die Person des Sprechers nicht mitgedacht werden muss? Mich regt es immer auf, wenn es heißt: »Als X darfst du nichts zu Y sagen.« Oder: »Wenn du als X etwas über Y sagst, ist ja direkt klar, was der *Frame* ist.«

Für Sie mag das eine neue Erfahrung sein, aber es ist keine neue Erfahrung für mich. Alle Menschen, die von struktureller Diskriminierung betroffen sind, kennen das: »Ja, aber kannst du das beurteilen aus deiner Position? Du bist eine Schwarze Frau, du guckst da natürlich aus deiner Perspektive drauf.« Das höre ich schon mein ganzes Leben lang.

JOCHEN: Die Frage war aber total ernst gemeint: Gibt es Debatten, wo man einfach mal was sagen kann, ohne gleich für seine Perspektive mitverhaftet zu werden?

Warum muss das möglich sein?

JOCHEN: Wissenschaftlichkeit zum Beispiel.

Von der Schwerkraft sind wir alle gleichermaßen betroffen. Von daher kann man darüber ganz gut allgemeingültig sprechen.

Die Erkenntnis des Weißseins und der eigenen Positionierung

ist anstrengend. Rassifizierung, Alter, Geschlecht, wo man lebt, wie viel Geld man hat – alles ist Positionierung. Aber diese Erkenntnis kann auch befreiend sein. Nur weil es andere Perspektiven gibt, bedeutet das nicht, dass die eigene nicht valide oder wichtig ist. Man sollte sich nur von dem Gedanken befreien, für eine Allgemeinheit sprechen zu können.

Als Schwarze Frau, die in Deutschland zur Schule gegangen ist, habe ich sehr viele Bücher von älteren weißen Männern gelesen und da auch Identifikation gefunden. Ich kann Hermann Hesse lesen und mit den Charakteren mitgehen, einfach weil ich ein Mensch bin und es da eine allgemeine Verbindung gibt. Dennoch sind wir alle limitiert in unserer Perspektive.

Gerade legen wir in der öffentlichen Debatte den Fokus auf die Unterschiede. Das kann nervig und anstrengend sein, aber wir hätten diese Debatte längst führen müssen.

CHRISTOPH: Ist die Debatte auch für Sie mitunter anstrengend?

Ja, klar. Zum Glück bin ich aufgrund meiner Identität ein bisschen geschulter. Ich bin die Tochter eines weißen Vaters und einer Schwarzen Mutter. Da erbringt man automatisch eine Transferleistung.

Wenn ich allein mit meinem Vater unterwegs bin, gehen die Leute nicht unbedingt davon aus, dass ich die Tochter bin. Das habe ich schon als Kind beobachtet. Je älter ich wurde, desto unangenehmer wurde es – wegen des Klischees »Älterer weißer Mann mit junger Schwarzer Frau«. Ich wollte nicht, dass die Leute denken, ich wäre die Freundin. Deswegen habe ich oft »Papa« gesagt. Ich habe ohnehin oft lauter gesprochen, damit Leute merken, dass Deutsch meine erste Sprache ist.

CHRISTOPH: In Ihrem Buch schreiben Sie, dass es schwierig war, bestimmte Themen bei Ihrem Vater anzusprechen, weil er sie nicht nachvollziehen konnte.

Das ist mir erst aufgefallen, als ich angefangen habe, das Buch zu schreiben. Ich habe gedacht: »Hm, mit meiner Schwarzen Mutter habe ich schon immer und oft über Rassismus gesprochen, mit meinem weißen Vater irgendwie nie.« Ich habe es auch nie versucht. Ich habe ganz automatisch gedacht, das sei nicht sein Thema.

Ich habe meinen Vater dann gefragt, wie es für ihn war, drei Schwarze Töchter zu haben. Er hatte keine richtige Antwort darauf. Es war ziemlich klar, dass er sich über unser Schwarzsein nicht dezidiert Gedanken gemacht hat.

JOCHEN: Ist es ein weißes Privileg, dass sich der Vater darüber keine Gedanken macht?

Definitiv. Aber es hätte Schlimmeres geben können. Mein Vater stand meiner Suche nach dem Schwarzsein nicht im Weg. Es gab kein großes Verständnis, vielleicht nicht einmal ein großes Interesse, aber es gab eine Freiheit.

CHRISTOPH: Ich hole kurz die Getränke aus dem Kühlschrank.

JOCHEN: Wir können jetzt eigentlich anstoßen und dann sagen wir Jochen.

Aber erst wenn …

JOCHEN: Wenn Christoph wieder da ist.

Wenn Herr Amend wieder da ist.

JOCHEN: Christoph!

CHRISTOPH: Habt ihr euren Wein schon aufgemacht?

JOCHEN: Ich bin völlig überfordert. Ich brauche noch ein Weinglas.

Trinken Sie doch einfach aus der Flasche.

CHRISTOPH: Also, Prost, Leute!

© ZEIT ONLINE (MARIA LORENZ-BOKELBERG)

JOCHEN: Prost, ich bin der Jochen.

Ich bin die Alice.

JOCHEN: Allein über die Frage »Wo kommst du her?« könntest du vermutlich noch ein ganzes Buch schreiben. Ich als alter weißer Mann habe eine Weile gebraucht, um die verschiedenen Bedeutungsebenen zu durchdringen. Vielleicht bekommen wir jetzt einen Grundkurs für Neulinge auf dem Gebiet.

Okay.

JOCHEN: Du triffst jemanden auf der Straße, der sagt: »Wo kommst du her?«

Und ich sage: »Ich komme aus Köln.«

JOCHEN: Und dann sagt der: »Nein, nein. Wo kommst du wirklich her?« Und du sagst: »Nippes.« Dann sagt er: »Nein, nein. Wo sind deine Wurzeln?«

Das wäre ein typischer Gesprächsverlauf. Als Kind lernt man, dass man bestimmte Fragen von Erwachsenen beantworten muss: »Wie alt bist du?«, »Wie heißt du?«, »Gehst du schon zur Schule?«, »Hast du Geschwister?« Du lernst: »Okay, das sind anscheinend Informationen über mich, die wichtig sind.« Mich haben die Leute außerdem gefragt, woher ich komme. Ich wollte sie gern zufriedenstellen, aber es war nicht leicht, die richtige Antwort zu finden.

»Meine Mama kommt aus Amerika.« Manchmal hat diese Antwort gereicht, manchmal nicht. Besonders in den 90ern haben viele mit Amerika noch weiße Menschen assoziiert. Also haben sie gefragt: »Aber du meinst Südamerika?« Und ich meinte: »Nee, aus den USA.« Und sie: »Hm, und hast du auch noch Wurzeln in Afrika?«

Durch meine US-amerikanische Herkunft ist mir mehr als deutlich geworden, dass es bei der Frage nach meiner Herkunft nicht wirklich um meine Herkunft oder um die meiner Eltern geht, sondern um mein Schwarzsein. Leute wollen wissen, warum ich Schwarz bin. Eigentlich wollen sie auch wissen, wie Schwarz ich bin, also: »Wer von deinen Eltern ist Schwarz?«

JOCHEN: Man trifft jemanden und hat noch nicht einmal seinen Namen gesagt, da wird man schon gefragt: »Wo kommst du eigentlich her?« Das ist nervig und auch distanzlos, verstehe ich total. Gleichzeitig habe ich beobachtet, dass in Situationen, wo BIPoCs aufeinandertreffen, oft genau das die erste Frage ist: »Wo kommst du her?«

Das ist etwas anderes. In solchen Situationen ist »Wo kommst du her?« eine Frage, die anbietet. Ich weiß, dieser Mensch fragt nach etwas, das wir vielleicht gemeinsam haben. Wir können uns verbinden über das Noch-woanders-Herkommen. Ich kann sagen: »Meine Mutter kommt aus den USA.« Und die Person sagt: »Ah, mein Vater kommt aus so und so.« Kann sein, dass das ins Leere läuft, kann aber auch sein, dass daraus etwas entsteht.

CHRISTOPH: Nur um wirklich zu verstehen, warum die Frage nervt. Wäre es besser, *straight* zu fragen: »Warum bist du Schwarz?«

Ich wäre genauso irritiert, wenn mich jemand fragen würde: »Warum bist du Schwarz?« Dadurch würde ich merken, dass das Thema für die Person im Vordergrund steht, und entsprechend würde ich sie einordnen.

»Wo kommst du her?« ist keine per se tabuisierte Frage. Ich würde allerdings empfehlen, sie erst zu stellen, wenn es Sinn ergibt, etwa wenn ich über meine Bilingualität spreche. Ich finde es nicht schlimm, Leuten zu sagen, dass meine Mutter aus den USA kommt und dass ich Afroamerikanerin bin. Nur erfordert die Antwort auf die Frage etwas intimere Informationen und die möchte ich einer Person, die ich erst seit zwei Minuten kenne, vielleicht nicht geben.

JOCHEN: Man dachte, die Phase schlimmer Auswüchse von Rassismus sei überwunden. Und jetzt sagt Donald Trump Sachen, die ein US-Präsident lange nicht hätte sagen können.

Was heißt lange? 1865 haben die USA Versklavung verboten, 1919 musste Deutschland die Kolonialgebiete abschaffen. Aber dem ging eine jahrhundertelange Geschichte von Versklavung und Kolonialismus voraus. Im Vergleich dazu sprechen wir von einer relativ kurzen Zeit.

Zur Zeit der Aufklärung im 17. und 18. Jahrhundert wurden Menschen in unterschiedliche Rassen eingeteilt und es wurde entschieden: »Die Weißen sind die Besten.« Das diente als Rechtfertigungsgrundlage für die Kolonialverbrechen. Das alles haben wir nicht zur Genüge aufgearbeitet. Ich bekomme viele Nachrichten: »Oha, ich wusste gar nicht, dass Immanuel Kant ein Rassist war!« Kant hat Rassismus verbreitet und gelehrt. Das sollte zumindest Erwähnung finden, wenn die Aufklärung in der Schule behandelt wird.

In Deutschland müssen wir vor allem lernen, dass Rassismus und weiße Vorherrschaft nicht erst mit der NSDAP angefangen haben. Wer das weiß, wundert sich nicht darüber, dass es heute Rassismus gibt.

JOCHEN: Ich hatte angenommen, nach Barack Obama käme eine US-Präsidentin und damit würden wir die nächste Stufe erreichen. In Wahrheit sind wir in mancherlei Hinsicht 50 Jahre in der Entwicklung zurückgefallen.

Ich hätte auch nie gedacht, dass Donald Trump Präsident werden würde. Man war sich zu sicher. Es war genau der Fehler, zu denken: »Nach Obama kann das nicht passieren.« Dass Trump gewählt wurde, hat ja etwas damit zu tun, dass Obama an der Macht war.

JOCHEN: Inwiefern?

Als in Frankreich die sogenannte »Ehe für alle« legalisiert wurde, sind plötzlich superviele Menschen dagegen auf die Straße gegangen. Wo kamen die alle her? Was haben die vorher gemacht? Die waren zwar homophob, aber sie mussten sich nicht bewegen, weil sie dachten, ihre privilegierte Situation sei gesichert.

So ähnlich ist es mit der weißen Vorherrschaft. In den USA ist Rassismus sichtbarer geworden, als die Leute einen Kontrollverlust über die Deutungshoheit gespürt haben. Sie haben gemerkt, dass Obama andere Dinge priorisiert als vorige Präsidenten. Er hat zum Beispiel eine große Tour durch die afrikanischen Länder gemacht und ein Abkommen mit dem Iran verhandelt.

Kölle alaaf: Stunksitzungen in der Schule, moderiert von Hasters & Häcke

Nach der Wahl von Trump hat der CNN-Journalist Van Jones von einem *»whitelash«* gesprochen, von einem *backlash* als Reaktion auf die Obama-Jahre. Dazu passt Trumps Bestreben, Obamas politisches Erbe systematisch abzubauen.

CHRISTOPH: Obama selbst scheint nicht mit dieser Wendung gerechnet zu haben. Dem Journalisten Ta-Nehisi Coates hat er einst gesagt, es sei unmöglich, dass Trump seinetwegen gewählt wird.

Ich vermute, das hat er auch wirklich geglaubt. Ich bin selbst mit der Vorstellung aufgewachsen, Rassismus sei kein großes Thema mehr. 2014 wurde ich in einem Interview gefragt: »Welche Rassismuserfahrungen hast du gemacht?« Und ich habe gesagt: »Ich habe keine großen Rassismuserfahrungen gemacht.«

CHRISTOPH: Weil du dich nicht darüber definieren lassen wolltest?

Weil ich wie alle anderen auch dachte, Rassismuserfahrungen seien erst Rassismuserfahrungen, wenn einem eine Horde Skinheads mit Baseballschlägern hinterherjagt. Ich musste für meine Erfahrungen erst eine Sprache finden: Alltagsrassismus. Der ist oft unsichtbar, aber Teil des Ganzen. Diese Fragen, die mir als Kind gestellt wurden, und die Klischees, mit denen ich zu kämpfen hatte, haben alle dieselbe historische Wurzel.

CHRISTOPH: Ich habe mich mal länger mit Sara Nuru unterhalten. Sie hat 2009 »Germany's Next Topmodel« gewonnen. Teil des Gewinns war ein Werbevertrag mit einer Kosmetikfirma. Als sie zum Kampagnenshooting kam, stellte man fest: Es gab überhaupt keine Beauty-Produkte für ihre Hautfarbe.

Es gibt strukturelle Hürden, die erst aufgezeigt werden, wenn Schwarze Menschen wirklich präsent sind und zum Beispiel sagen können: »Wie ihr seht, ist diese Produktlinie für mich nicht mitgedacht.«

Ich musste wie Sara Nuru feststellen, dass es keine Schmink- und auch keine Haarprodukte für mich gab. Als Kind wollte ich Schauspielerin werden. Deswegen bin ich manchmal zu Castings gegangen. Da waren meine Haare oft Thema: »Was machen wir damit?« Es wurde mit Haarspray hantiert, aber das funktionierte nicht. Afrohaare sind von Haarspray nicht sonderlich beeindruckt.

JOCHEN: Du wolltest Schauspielerin werden, du hast Sport studiert. Ich traue mich nur zu fragen, weil du in deinem Buch davon schreibst: Gibt es Berufe, in denen Schwarze Menschen eher akzeptiert werden?

Definitiv. In der Unterhaltung und im Sport rechnet man mit Schwarzen Menschen. Wobei es mit der Schauspielerei komplizierter ist, da geht es schließlich um Rollen. Und wie viele Rollen, die nicht absolut klischeehaft sind, gibt es für Schwarze Menschen?

JOCHEN: Du könntest »Tatort«-Kommissarin werden.

Mittlerweile. Aber seit wann? Und dann gibt es noch einen weiteren wichtigen Aspekt: Uns allen, also allen BIPoCs und allen Schwarzen Menschen, war schon immer klar: Wenn irgendwo schon eine Schwarze Person ist, kommt so schnell keine zweite. Es gibt nur Platz für eine Person.

JOCHEN: »Jetzt ist sie da, das reicht aber auch.« Du nennst das Token, richtig?

Genau. Als Token ist man wie ein Feigenblatt oder ein Maskottchen. Die eigene Präsenz steht nicht für Diversität, sondern ist eine Performance derselben. Sie indiziert keinen strukturellen Wandel, sondern unterstreicht, dass der eigentlich nicht gewollt ist.

Token werden oft ausgenutzt, aber sie sind auch nicht komplett machtlos. Es kommt darauf an, wie sich der Token verhält. Wenn er den Fuß in die Tür stellt, winkt und sagt: »Kommt schnell alle nach.« Dann ist das gut. Wenn er aber die Tür hinter sich zumacht und sagt: »So, ich bin drin. Kein Interesse, hier in irgendeiner Form noch etwas anderes zu ändern.« Dann bringt das überhaupt nichts.

JOCHEN: Der Token muss also die Bewegung voranbringen?

Das ist der Job des Tokens. Es ist nicht cool, ein Token zu sein, aber man kommt nicht drum herum. Irgendjemand muss es machen.

CHRISTOPH: Ist Deutschland bereit für eine Schwarze Kanzlerin?

Das wär's: eigene Sendung über Essen und Politik

Nee, ich glaube nicht. Sorry, dass ich jetzt lache. Sollten Schwarze Frauen zuhören: *»Please prove me wrong!«* Ich möchte andere Menschen nicht entmutigen, aber eine Schwarze Kanzlerin – da müssen noch einige Sachen passieren. Die Leute fangen ja schon an zu heulen, wenn Ingo Zamperoni sagt: »Ich bin für Deutschland und für Italien.«

CHRISTOPH: Als du gerade vom Türaufhalten gesprochen hast, musste ich an Michael Jordan denken. Er wurde gebeten, sich politisch zu engagieren. Und dann fiel dieser Satz, der ihm bis heute vorgehalten wird: *»Republicans buy shoes, too.«*

Es ist ungerecht, dass jede Entscheidung, die man als Schwarze Person trifft, mit so viel Verantwortung einhergeht. Man kann nicht wie ein *white dude* sagen: »Ich mach das jetzt einfach!« – und keiner stellt Fragen. Man ist gebunden an diesen Kampf für Gerechtigkeit. Der Erwartung, dass man sich daran beteiligt, kann man sich nicht entziehen.

JOCHEN: Kann man sich dem wirklich nicht entziehen?

Allenfalls teilweise. Man kann wie Michael Jordan sagen: »Nee, ich mache da nicht mit. Ich möchte nicht politisch sein oder politisiert werden.« Doch selbst wenn Michael Jordan darauf keinen Bock hat: Wenn kleine Schwarze Jungs ihn Basketball spielen sehen, ist er ein Vorbild. Er steht für etwas, das größer ist als er selbst.

Auch wenn Michael Jordan genau das Gleiche tut, was ein weißer Mensch tun würde, ist der *Outcome* ein anderer. Das ist ein Effekt von systemischem Rassismus. Es wäre hilfreich, wenn weiße Menschen diese Debatte besser verstehen würden und etwas täten, um einen strukturellen Wandel voranzutreiben, sodass nicht Michael Jordan dafür sorgen muss, dass Leute nicht die Republikaner wählen.

JOCHEN: Es gibt Leute, die sagen: »Man kann auch als älterer weißer Herr Rassismus erleben. Man muss nur woanders hinfahren.« Ich wäre geneigt zuzustimmen. Zieh mal als weiße Person ein paar Monate nach Tokio, dann erfährst du, dass es auch Rassismus gegen dich gibt. Du würdest aber sagen: »Das ist nicht dasselbe.« Wieso?

War das ein hypothetisches Beispiel oder warst du tatsächlich in Tokio?

JOCHEN: Ich habe sehr lange und öfter dort gelebt.

Und darf ich fragen, welche Art von Rassismuserfahrung du meinst?

JOCHEN: Als weißer Typ wirst du in Japan extrem freundlich behandelt. Das ist auch einer der Gründe, warum es angenehm ist, dort zu sein. Irgendwann stellst du aber fest, dass du auch eine Art Tanzbär bist. Man geht davon aus: »Der Typ hat keine Ahnung, er wird uns nie verstehen.« Von Bekannten, die dort leben, weiß ich: Du kannst am Telefon noch so gut Japanisch sprechen, wenn die Leute dich treffen und du bist ein hochgewachsener, blonder Typ, wirst du immer als das Fremde behandelt.

Japan ist eines der Länder, in denen man Rassismus auf eine ganz weiche, aber auch sehr klare Form erleben kann. Man kommt in bestimmte Restaurants nicht rein oder nur auf sehr komplizierte Weise. Es gibt alle möglichen Mechanismen, dich aus dieser Gesellschaft rauszuhalten. Liebe Japanerinnen und Japaner, es ist wahrscheinlich eine fürchterliche Vereinfachung, aber es ist meine Erfahrung mit: »Jochen, du bist echt nicht von hier.«

Man kann als weißer Mensch natürlich die Erfahrung des Andersseins machen. Man kann sehr sichtbar sein, auffallen, weil man anders aussieht, und deswegen auch anders behandelt werden. Aber das, was du als Rassismus verbuchst, ist für mich kein Rassismus, weil er nicht auf struktureller Diskriminierung beruht. Weiße Menschen wurden nicht kolonialisiert. Und auch in Japan werden vermutlich bestimmte *Features* weißer Menschen als besonders attraktiv wahrgenommen: helle Haut, große Augen, blaue Augen, solche Sachen.

Ich wäre in Japan auch sehr sichtbar und ich würde den Zugang zu dieser Gesellschaft auch nicht bekommen. Aber ich würde wahrscheinlich auch nicht so behandelt werden, wie du behandelt wirst. Wir wären zwei deutsche Menschen, die nach Japan fliegen. Du würdest vielleicht ein paar blöde Erfahrungen machen, aber ich wäre einer strukturellen Benachteiligung durch anti-Schwarzen Rassismus ausgesetzt, der aus Informationen gespeist wird wie, Schwarze Menschen wären kriminell oder dreckig. Diese Vorurteile gibt es über weiße Menschen nicht.

Aufgrund der geschichtlichen Gegebenheiten kannst du als weißer Mensch nicht den Rassismus erfahren, den ich erfahre. Infolge des Kolonialismus herrscht an vielen Orten der Welt die Grundannahme, dass weiß besser ist – selbst in Ländern, in denen nicht mehrheitlich weiße Menschen wohnen.

JOCHEN: Dein Buch ist so exzellent, weil es jeden Schachzug vorwegnimmt, aber man ist auch verzweifelt: Am Ende bleibt für mich kein Schachzug übrig. Du nimmst mir sogar das Anrecht auf die

Frage: »Was soll ich denn jetzt machen?« Du sagst: »Nee, Jochen, falsche Frage. Frag mich nicht, was du jetzt tun sollst.« Und jetzt?

Die Antwort darauf habe ich nicht. Es ist auch keine Frage, die ich allein lösen kann. Was auch immer man angeht, irgendwo tut sich ein neues Problem auf. Wenn ich versuche zu überlegen, was man machen kann, geht mein Hirn *in overdrive*.

Das Verschieben von Aufmerksamkeit ist essenziell im Kampf gegen Rassismus: Wem hörst du zu? Wen unterstützt du? Wem gibst du Geld? Wem gibst du eine Plattform? Was erachtest du als wichtig? Was erachtest du als unwichtig? Diese Fragen kann man sich stellen. Das wäre vielleicht ein erster Schritt.

JOCHEN: Ist das jetzt ein Ratschlag für dich oder für mich?

Für uns alle! Aber du als weißer Mann und ich als Schwarze Frau, wir haben unterschiedliche Aufgaben. Ich muss ein bisschen Selbstheilung betreiben. Meine Aufgabe ist, mich selbst anders wahrzunehmen. Deine Aufgabe ist auch, mich anders wahrzunehmen, aber genauso, dich selbst anders wahrzunehmen. Du sollst dich an den Gedanken gewöhnen, dass deine Perspektive nicht allgemeingültig ist, dass deine Wahrnehmung und deine Wahrheiten limitiert sind und dass du sie nur bereichern kannst, indem du anderen zuhörst.

Frühes Idol: Moderatorin Hadnet Tesfai

Vielleicht beginnt es damit, dass Begriffe wie People of Color in der Überschrift stehen. Dahinter eröffnet sich eine große, spannende Welt. Die kannst du anerkennen. Ich werde mich ein bisschen ins Zentrum rücken, du wirst dich ein bisschen da rauskicken – aber mit Liebe.

JOCHEN: »Entferne dich mit Liebe aus dem System, Jochen«, ist die Handreichung?

Genau, *please go now.*

A ODER B

Ja oder vielleicht?
Vielleicht.

Champagner oder Crémant?
Champagner.

Nicki Minaj oder Missy Elliott?
Missy Elliott.

Bach oder Beethoven?
Bach.

Wenige Wochen nach der Podcast-Aufzeichnung wurde George Floyd im US-Bundesstaat Minnesota von einem Polizisten getötet. Sein Tod löste weltweit Proteste gegen Rassismus und Polizeigewalt aus. Hasters' Buch »Was weiße Menschen nicht über Rassismus hören wollen, aber wissen sollten« hielt sich ein Jahr lang auf der Bestsellerliste. Im Oktober 2023 erscheint ihr zweites Buch: »Identitätskrise«.

Das Catering kommt für alle vom Fine-Dining-Restaurant Lode & Stijn in Berlin-Kreuzberg, das während des Lockdowns zu Bäckerei und Lebensmittelgeschäft umfunktioniert wurde.

Es gibt Sauerteigbrot, dazu Brandenburger Kräuterbutter, geräucherte Forelle von der Fischerei Stechlinsee sowie Farro Spezzato, also »gebrochenen Dinkel«, mit grünem Spargel und Rhabarber, dazu Kopfsalat mit Frühlingszwiebel-Vinaigrette, gereiftem Gouda und Leinsamen. Außerdem stehen bereit: Fenchelcracker mit Frischkäse vom Erdhof Seewalde, Crudités mit Pesto von wilder Rauke sowie Topinambur-, Dinkel- und Buchweizenchips. Zum Nachtisch gibt es Kamillenkekse und Orange-Polenta-Kuchen mit Labneh.

Die Getränkeauswahl umfasst Saison-Bier der belgische Brauerei Dupont, Kellerbier der Brauerei Motel aus Berlin-Reinickendorf, eine Cuvée aus Riesling und Gewürztraminer, »Zeller Schwarzer Herrgott«, vom Pfälzer Weingut Janson Bernhard sowie Kombucha aus Schwarztee und Johannisbeerholz.

Schlusswort Lavendelbaum

KEVIN KÜHNERT

Die SPD war am Ende, Kevin Kühnert stand für Neuanfang. Keine Lust auf GroKo, dafür auf ein bisschen Sozialismus und neue Gesichter in den vordersten Reihen seiner Partei. Er gilt als politisches Ausnahmetalent und Anführer der sozialdemokratischen Linken.

Kühnert wurde 1989 im ehemaligen Westberlin geboren. Aufgewachsen ist er in einem Sechsgeschosser in Lankwitz. Der Vater arbeitet bei einem Berliner Bezirksamt, die Mutter im Jobcenter. Der Einkaufsradius reichte bis zur Steglitzer Schlossstraße. Über den Handballverein erschloss sich die Familie die ganze Stadt – »Grüße an der Stelle an die Peter-Huchel-Straße in Marzahn-Hellersdorf«.

Als Kind verbrachte Kühnert viel Zeit im Schrebergarten der Großeltern, entwickelte dort eine gewisse Leidenschaft für das Durchkneten verspannter Familienmitglieder und wurde doch kein Physiotherapeut. Sportjournalist, auch das klang einst gut in seinen Ohren. In Wahrheit war es immer Politik.

Sein Schülerpraktikum absolvierte Kühnert bereits im SPD-Kreisbüro Steglitz-Zehlendorf. Es folgten der Eintritt in die SPD und die Wahl zum Schülersprecher. Abitur mit der Note 2,5, Freiwilliges Soziales Jahr. Dann klagte sich Kühnert in ein Studium der Publizistik und Kommunikation an der Freien Universität Berlin ein, schmiss hin, arbeitete im Callcenter eines Spielzeugversands, wurde Vorsitzender der Berliner Jusos, Mitglied der Bezirksverordnetenversammlung Tempelhof-Schöneberg und schließlich Bundesvorsitzender der Jugendorganisation seiner Partei.

In dieser Funktion mühte Kühnert sich nach der Bundestagswahl 2017 wochenlang, die Große Koalition zu verhindern. Er scheiterte und triumphierte schließlich doch, als sich Saskia Esken und Norbert Walter-Borjans im Folgejahr gegen Klara Geywitz und Olaf Scholz an der Parteispitze durchsetzten. Er selbst wollte den Job nicht machen, als Strippenzieher gilt er trotzdem.

Kühnert ist der Star einer viel besprochenen NDR-Fernsehserie über Kevin Kühnert, Podcaster an der Seite seines Parteifreunds Lars Klingbeil, passionierter Wanderer, inzwischen Nichtraucher und seit Dezember 2021 Generalsekretär der SPD.

Als er Jochen und Christoph Anfang März 2022 zum Gespräch in der Podcast-Wohnung trifft, dominiert Russlands Angriffskrieg gegen die Ukraine das politische Tagesgeschehen. Bundeskanzler Scholz hat eine Zeitenwende angekündigt, Kühnert soll sie erklären.

JOCHEN: Wie groß ist diese Zeitenwende? Also: Wie groß ist der Wandel, den Deutschland und seine Regierung als Gestaltende gerade durchmachen, wirklich?

KEVIN KÜHNERT: Das kann ich noch nicht genau beantworten. Da ist so ein Gefühl von: Ja, es passiert etwas Großes. Man kann ein paar Indikatoren benennen, an denen das sichtbar wird. Am offensichtlichsten und gerade am prägendsten in der nationalen Debatte in Deutschland ist, was wir im Bereich von Investitionen in die Bundeswehr vorhaben. Die 100 Milliarden Euro Sondervermögen, die Tatsache, dass wir zusätzliche Truppen an die NATO-Ostflanke schicken – allein dass einem solche Begrifflichkeiten mir nichts, dir nichts über die Lippen gehen, ist etwas Neues.

Ist eine Essenz dessen, was wir gerade erleben, dass wir uns von autoritären Regimen unabhängiger machen müssen? Da sagen alle aus dem Bauch heraus: »Ja.« Es ist immer besser, unabhängig von autoritären Regimen zu sein. Aber es ist leichter gesagt als getan. Es geht nicht nur um Moral, sondern um die Aufrechterhaltung wirtschaftlicher Tätigkeit, die Sicherung von Arbeitsplätzen, die Sicherung der Energieversorgung und so weiter.

Es klingt sehr heroisch, zu sagen: »Wenn ich mich zwischen Krieg in der europäischen Nachbarschaft und einer Nacht Frieren zu Hause entscheiden muss, bin ich bereit, zu frieren.« Man kann gerührt davon sein, wie solidarisch man ist. Aber die Realität ist leider ein bisschen komplexer. Insofern wird sich die Dimension einer Zeitenwende erst noch zeigen müssen.

JOCHEN: Ich kann mich gut an den Tag erinnern, als Olaf Scholz im Bundestag von der »Zeitenwende« gesprochen hat. Ich bin Nachrichtenjournalist. Es war nicht die erste Regierungserklärung, die ich gehört habe. An dem Tag dachte ich: »Gut, dass du das gemacht hast. Das war ein historischer Moment.«

Stimmt, ich werde diesen Tag auch nicht vergessen. Es war wirklich ein historischer Moment.

CHRISTOPH: Wo waren Sie da?

Bei der Regierungserklärung? In Reihe vier oder fünf meiner Fraktion im Deutschen Bundestag.

CHRISTOPH: Mit welchen Gedanken sind Sie in die Sitzung gegangen?

In der Annahme, dass da gleich ein historischer Moment passieren wird. Es war klar: Wir haben Krieg auf dem europäischen Kontinent, in unserer sehr nahen Nachbarschaft. Viele Gewissheiten waren in den Tagen davor über Bord gegangen. Also war auch die Gewissheit infrage zu stellen, dass das alles schon nicht bei uns ankommen wird. Man will ja den Teufel nicht an die Wand malen, aber ich würde nicht mehr darauf wetten, dass die NATO-Grenzen für Herrn Putin bis in alle Zeit eine rote Linie sind.

Als der ukrainische Botschafter auf der Tribüne begrüßt wurde, ist es mir richtig bewusst geworden: Da steht der Vertreter eines Landes, das nichts getan hat, nun jedoch überfallen wird von einem Aggressor namens Wladimir Putin, während das Volk dieses Botschafters in Kellern ausharrt. 14-Jährige füllen Sandsäcke, um damit Straßenkreuzungen zu pflastern, und wir sitzen hier und tun, was wir so tun können – oder meinen, tun zu können. Da entsteht ein Gefühl von Beklemmung.

JOCHEN: Olaf Scholz hat in seiner Rede ein Sondervermögen für die Bundeswehr angekündigt. Das kam für viele Menschen überraschend.

Scholz' Rede war in ihren wesentlichen Zügen logisch und plausibel. Es war richtig, bis zur letzten Minute vor Ort Gespräche mit Russland zu führen. Niemand hat geglaubt, die Welt und Herr Putin hätten nur darauf gewartet, dass Olaf Scholz in salbungsvollen Worten sagt, was vor ihm noch keiner gesagt hat, und daraufhin würde Herrn Putin auffallen, dass Krieg doch nicht so dolle ist. Sollten Putin oder seine Nachfolger aber eines Tages behaupten, er habe ja nicht anders gekonnt, der Westen habe nicht verhandeln wollen, können wir nachweisen: Doch, wir haben es bis zur letzten Minute versucht.

Der Versuch ist gescheitert, in der Mehrheitsgesellschaft hat ein Umdenken stattgefunden. Inzwischen sind 80 Prozent der Menschen zumindest für symbolische Waffenlieferungen. Wir haben kein schweres Gerät in die Ukraine geschickt, sondern Flugabwehrraketen und Ähnliches. Das muss jetzt wohl sein.

JOCHEN: Ich habe damals den Kriegsdienst verweigert. Heute habe ich Verständnis für Leute, die zur Waffe greifen. Ich würde auch alles tun, um meine Kinder zu verteidigen.

CHRISTOPH: Unser Gast nickt.

JOCHEN: Vielleicht habe ich jahrzehntelang in einer Traumvorstellung davon gelebt, was Europa einmal sein könnte. Das treibt mich um. Überdenken auch Sie gerade Ihre Überzeugungen?

Ich habe ebenfalls den Wehrdienst verweigert, aber ich habe mich nie als Pazifisten bezeichnet, zumindest nicht im politischen Sinne. Ich würde mich als Individualpazifisten bezeichnen. Dass ich persönliche Probleme unter Zuhilfenahme von physischer Gewalt löse, halte ich doch eher für ausgeschlossen. Dafür habe ich zu viel Angst.

CHRISTOPH: Hätten Sie sich vor vier Wochen vorstellen können, Generalsekretär einer Partei zu sein, die in der Bundesregierung beschließt, so viel Geld in die Bundeswehr und in Waffenproduktion zu investieren?

Wir werden nicht den Otto-Katalog aufmachen und gucken, was man da für 100 Milliarden Euro so an Waffen auf dem Bestellschein ankreuzen kann. Natürlich wird es Ausgaben für militärisches Gerät geben, das nicht dazu dient, Menschen durch den Wald zu führen und ihnen die Schönheit der Landschaft zu zeigen. Aber es geht auch um Ausrüstungsgüter, die uns ehrlicherweise schon lange fehlen: Funkgeräte, die kompatibel sind mit denen von anderen Armeen, mit denen wir gemeinsam internationale Einsätze absolvieren, Nachtsichtgeräte oder individuelle Ausstattung.

CHRISTOPH: Und Waffen.

Trotzdem sind es nicht 100 Milliarden Euro für Waffen und schon gar nicht 100 Milliarden Euro für Waffen in einem Jahr. So ein Sondervermögen ist insbesondere dafür da, große Investitionsmaßnahmen wie die Bereitstellung von Jets langfristig haushalterisch abzusichern. Da können die Beträge schnell mal in die Milliarden gehen.

CHRISTOPH: Ein gewisser amerikanischer Präsident, Donald Trump, hat Deutschland jahrelang heftig dafür kritisiert, das Zweiprozent-

ziel der NATO nicht einzuhalten. Jetzt sollen doch zwei Prozent unseres jährlichen Bruttoinlandsprodukts für Verteidigung ausgegeben werden. Ist das nicht eine besondere historische Pointe?

Jetzt ist es notwendig und richtig. Damit ist nichts darüber ausgesagt, ob es vor zwei Jahren, vor fünf Jahren oder vor zehn Jahren schon richtig gewesen wäre.

Um eine alte Politikfloskel, sogar eine Willy Brandt'sche Floskel zu benutzen: Jede Zeit braucht eigene Antworten. Ich kann begründen, warum ich mich im letzten Bundestagswahlkampf gegen das Zweiprozentziel der NATO ausgesprochen habe. Meine Kritik würde ich strukturell auch heute noch aufrechterhalten. Ich halte es für unpolitisch, unabhängig von der Weltlage einen bestimmten Prozentsatz des Bruttoinlandsprodukts für Verteidigung auszugeben.

Dreigleisig: Fan von Bayern München, Tennis Borussia Berlin & Arminia Bielefeld

Es war richtig, zu sagen: »Einfach nur Geld rauswerfen, ohne dass es eine objektive Notwendigkeit dafür gibt, unterstützen wir nicht.« Jetzt werden allerdings absehbar Kosten auf uns zukommen: für die Instandsetzung der Truppe, aber auch in Zusammenhang mit der Wehrhaftigkeit des Bündnisgebiets der NATO und der Europäischen Union.

Wir können über einzelne Investitionen streiten, aber dass deutlich mehr Investitionen gebraucht werden, sehen die allermeisten. Wenn ich die aufaddiere, komme ich rein mathematisch zu dem Ergebnis, dass wir mit unseren Ausgaben in den nächsten Jahren die zwei Prozent überschreiten werden.

JOCHEN: Sie federn das jetzt alles so leicht ab, aber zerreißt es Sie nicht? Sie haben sich einst als Antimilitarist bezeichnet.

Ohne hier deutsche Geschichte überstrapazieren zu wollen: Gerade als Antifaschist weiß man, dass mancher Gräuel in dieser Welt so groß und so ultimativ werden kann, dass ihm nur unter Zuhilfenahme von Gewalt ein Ende bereitet werden kann. Das kann Voraussetzung dafür sein, auf den Trümmern wieder etwas

Humanes entstehen zu lassen. So hat Deutschland noch einmal die Möglichkeit bekommen, Demokratie werden zu können.

Daraus kann man nicht ableiten, dass in einem internationalen Konflikt, der unter Zuhilfenahme von Waffen geführt wird, die als die richtige empfundene Seite automatisch mit möglichst vielen Waffen auszustatten ist. Aber wenn man zu der Einschätzung kommt, dass bei wenigstens einer der Konfliktparteien viel Irrationalität am Werk ist, muss man überlegen, wie man verhindern kann, dass der Konflikt sich territorial vergrößert, also näher an unsere Staatsgrenze heran- oder sogar in unser Land hineinrückt.

Haben wir es hier mit einem irrationalen Konfliktpartner zu tun? Irrational klingt fast zu verniedlichend, aber ja, das haben wir. Putin ist ein autoritärer Herrscher, ein Diktator. Wir konnten in den vergangenen Wochen sehen, wie Chefs nationaler Sicherheitsbehörden oder Geheimdienste vor laufender Kamera und in aller Öffentlichkeit wie Schulkinder vorgeführt wurden. Ich habe keine Hoffnung, dass, sobald die Kameras aus sind, jemand sagt: »Lieber Wladimir, du hast dich ganz schön verrannt. Wir müssen mal nach einer Exit-Option für diesen Konflikt suchen.«

Dieser Mann ist bald 70 Jahre alt. Er sucht mit einer gewissen Wahrscheinlichkeit nach seinem Platz in den Geschichtsbüchern. Er ist auf einer national-esoterischen Agenda unterwegs, und ihm ist keine historische Wurzel zu blöd, um sie nicht zur Begründung seines heutigen Tuns heranzuziehen. Ich sehe nicht, dass die üblichen Mittel von Diplomatie und internationaler Politik hier ernsthaft helfen. Selbst die Wirtschaftssanktionen werden nicht zur Folge haben, dass Putin in ein oder zwei Wochen sein Handeln ändert.

CHRISTOPH: Die sogenannten Russlandversteherinnen und -versteher gibt es in allen Parteien, aber wenn Sie jetzt einmal in Ihre hineinschauen: Wie verhalten die sich gerade?

Dieser Begriff ist ein Kampfbegriff. Es gibt in der SPD die Sichtweise: »Wir müssen aus unserer historischen Verantwortung gegenüber Russland als der Rechtsnachfolgenation der Sowjetunion und aufgrund der Schuld, die wir verschiedentlich auf uns geladen haben, an einem guten Verhältnis interessiert sein. Außerdem lässt sich an der regionalen Nachbarschaft Russlands und der EU nichts ändern.«

Und dann gibt es Leute, die diese total richtigen Argumente missbraucht haben, um ein Geschäftsmodell daraus zu machen. Das waren keine Russland- oder Putinversteher, sondern in erster Linie Rubelversteher.

CHRISTOPH: Wen haben Sie da jetzt vor Augen?

Mehrere, aber weil ich mich ja nicht drücken will: Ich habe natürlich vorneweg Herrn Schröder vor Augen. Als ihn nach Kriegsbeginn alle ultimativ aufforderten, seine Jobs bei russischen Staatskonzernen niederzulegen, hat er einen LinkedIn-Beitrag verfassen lassen, in dem er sinngemäß betonte: »Ja, Putin solle jetzt diesen Krieg mal lieber beenden, aber auch in Zukunft seien enge gesellschaftliche und wirtschaftliche Verbindungen zu Russland wichtig.«

Es fehlte eigentlich nur noch, dass er schreibt: »Während alle anderen Luschis den Schwanz einziehen, diese Brücken kappen und damit dafür sorgen, dass gar keiner mehr mit der russischen Seite redet, halte ich, Gerhard Schröder, heldenhaft die Fahne hoch und sichere der Bundesrepublik Deutschland das rote Telefon nach Moskau.«

JOCHEN: Während wir sprechen, könnte Gerhard Schröder noch in Moskau sein. Wie bewerten Sie seine Reise?

Wenn Gerhard Schröder morgen zurückkommt und den Krieg beendet hat, ja, dann bitte schön. Es wird sich niemand beschweren, dass Menschenleben verschont wurden. Nur liegt die Wahrscheinlichkeit, dass das passieren wird, ziemlich exakt bei null.

Mein Eindruck ist, dass hier vor allem eine Image-Selbstrettungsaktion im Gange ist. Da hat jemand gemerkt, dass er die verbliebene Reputation innerhalb von zwei Wochen komplett verspielt hat – auch bei Leuten, die ihm bis in den größten Unsinn hinein die Stange gehalten haben. Alle haben sich von ihm abgewendet, einige aus Überzeugung, andere gezwungenermaßen. Ich vermute, es gab den Wunsch, der Öffentlichkeit zu zeigen: »Unterschätzt nicht meine Möglichkeiten, hier als erfahrener Staatsmann noch was zu regeln.« Allerdings wird diese Reise, sofern sie jetzt noch anhalten sollte, nichts mehr zur Ehrenrettung beitragen.

JOCHEN: Als Generalsekretär haben Sie sich in der Sache schon mehrfach geäußert. Bislang hieß es, Schröder müsse nicht mit einem Parteiausschlussverfahren rechnen. Ich hatte den Eindruck, die letzten Statements waren ein bisschen vorsichtiger formuliert.

Es läuft ja jetzt ein Parteiordnungsverfahren, weil mehrere Kreisverbände der SPD einen wirksamen Antrag auf den Weg gebracht haben.

Wir haben die Diskussion über Parteiausschlüsse alle paar Jahre wieder. Es ging los mit Thilo Sarrazin, die CDU hat es gerade mit Max Otte gehabt. Die Öffentlichkeit kennt sich mit Parteirecht nicht so gut aus. Deswegen sagt sie: »Ist doch klar, der Typ muss raus.«

CHRISTOPH: Oder es heißt: »Das muss eine Partei aushalten.«

Das stimmt. Zumindest bei Schröder habe ich aber den Eindruck, dass zuletzt viele der Meinung waren: »Das geht doch jetzt alles nicht mehr, das bahnte sich schon lange an. Das war kein Ausrutscher.« Es gibt auch in der SPD viele, die sagen: »Halten auch wir nicht mehr aus.« Aber nur weil wir es moralisch nicht mehr gut aushalten, heißt das noch nicht, dass wir ihn rauswerfen können.

Eine Demokratie, die maßgeblich auch auf das Mitwirken von demokratischen Parteien angewiesen ist, kann nicht so gestrickt sein, dass die Parteiführung nach Gutdünken entscheiden darf: »Du bist dabei, du bist nicht dabei. Du gefällst mir, du fliegst raus.« Das wäre eine Hofstaatmentalität, mit der ich nicht arbeiten möchte.

In absoluten Ausnahmesituationen will man natürlich trotzdem handlungsfähig sein. Deswegen gibt es dann im Statut so Formulierungen wie »parteischädigendes Verhalten«. Man kann ausgeschlossen werden, wenn man der Partei »großen Schaden« zugefügt hat.

Das sind keine klaren Rechtsbegriffe. Man kann den Schaden einer politischen Partei auch nicht objektiv messen. Ob bei Schröder die mittelbare Unterstützung eines völkerrechtswidrig kriegsführenden Staatsoberhauptes qua Mitgliedschaft gegen Bezahlung im Aufsichtsrat eines dortigen Staatskonzerns eine Konstruktion ist, die im Zweifel letztinstanzlich vor Gericht als parteischädigend erachtet wird, weiß ich nicht.

Gerhard Schröder hat jedenfalls jegliche Reputation verspielt. Er hat keinen politischen Rückhalt mehr in der SPD. Er bekommt Preise aberkannt, wir haben eine Schröder-Tasse aus dem SPD-Shop entfernt …

CHRISTOPH: Ach, wirklich?

Ja, das sind dann so die Banalitäten, mit denen man sich zu beschäftigen hat.

Wir werden nicht die Geschichte tilgen. Gerhard Schröder ist Teil der Geschichte der SPD. Er ist einer von vier Kanzlern, die diese Partei hervorgebracht hat. Und er war in sieben Jahren Kanzlerschaft zwar umstritten, wurde aber auch gefeiert.

Ich bin 2005 in die SPD eingetreten, noch rechtzeitig vor der Bundestagswahl. Bestimmt nicht wegen Schröder, ich war aber auch nicht gegen ihn. Als 15-Jähriger hat mich Hartz IV nicht so brennend interessiert. Was mich beeindruckt hat, war sein Nein zum Irakkrieg. Andere haben aus der Opposition heraus Reisen nach Washington unternommen.

CHRISTOPH: Sie meinen Angela Merkel.

Ja, um zu versichern: Hätte man eine andere Regierung, wäre Deutschland mit dabei beim großen Abenteuer.

Man kann mit der Person Gerhard Schröder im Hier und Jetzt brechen, ohne mit dem Tintenkiller durch die Parteigeschichte zu gehen. Der Mann hat sich in wenigen Wochen final alles genommen, was er über Jahrzehnte politischen Tuns aufgebaut hatte. Das ist mehr, als ihm ein Parteiausschlussverfahren jetzt noch nehmen könnte.

JOCHEN: Wir versuchen ja immer herauszufinden, was unsere Gäste gerne essen. Bei Ihnen bin ich mir nicht sicher. Essen Sie gerne indisch?

Ja.

CHRISTOPH: Gott sei Dank.

Der Hinweis ist bestimmt aus meinem Team im Willy-Brandt-Haus gekommen. Für die gibt es nur zwei Mittagessenssituationen: Mittagessen mit Kühnert, dann ist es indisch, und Mittagessen ohne Kühnert, dann kann das Team autark essen. Sie können natürlich auch so essen, was sie wollen, nur essen sie dann nicht mit mir.

CHRISTOPH: Woher kommt Ihre Leidenschaft für indisches Essen?

Mittags geht es einfach wahnsinnig schnell. Da brodeln so ein paar große Töpfe mit Dingen. Damit werden Schälchen befüllt. Im besten Fall gibt es vorab eine kleine Suppe. Und die Gewürze finde ich auch ganz gut.

JOCHEN: Es gibt eine sehr empfehlenswerte NDR-Dokuserie über Sie. Wenn man sich die anschaut, fällt einem die Trostlosigkeit der Räume auf, in denen sich Spitzenpolitiker die ganze Zeit über aufhalten. Die SPD-Parteizentrale ist schon sehr hässlich, oder?

Nur weil Helge Bofinger tot ist, müssen wir jetzt nicht so schlecht über sein Bauwerk reden.

JOCHEN: Aber es ist wirklich hässlich. Und es ist auch irgendwie traurig: Überall stehen diese Standardschreibtische, die wahrscheinlich von irgendeiner Berufsgenossenschaft verordnet worden sind. Schmucklose, weiß gestrichene Büros, Kühnert vor einem Dell-Laptop. Das ist die Kulisse, vor der der Film spielt.

Wissen Sie, was es für ein Aufwand ist, in diesem Haus an einen höhenverstellbaren Schreibtisch zu kommen? Das will ich jetzt ändern. Bislang musste man ein Attest nachbringen, um zu beweisen, dass wirklich die Notwendigkeit besteht, wesentliche Teile des Arbeitsalltags stehend verbringen zu können. Ich finde aber, es gehört zu einem modernen Arbeitsplatz dazu, dass ich flexibel darüber entscheiden kann, ob ich sitze oder stehe.

Bedauerlich: TV-Aus für »Verbotene Liebe« und »Marienhof«

Im Bundestag habe ich jetzt so einen verstellbaren Schreibtisch. Ich stehe fast die ganze Zeit. Es ist so angenehm, dass man sich ein bisschen bewegen kann, wenn man den ganzen Tag im Büro ist. Ich laufe auch beim Telefonieren ständig im Kreis. Irgendwann wird in meinem Büro ein Durchbruch im Boden entstehen.

CHRISTOPH: **Wie hält man es heutzutage eigentlich in der Politik aus?**

Man braucht ein politisches Ziel und eine politische … Haltung ist so ein Puddingbegriff. Man braucht ein Ziel und einen inneren Kompass, der Orientierung gibt. Heute ist außerdem ein Gespür für Kommunikation erforderlich.

CHRISTOPH: Wie bewusst war dann Ihre Entscheidung, in einem *ZEIT*-Interview darüber nachzudenken, BMW zu kollektivieren?

Ich hatte es nicht darauf angelegt, dass das Interview so eine gewaltige Wirkung entfaltet. Das mit BMW war eine Nummer zu viel – Klammer auf: Die meisten wissen bestimmt gar nicht, was in diesem Interview zu BMW gesagt wurde.

CHRISTOPH: Sagen Sie es doch bitte noch einmal.

Ich habe mit Tina Hildebrandt und Jochen Bittner unter der Überschrift »Was heißt Sozialismus für Sie, Kevin Kühnert?« eine eher theoretische Diskussion über unternehmerisches Handeln, Produktionsprozesse und die Eigentümerschaft von Produktionsmitteln geführt. Irgendwann gab es so einen »Butter bei die Fische«-Moment und ich wurde sinngemäß gefragt: »Was würde denn nach Ihrer Vorstellung von einer besseren Wirtschaftsweise etwa mit BMW passieren?«

Ich habe damals nicht reagiert mit: »Netter Versuch, aber das lassen wir jetzt mal lieber sein, denn ich weiß natürlich, was sonst überall zur Überschrift gemacht wird.« Ich war wahrscheinlich naiv genug zu denken, dass klar wird, dass wir über eine Utopie und nicht über das Maßnahmenpaket der nächsten Bundesregierung sprechen.

Das Interview ging online, auch noch hinter der Bezahlschranke, und so verbreiteten sich unsachgemäße Verkürzungen über Ticker-Meldungen.

CHRISTOPH: Privatwirtschaftliche Medienunternehmen müssen sich erstaunlicherweise auch finanzieren, nur um das einmal …

JOCHEN: Er hat einen Punkt. Wir merken bei *ZEIT ONLINE* gelegentlich: Moment, das läuft schief, es werden Dinge verkürzt dargestellt. Dann öffnen wir die Bezahlschranke, damit es nicht zu Missverständnissen kommt. Ein Vorurteil, das allerdings wirklich stimmt: Die Leute lesen es trotzdem nicht. Sie möchten sich aufregen.

Sie können nicht in die Öffentlichkeit gehen und glauben, Sie behalten bis in den letzten Winkel der Republik die Deutungshoheit über ihre eigenen Worte. Man muss ein dickes Fell haben. Es ist eben keine Kleinigkeit, wenn man im politischen Diskurs über Enteignungen oder Vergesellschaftungen spricht.

Mit der Substanz dieser Begriffe kann man sich durchaus auseinandersetzen. Sie sind im Grundgesetz verankert. Aber für manche ist so etwas unvorstellbares Teufelszeug. Ich lese bis heute in Kommentaren und Artikeln: »Kühnert, der vor drei Jahren noch BMW verstaatlichen wollte.« Das war weder wörtlich noch sinngemäß Gegenstand des Interviews.

CHRISTOPH: Sie waren damals Juso-Vorsitzender und galten als einer der führenden Politiker der Zukunft. Möglicherweise war die Aggression der politischen Gegner deswegen so groß.

Das Interview erschien zum 1. Mai 2019, ein wichtiger Tag für die Arbeiterinnen- und Arbeiterbewegung und die Sozialdemokratie. Am 3. Mai hatten wir eine Auftaktkundgebung für die Marktplätze-Tour der SPD zur Europawahl auf dem Tbilisser Platz in Saarbrücken. Katarina Barley war die Spitzenkandidatin, auch der Rest der Parteispitze war da: Andrea Nahles, Olaf Scholz, Heiko Maas. Es war eine zerstrittene Zeit in der SPD, schlechte Umfragewerte, bliblablub. Es war wichtig, dass alle da sind, um zu zeigen: Die Parteispitze ist geeint.

Bei dieser Veranstaltung habe ich gemerkt, wie sehr auch andere in der Partei auf mein Interview reagiert haben. Die allgemeine Auffassung war: »Spielt nicht mit den Schmuddelkindern, singt nicht ihre Lieder, geht nicht in die Unterstadt.« Also: »Haltet euch von Kühnert fern.«

Es gab ein Vortreffen in einer Lokalität in der Fußgängerzone. Draußen habe ich Lars Klingbeil getroffen. Es gibt Fotos davon, ich in so einem Europa-Hoodie und er neben mir. Meine Freundschaft zu Lars Klingbeil hat viele Initialisierungsmomente, aber das ist der, den ich ihm am höchsten anrechne. Er hat mich damals quasi in Geleitzug genommen und gesagt: »Komm, wir gehen jetzt zusammen in diesen Laden rein.« Drinnen im Hinterzimmer würdigte man mich keines Blickes.

CHRISTOPH: Auch Olaf Scholz hat Sie nicht angeschaut?

Olaf Scholz hat ein völlig Zen-artiges Wesen an sich. Der macht im Positiven wie im Negativen kein großes Gewese aus Dingen. Ob das hintenrum anders aussieht, weiß wahrscheinlich keiner so ganz. Aus seinen Teams ist überliefert, dass er brutal der Losung folgt: Erstens werden wir nicht panisch und zweitens werden wir nicht ausfallend.

Aber man hat in diesem Hinterzimmer schon gemerkt, dass es kein allzu herzliches Zusammenkommen war, das wir da als Parteispitze hatten. Wir haben routiniert die Veranstaltung absolviert und danach ging es auseinander. Vier Wochen später war die Europawahl krachend verloren.

CHRISTOPH: Eine Weile hieß es, Sie würden für den Parteivorsitz kandidieren.

Der *Spiegel* hat mich auf den Titel genommen. Das kann man als sehr schmeichelhaft empfinden, aber es gab wenig Anzeichen dafür, dass ich tatsächlich kandidieren würde.

CHRISTOPH: Sie haben sich ganz schön Zeit gelassen mit der endgültigen Kommunikation Ihrer Entscheidung.

Ja, die Entscheidung ist deutlich früher gefallen, als ich sie kommuniziert habe.

Aus heutiger Sicht ist das alles lustig anekdotisch. Die SPD ist die stärkste Partei im Bundestag und führt die Bundesregierung. Aber dieser Sommer 2019 war nach vielen langen, schlechten Jahren wirklich der Totenglöckchensommer der SPD.

Die SPD war in den Augen vieler keine ernst zu nehmende Partei mehr. Sie hatte 2017 mit 20,5 Prozent ihr schlechtestes Ergebnis jemals bei einer Bundestagswahl. Erst war der Schulz-Zug hochgefahren, dann abgestürzt. Dann hieß es: »Wir gehen in die Opposition.« Dann ließ Christian Lindner Jamaika crashen. Dann haben wir die Nation drei Monate lang mit der GroKo-NoGroKo-Diskussion unterhalten, um uns am Ende mit einer Zweidrittelmehrheit und der Faust in der Tasche für eine Große Koalition zu entscheiden.

Die GroKo war kaum drei Wochen im Amt, als in der Bundesregierung der Asylstreit ausbrach. Es gab Riesenkrach, die Koalition stand schon im Sommer 2018 kurz vor dem Auseinanderbrechen. Es folgten die Auseinandersetzungen in Chemnitz, die Aussage des damaligen Verfassungsschutzpräsidenten Hans-Georg Maaßen, es habe keine Hetzjagden gegeben. Rausschmiss Maaßen, Maaßen als Staatssekretär, doch nicht Staatssekretär – ein einziges Durcheinander. Außerdem verlorene Landtagswahlen in Bayern mit unter zehn Prozent, in Hessen mit unter 20 Prozent. Dann kam die verlorene Europawahl. Es war ein Konglomerat aus Niederschlägen, Tiefschlägen und Demütigungen, daneben eine grüne Partei im permanenten Aufwind …

Aufgeführt: Theaterstück »Satz des Pythagoras« im Duo mit dem Schulleiter

CHRISTOPH: Ein neuer kommender Kanzler, von dem damals geschrieben wurde.

Genau, Robert Habeck. Der Subtext war jedenfalls: Die SPD wird im besten Fall in einer Dreierkoalition zum Mitregieren gebraucht. Die kann sich darum kümmern, dass IG Metall und IG BCE glücklich gehalten werden. Ansonsten lassen wir bitte die zeitgemäßen Parteien die Politik in Deutschland machen.

Wenn man etwas nur oft genug wiederholt, glaubt es die Partei irgendwann auch. Die Körpersprache der SPD war: »Wir haben fertig, es ist jetzt Ende.« Die Frage war nur noch: Wer darf den Insolvenzverwalter machen? Deswegen haben dann, als es um den Vorsitz ging, auch alle gesagt: »Hmm, nee, ich habe gerade Wichtigeres zu tun.«

CHRISTOPH: Sie meinen Herrn Scholz, der zunächst gesagt hat, er sei zu beschäftigt mit seinem Amt als Bundesfinanzminister, um nach dem Rücktritt von Andrea Nahles für den Parteivorsitz zu kandidieren?

Klar. War offensichtlich eine absurde Begründung. Gleichzeitig steckte hinter diesem ersten Impuls sicherlich auch ein richtiges Gespür. Die Partei musste sich auf sich selbst besinnen. Dafür sind Leute, die in einer ungewollten Regierung Regierungsverantwortung übernehmen, die denkbar ungünstigsten Vertreter.

CHRISTOPH: Und Sie haben nie mal abends im Bett liegend gedacht: »Also ich könnte es schon«?

Nee, ich war mir sicher, dass ich es nicht kann. Hätte ich kandidiert und wäre tatsächlich gewählt worden, hätte entweder die Regierung sofort beendet werden müssen oder ich hätte mit Amtsantritt jegliche Glaubwürdigkeit verspielt gehabt. Die Öffentlichkeit hatte mich ja über die Ablehnung der GroKo kennengelernt. Dieses Kernanliegen nicht durchzusetzen, wäre absurd gewesen.

Ich hatte aber auch nicht die passenden *Skills*. Wenn man eine Stadthalle begeistern, sozialdemokratische Werte verkörpern, in ein paar Politikfeldern mit profundem Wissen aufwarten und auch ein paar Ideen formulieren kann, hat man noch lange nicht die *Skills*, eine Partei zu führen. Dazu gehört deutlich mehr.

JOCHEN: In der Dokuserie über Sie gibt es eine Szene, in der Sie Saskia Esken und Norbert Walter-Borjans, den späteren SPD-Vorsitzenden, näherbringen, wie man so eine Partei begeistert. Die beiden schreiben fleißig mit. Ich würde behaupten, das ist eine der ikonischsten Szenen im politischen Film der letzten Jahrzehnte. Jetzt sitzen Sie hier und sagen: »Ich war nicht geeignet.« Die beiden hatten offensichtlich auch nicht die notwendigen Skills, sonst hätten Sie sie ja nicht coachen müssen.

Das ist die Szene, auf die ich am häufigsten angesprochen werde, und auch diejenige, die man am meisten einordnen muss, weil sie bei bloßer Betrachtung zu Fehlschlüssen einlädt. Die Bilder sind kurz vor der Stichwahl entstanden: Esken und Walter-Borjans versus Olaf Scholz und Klara Geywitz. Wir hatten den ganzen Tag im schmucklosesten aller Räume des Willy-Brandt-Hauses verbracht, nämlich in 3.28.

JOCHEN: Da gibt es noch Abstufungen von Schmucklosigkeit?

Absolut. 3.28 ist nämlich ein Innensitzungsraum, dessen einziges Fenster sich nicht zur Straße, sondern ins Atrium des Willy-Brandt-Hauses öffnet.

Wir hatten an dem Tag Presseanfragen, Social-Media-Strategie und Reiseplanung besprochen. Schließlich kamen wir zur Vorbereitung eines TV-Duellchens am Abend.

Walter-Borjans brachte als langjähriger NRW-Finanzminister Regierungserfahrung mit, Esken war eine versierte Digitalpolitikerin. Obwohl die beiden schon älter waren, waren sie ein inhaltlich frisches Duo. Aber erfahrene, telegene Wesen waren sie beide nicht. Ich konnte meine Erfahrungen aus turbovielen Medienauftritten beisteuern. Ich hatte ja zu dem Zeitpunkt zwei Jahre Dauermedienerfahrung hinter mir.

Wir haben alle zusammen unser Bestes gegeben. Es war gerade auch in der Kürze der Zeit einfacher und besser, meine *Skills* in dieses Kandidierenden-Duo zu implementieren, als andersherum. Das wäre gar nicht gegangen. Jemandem, der keine Regierungserfahrung hat, kann man auch durch noch so viel Schulterklopfen keine Regierungserfahrung verschaffen. Die ist einfach nicht da.

JOCHEN: Und doch bleibt der Eindruck von Ihnen als junger Schachgroßmeister, der sich das Spielbrett der Partei anguckt und überlegt: »Wie ordne ich das jetzt?«

Mir liegt diese Partei am Herzen. Sie ist Hüterin politischer Grundwerte, die man nicht beliebig auf andere Organisationen übertragen kann. In Ländern, in denen Sozialdemokratien pulverisiert wurden oder verschwunden sind, ist nicht eine neue, *fancy* linke Bewegung, sondern meist eine große Leerstelle entstanden.

Die Wirkmächtigkeit der SPD bestimmt sich auch darüber, ob sie eine angesehene, respektierte und ernst genommene Organisation ist. Und *come on,* vor drei Jahren war sie das nicht. Für die politische Konkurrenz ist es unter solchen Bedingungen ein leichtes Spiel, unsere Anliegen in den Dreck zu ziehen. Insofern ging es mir nicht darum, einfach ein bisschen die Kulissen hin und her zu schieben und zu sagen: »Schaut, was ich hier für ein schönes Drehbuch schreiben kann.« Ich glaube, es ist notwendig, dass sich eine Partei auch habituell und personell auf der Höhe zeigt.

Eine Partei muss im Gespräch bleiben, da müssen wir nicht drumherum reden. Und im Gespräch bleibt sie selten aufgrund ihrer tollen 20-seitigen Anträge, die sie auf Parteitagen beschließt. Im Gespräch bleibt sie über eine Vielfalt spannender Personen, denen man gerne zuhört und zuguckt oder die man jedenfalls so erklärungswürdig findet, dass man sagt: »Ich will jetzt mal verstehen, was die Esken nun wieder für eine ist. Die redet immer so komisch, mit der will ich mich auseinandersetzen.«

Dafür ein Gespür zu haben, ist nichts Schlimmes. Das versuche ich, dieser tendenziell etwas älteren Organisation zu vermitteln. Aber ich genüge mir dabei nicht selbst. Den Spindoktor könnte ich genauso gut beim Deutschen Fußballbund geben. Ich mache das aus einer tiefen Leidenschaft für den inneren Zusammenhalt der Sozialdemokratie heraus.

CHRISTOPH: Eine besondere Pointe dieser Geschichte ist ja, dass der Mann, den sie als Parteivorsitzenden verhindert haben, zur Überraschung vieler Bundeskanzler geworden ist.

Irre, ne? Ich habe mich darüber ehrlich gefreut. Da sind wir wieder beim Anfang unseres Gesprächs: Was vor zwei Jahren richtig war, kann richtig gewesen sein, ohne dass es zwei Jahre später noch immer richtig ist. Die Welt hatte sich verändert. Die SPD hatte sich verändert.

Esken und Walter-Borjans sind sehr bedacht, verantwortungsvoll und kooperativ mit der Organisation umgegangen. Sie hätten das Kabinett umbauen können. Sie hätten sagen können: »Die Partei braucht ein Bauernopfer. Jetzt schmeißen wir ein prominentes Mitglied der Bundesregierung raus, sagen wir, den Vizekanzler. So schaffen wir eine Art Blitzableiter, an dem sich die ganze Wut entladen kann.« Das haben sie nicht gemacht. Stattdessen haben wir uns damals mit dem SPD-Präsidium zwei Tage lang eingeschlossen und sehr ehrlich und grundlegend gesprochen.

Abgeguckt: Den Spitznamen Kühni trug schon Vater Kühnert

CHRISTOPH: Wie lief das ab?

Wie so ein Juso-Seminar. Es fehlte eigentlich nur noch, dass jemand eine Moderationswand in den Raum schiebt. Wir haben uns an diesem Tag etwas vorgenommen, das man sich nur in dieser kleinen Runde vornehmen konnte – alle anderen hätten sich totgelacht und uns in die Anstalt eingewiesen: Wir wollen den nächsten Bundeskanzler stellen und ein Wahlergebnis holen, das mindestens so gut ist wie bei der letzten Bundestagswahl.

Während der Coronapandemie konnte Olaf Scholz als Finanzminister, Vizekanzler und später dann Kanzlerkandidat eine andere Seite von sich zeigen. Ich denke an die berühmt gewordene Bazooka, die er da rausgeholt hat. Das war ein Paradigmenwechsel im Umgang mit Staatshaushalten und auch Staatsverschuldung, das Wiederentdecken der Investitionen in staatliche Infrastruktur und auch ins Gesundheitswesen als Teil dessen, was wir als Gemeinwohl in Abgrenzung zu irgendwelchen *nice to haves* definieren. Das hat manchen im Umfeld der Sozialdemokratie dabei geholfen, eine gewisse Versöhnung mit dem Politiker Olaf Scholz zuzulassen.

CHRISTOPH: Ihnen auch?

Ja, hat aber ein bisschen länger gedauert. Innerparteilich hatten bereits Beschlüsse wie das Sozialstaatspapier von 2019 eine unfassbare Bedeutung. Das klingt so dröge, aber das war das Konzept für den Sozialstaat nach Hartz IV und damit die Beerdigung des Urkonflikts seit Ende der Schröder-Ära.

Und dann ergab im ersten Coronajahr plötzlich alles einen Sinn. Beschlüsse wurden Realität. Man musste keine schmalzige Parteitagsrede mehr halten und sagen: »Mit Schäubles schwarzer Null muss jetzt Schluss sein, liebe Genossinnen und Genossen!« Man konnte einfach Schluss damit machen. Leute wie ich konnten, ohne rot zu werden, auf einem Podium sitzen und sagen: »Ja, ich glaube, dass man mit Olaf Scholz eine andere Politik machen kann als die der letzten 15 Jahre.«

CHRISTOPH: Haben Sie darüber auch mit ihm persönlich gesprochen?

Lange Zeit nicht. Das erste Vieraugengespräch mit Olaf Scholz gab es erst sehr spät.

CHRISTOPH: Wann war das?

Irgendwann im Sommer 2019, rund um die Sache mit dem Parteivorsitz.

Er ist einfach ein Arbeitstier. Da überlegt man sich dreimal, ob man etwas von seiner Zeit in Anspruch nimmt. Er ist auch nicht der Small-Talk-Typ. Man schäkert nicht zehn Minuten am Rande einer Veranstaltung und bespricht dann noch eine wichtige Frage.

JOCHEN: Das klingt schon ein bisschen distanziert.

Es ist nicht so, als hätte zwischen uns groß was gemenschelt. Das wäre einfach gelogen. Es ist keine persönliche Abneigung gewesen. Es war ein Nichtverhältnis, das zueinander bestand.

Ich glaube, in der Schlussphase der Kandidatur um den Parteivorsitz war Scholz der festen Überzeugung, dass es für die SPD nicht gut ausgehen würde, wenn nicht er und Klara Geywitz gewinnen. Das Herumgeeiere im Sommer deutet darauf hin, dass er nicht für sein persönliches Lebensglück kandidiert hat, sondern dass er wirklich dachte: »Ich muss es tun.«

Mich beruhigt diese Geschichte – nicht weil das Team, das ich unterstützt habe, gewonnen hat, sondern weil das Ergebnis zum Vorteil der SPD war. Das hat mir gezeigt, dass sogar Olaf Scholz manchmal einer Fehleinschätzung unterliegen kann. Er hat hier nicht recht behalten. Und wahrscheinlich ist er von allen am frohsten, dass er nicht recht behalten hat.

JOCHEN: Sie machen den Eindruck, als wären Sie immer Sie selbst. Ist das eine wichtige Qualität eines modernen Politikers?

Es ist zumindest nicht schädlich. Ich gebe in das, was ich politisch tue, gerade die besten Jahre meines Lebens rein. Ich meine damit nicht, dass ich ein Opfer bringe. Ich mache das aus Leidenschaft. Aber wenn ich etwas so unbedingt und so entgrenzt mache, dadurch auch meinem Umfeld so viel abverlange, dann will ich doch nicht tagsüber eine Rolle spielen, abends zu Hause mein Kostüm ausziehen und sagen: »War heute wieder ein Scheißtag.«

Ich bin Humanist, ich bin Atheist. Ich bin also der Überzeugung, ich habe nur dieses eine Leben. Das steht mir in vollem Umfang zur Verfügung. Natürlich bin ich bestrebt, aus dieser begrenzten Zeit möglichst viel rauszuholen: Sinnstiftendes im Sinne von Wirksamkeit, die ich über meinen eigenen kleinen Schatten hinaus erzeugen kann, aber auch Dinge, von denen ich am Ende sagen kann: »Ich selbst bin nicht zu kurz gekommen. Es war eine gute Zeit.«

© MARZENA SKUBATZ

JOCHEN: Hat sich irgendwer in Ihrem Umfeld Sorgen gemacht, als Sie das erste Studium hingeschmissen haben?

Weiß ich nicht, kann ich mir schon vorstellen. Meine Eltern werden sich sicher hin und wieder ihren Teil gedacht haben, aber ich glaube, ich habe nie den Eindruck vermittelt, dass ich mir nicht zu helfen wüsste. Das hat auch mir immer eine gewisse innere Ruhe gegeben.

Ich weiß, wie die Normvorstellung eines bildungsbürgerlichen Lebenslaufes in diesem Land aussieht, dass ich die nicht erfülle und dass man mir das als Makel auslegen mag. Aber ich glaube auch, dass ich ein bisschen was kann. Ich verstelle mir gewisse Berufswege, die teilweise aus guten, teilweise aus nicht so guten

Gründen an irgendein Bildungszertifikat geknüpft sind. Das Risiko nehme ich in Kauf.

Meine Eltern haben mir nie den Eindruck vermittelt, ihr Respekt mir gegenüber oder das Zutrauen in meine Fähigkeiten würde an dem Erwerb eines Zertifikats hängen. Sie kennen mich gut genug, um zu wissen, dass ich strukturell kein fauler Mensch bin. Wenn ich meine Kräfte gerade nicht für etwas einsetze, was die Allgemeinheit für notwendig erachtet, wird das Gründe haben.

CHRISTOPH: Werden Sie eigentlich eines Tages Kanzler?

Nein.

CHRISTOPH: Was macht Sie da so sicher?

Das sagt mir mein Bauchgefühl, und das ist vor allem davon geprägt, ob ich etwas für sinnvoll und erstrebenswert halte. Diese Fragen sind mit Nein zu beantworten.

CHRISTOPH: Können Sie sich denn ein berufliches Leben außerhalb der Politik vorstellen?

Ja, klar.

JOCHEN: Bergführer.

Auch das.

CHRISTOPH: Und ernsthaft?

Ich meine das ernst. Es ist sehr unwahrscheinlich, dass ich das, was ich jetzt mache, noch viele Jahrzehnte so betreiben werde. Da muss ich mich mit der Frage befassen: Kann ich mir ein glückliches Leben ohne all das vorstellen?

Früher oder später kommt der Punkt, an dem noch einmal etwas anderes ansteht. Und bei mir ist da eine große innere Bereitschaft und Offenheit, das auch anzunehmen. Ich vermute, zu einem erfüllten Leben gehört, Verschiedenes ausprobiert zu haben und nicht immer nur auf einem Pfad gewandert zu sein. Ich würde gerne verschiedene Formen von Glück aus der Nähe betrachten.

CHRISTOPH: Woran denken Sie da?

Ich kann das nicht spezifizieren. Man weiß ja nie, wie das Leben kommt. Ich kann mir mich wunderbar auf einer Almhütte vorstellen. Nicht auf ewig, aber vielleicht miete ich mich dort zwei Jahre ein und lebe als Einsiedler. Es ist nicht wahrscheinlich, aber auch nicht völlig ausgeschlossen. Ich bin autark genug, so etwas wenigstens in Erwägung zu ziehen.

A ODER B

Tresen oder Tisch?
Tresen.

***ZEIT Verbrechen* oder *Mordlust*?**
Mordlust.

Mit Pistole oder mit Beil?
Mit Beil.

Schöneberg oder Tempelhof?
Weiter.

100 Milliarden Euro Sondervermögen klangen happig, doch sie könnten nicht reichen. Anfang 2023 forderte Bundesverteidigungsminister Boris Pistorius von der SPD mehr Geld auch für den regulären Bundeswehretat.Der Haushaltsentwurf für 2024 sieht nun 51,8 Milliarden Euro vor, 1,7 Milliarden Euro mehr als im Vorjahr.

Deutschland unterstützt die Ukraine inzwischen nicht nur mit »Flugabwehrraketen und Ähnlichem«, sondern auch mit Artillerie, Schützenpanzern und modernsten Kampfpanzern wie dem »Leopard 2«.

Gerhard Schröder wurde nicht aus der SPD ausgeschlossen.Kevin Kühnert schärft als Generalsekretär weiterhin das Profil seiner Partei.

Los geht es mit Kaffee und Kuchen – Apfel-Haselnuss, gebacken von der Produzentin Paula Georgi.

Das Catering kommt vom Restaurant India Club in Berlin-Mitte. Als Vorspeise werden mit Lamm gefüllte Samosa und Blumenkohl aus dem Ofen serviert, als Hauptgang Buttered Chicken nach dem Familienrezept von Chef Manish Bahukhandi, Garnelen-Curry und das Auberginengericht Baingan Bharta, dazu Fladenbrot und gedämpfter Safranreis. Zum Nachtisch gibt es Gulab Jamun – frittierte Teigbällchen mit Zuckersirup, und das Milchdessert Rasmalai.

Getrunken werden verschiedene Weine, »Terra Aurea – Elixir d'Aphrodite« vom Elsässer Weingut Halbeisen, »Vigna Casalj« vom sizilianischen Weingut Tenuta Rapitalà und »Oberbergener Bassgeige« vom Badener Weingut Franz Keller am Kaiserstuhl, außerdem Cola Zero.

Schlusswort Belgrad

KIM DE L'HORIZON

Kim de l'Horizon ist noch nicht ganz gelandet. Tausende Nachrichten, lange Arbeitstage – so ist das offenbar, wenn mensch mit dem Romandebüt den Deutschen und den Schweizer Buchpreis gewinnt. Das gab es noch nie.

Kim de l'Horizon wurde 1992 in Ostermundingen bei Bern geboren und wird im Jahr 2666 auf dem Planeten Gethen geboren werden. De l'Horizon existiert in Wirklichkeiten. In einer davon wuchs de l'Horizon in der Schweiz in einfachen Verhältnissen auf – ohne »flüssig Geld«, aber mit Ferienberghäuschen, wenngleich ohne Ferienberghäuschen mit Strom.

De l'Horizon studierte in Zürich Germanistik, Film- und Theaterwissenschaften und Literarisches Schreiben am Literaturinstitut in Biel, demonstrierte, dass der Titel einer Bachelorarbeit problemlos aus 37 Wörtern bestehen kann, schrieb für Literaturzeitschriften, ging ans Theater, schrieb mehr Literatur. »Vielleicht«, sagt de l'Horizon. »Mensch weiß es nicht.«

Zehn Jahre soll de l'Horizon am Roman »Blutbuch« geschrieben haben. Darin begibt sich eine non-binäre Person auf die Suche nach dem eigenen Körper und der eigenen Herkunft. Eigentlich sollte es ein Coming-of-Age-Roman werden. Es wurde ein autofabulierter Gattungssprenger, den die Literaturagentin fast nur kleinen, mutigen Verlagen angeboten hätte, aber eben nur fast. Wenige Monate nach Erscheinen bestätigten renommierte Literaturpreise die außerordentliche Qualität des Werks.

Seitdem hat de l'Horizon zahlreiche Interviews gegeben, viel Zuspruch erfahren, unerbetene Einlassungen weggesteckt, Kräutergeister freigesetzt, Bannkreise gezogen und irgendwann endlich eine Woche lang geschlafen.

Zeit ist knapp geworden und so hat sich de l'Horizon im Januar 2023 der radikalen Unvorbereitetheit verschrieben. Während des Gesprächs mit Jochen und Christoph in einem Kölner Hotelzimmer stellt sich allerdings schnell heraus: Ein bisschen was vorbereitet hat de l'Horizon womöglich doch.

CHRISTOPH: **Wenn du heute an die Verleihung des Deutschen Buchpreises denkst, was geht dir durch den Kopf?**

KIM DE L'HORIZON: Dass etwas durch den Kopf geht, ist so eine doofe Metapher. Da geht etwas durch den Körper. Es ist nicht nur der Gedanke: »Ach, was? Ich?« Es ist, als stünde mensch auf einem Teppich. Der wird weggerissen und mensch muss in die Luft springen.

CHRISTOPH: **Das heißt, man verliert den Kontakt zum Boden?**

Ja, vollkommen. Ich bin immer noch nicht ganz gelandet.

CHRISTOPH: **Dein Auftritt war ein unglaublicher Popkulturmoment. Du gehst auf die Bühne und sprichst auf Schweizerdeutsch deine Mutter an – das Emotionalste, was man in dem Moment machen kann. Dann rasierst du dir die Haare in Solidarität mit den Frauen im Iran.**

Ich habe zuerst gesungen, oder?

CHRISTOPH: **Stimmt, eine Coverversion von »Nightcall«, im Original von Kavinsky. Woher hast du das Selbstbewusstsein genommen?**

Wenn du als Körper wie ich in dieser Gesellschaft lebst, musst du ein unglaubliches Maß an Selbstwertschätzung aufbauen. Ich habe viel Übung darin, in diesem Körper, mit diesem Körper zu stehen, auch wenn es sehr unangenehm ist – wie auf so einer Bühne. Außerdem bin ich natürlich ein bisschen Rampensau. Wenn mensch so ist wie ich, ist alles eine Bühne. Ohne allzu esoterisch zu werden, ich verstehe mich fast als eine Art Medium. Ich habe das Gefühl, ich *channele* alles.

CHRISTOPH: **Was bedeutet das?**

Ich bin wie ein Kanal, durch den Sachen hindurchgehen können. Gestern kamen nach einer Veranstaltung Leute zu mir. Die meisten waren sehr emotional. Ich habe mich gefragt: »Was berührt die eigentlich so?« Ich glaube, ich bin es nicht.

In dieser Gesellschaft fehlen Räume, in denen wir zusammen in Co-Präsenz existieren können. Bei Veranstaltungen versuche ich, einen Rahmen zu schaffen, in dem Leute in ihrem Körper und in dieser Gemeinschaft, die wir dann sind, ankommen. Sie wollen sich selbst begegnen. Und ich bin der Umweg, über den sie zu sich selbst kommen können. Wenn ich dann Sachen sage oder aus meinem Buch vorlese, bin ich wie ein Spiegel für sie.

JOCHEN: Du hast eben gesagt, für dich sei alles eine Bühne. Heißt das, du kannst nie nicht performen?

Wir alle performen ununterbrochen. Allerdings sind sich Körper, die als anders markiert sind, viel bewusster, dass sie performen. Sie sind ständig im Gespräch mit den Anteilen, die sie in den Augen der anderen markieren, wozu sie sich verhalten müssen. Wenn ich rausgehe, überlege ich mir nicht nur: »Was ziehe ich an?«, sondern auch: »Wie viel Energie habe ich heute?«

CHRISTOPH: Wie viel Energie habe ich, um auszuhalten, dass Menschen mich anschauen oder ansprechen?

Genau. Oder Schlimmeres. Menschen, die als anders markiert sind – etwa als queer, weiblich, *of color* oder mit Behinderung, spüren ganz genau, dass andere glauben, aufgrund dieser Markierung das Recht zu haben, über ihre Körper zu verfügen. Da ist das ständige Gefühl: Mir könnte Gewalt angetan werden. Ich habe gerade die Serie »The White Lotus« gesehen. Ist die von HBO?

CHRISTOPH: Ja. Läuft in Deutschland auf Sky.

In der zweiten Staffel gibt es eine Szene, die dieses Gefühl wahnsinnig gut bebildert: Zwei *Rich Ladies* machen einen Ausflug in ein kleines italienisches Städtchen. Die eine sagt so etwas wie: »Ich gehe kurz Geld holen.« Und die andere: »Okay, ich warte hier.« Sie wartet an einer Treppe, sieht, da sind drei, vier Männer, die sie angucken. Mensch merkt, dass ihr ein bisschen unwohl wird. Irgendwann greift die Frau ihre Tasche, die Kamera dreht sich, da sind noch mehr Männer. Die Kamera dreht sich jetzt 360 Grad um die Frau herum. Plötzlich ist sie umzingelt von Männern. Die Kamera schwenkt hoch, da ist eine Balustrade – auch alles voller Männer. Die schauen sie einfach an.

Ich dachte, jetzt gibt es eine Massenvergewaltigung, sie wird ermordet, entführt, ihr wird schrecklichste Gewalt angetan. Die Kamera dreht noch ein bisschen weiter. Die Freundin kommt vom Geldholen, tritt ins Bild und plötzlich – puff – gehen alle Männer weg. Es sind auch wieder Frauenkörper zu sehen. Im Bruchteil einer Sekunde hat sich die Umzingelung komplett aufgelöst. Diese Szene transportiert dieses Gefühl, das ich so gut kenne: Du bist an einem Ort, vielleicht ist er dir nicht so vertraut, und du denkst ...

CHRISTOPH: »Jetzt könnte etwas passieren.«

Genau. »Jetzt wird es geschehen, jetzt geschieht es wieder.« Dieses Wissen ist wahnsinnig körperlich. Durch diese Blicke allein wird der Frau Gewalt angetan, so empfindet sie das. De facto geschieht nichts. Die Rückkehr der Freundin initiiert den Einbruch dieser äußeren Realität. Es ist einfach eine Szene in einem italienischen Städtchen. Und natürlich sind viel mehr Männer auf der Straße, weil es im öffentlichen Raum überall viel mehr Männer gibt.

Praktisch: DeepL – für ein Kapitel in imperfektem Englisch

Aber das Wissen bleibt: Uns könnte immer etwas Schlimmes, Gewaltvolles geschehen. Oft geschieht es dann nicht, aber wir haben erfahren, dass es geschehen kann.

Menschen sind die Tiere, die keine Tiere sein wollen. Wir spüren wahnsinnig gut. Diese Gewalt ist immer da. Oft wird sie nicht ausagiert, aber sie ist immer da.

JOCHEN: Du hast von Selbstwertschätzung gesprochen, die du dir aufgebaut hast. Wie macht man das?

Das ist wirklich existenziell. Wenn du keine Liebe zu dir selbst entwickelst, machst du es nicht so lange.

CHRISTOPH: Was meinst du damit?

Dann wirst du suizidal. Das klingt jetzt sehr dramatisch, aber in dieser Gesellschaft gilt jede Körperlichkeit, die vom Binären *wegdriftet* oder nicht hineinpasst, als monströs, hässlich und nicht liebenswert, nicht nur verachtenswert, sondern wert, Gewalt angetan zu bekommen. Ich zitiere gern Eva von Redecker, eine tolle Philosophin. Sie sagt: »Besitz ist im Kapitalismus das Recht, zu zerstören.« Also: Wenn ich einen Teddybären besitze, darf ich den auch schreddern.

Dieses Gefühl, das ich durch diese Szene so gut beschrieben sah, ist auch das Gefühl von: Eigentlich sind wir im Besitz heteropatriarchaler, kapitalistischer, kolonialer Strukturen. Dagegen braucht es die Praxis der Selbstliebe – kein neoliberales Subjekt, das sich selbst poliert, sondern ein In-Verbindung-Sein. Alok Vaid-Menon, eine non-binäre Person, die sehr wichtig für unsere *Community* ist, sagt: *»Our superpower is community.«*

CHRISTOPH: »Unsere Superkraft ist Gemeinschaft.«

Das würde ich auf jeden Fall unterschreiben.

CHRISTOPH: Ich würde gern auf das Thema Hexen zu sprechen kommen. Das spielt auch in deinem Buch eine tragende Rolle. Was fasziniert dich daran?

Was fasziniert mich nicht daran? Ich habe zwei Gedichte mitgebracht, zwei Anrufungen *Slash* Gedenktexte für Hexen, die ermordet wurden. Ich dachte, vielleicht könnte ich einen oder beide vorlesen – je nachdem, wie lange es geht.

JOCHEN: Bitte sofort!

Ganz grundsätzlich: Die ermordeten Hexen treten vor allem durch Gerichtsakten zu uns. Michel Foucault hat es in seinem Essay »Das Leben der infamen Menschen« etwa so beschrieben: Menschen, die anders waren und irgendwie gegen die Regeln verstoßen haben, treten in Existenz zu uns durch einen Blitzschlag in dem Moment, in dem sie mit dem Gericht aufeinandertreffen. Sie leuchten kurz auf, denn da wird über sie geschrieben. Dann aber verschwinden sie gleich wieder. Von diesen Menschen gibt es nur sehr selten Selbstaussagen.

Oft waren die Hexen ältere Frauen, die irgendeine Form von Macht oder Rang in ihren Dörfern hatten. Es waren Menschen, die Care-Arbeit geleistet haben, so eine Mischung aus Hebamme, Heilerin und Psychologin. Die Forschung geht davon aus, dass im Zuge der Hexenverfolgung in Europa bis zu 60 000 Menschen umgebracht wurden, die meisten zwischen 1580 und 1680. 75 bis 80 Prozent waren Frauen, 20 bis 25 Prozent Männer, also nach den binären Kategorien.

In Zürich waren die Männer, die der Hexerei angeklagt waren, auch der Sodomie angeklagt. Ich lese daraus, dass es queere Männer waren, die da ermordet wurden.

CHRISTOPH: Warum ist das wahrscheinlich?

Sodomie meint Analsex, wobei es auch Sex mit Tieren meinen kann. Am Niederrhein wurden viele Männer angeklagt, weil sie Werwölfe waren. Das war auch in Skandinavien ein Riesending. Man kann nicht sagen, dass alle männlichen Hexen queer waren. Was man aber sieht, ist diese Markierung des Andersseins.

CHRISTOPH: Ich bin so gespannt auf die Gedichte.

Soll ich jetzt mal eins lesen? Ich suche es kurz.

JOCHEN: Christoph serviert den Kuchen, während Dateien auf dem Rechner gefunden werden.

Da haben wir es. Ich sage noch der Spannung halber – oder vielleicht sind die Leute auch gar nicht gespannt?

JOCHEN: Ich schon.

Ich bin ja momentan viel am Rumreisen. Das Unterwegssein macht mir nicht so viel Freude. Ich finde es wahnsinnig anstrengend, ständig an anderen Orten zu sein. So kann ich gar nicht mit dem jeweiligen Ort in Beziehung kommen. Deswegen habe ich ein neues Projekt angefangen: Ich will mich auf der Hinreise mit der Hexenverfolgung in der Region oder in der Stadt, in die ich fahre, auseinandersetzen und dann für eine Person, die dort der Hexerei angeklagt war oder ermordet wurde, einen Text schreiben. Den lese ich dann vor, wenn ich dort auftrete. Gestern habe ich das zum ersten Mal gemacht. Es geht um eine Hexe, die hier in Köln ermordet wurde, En Volmers. Sie wurde gehängt.

JOCHEN: Wir hören zu.

Anrufung an die schimmlige Hebamme, En Volmers

En Volmers!
En Volmers, En Volmers!

Wir sind heute hier
Und du, du bist es heute nicht

En Volmers En Volmers!
Ich weiss nicht einmal recht
Wie mensch deinen Namen rausspricht

En Volmers, En Volmers!
Ich rufe dich
Und ich wünscht, ich wüsst
Wie mensch dein Genick entbricht

Ent-Volmers, En Volmers!
Ich ruf dich an
Um an dich zu denken
Du für ein Schimmelbrot Gehängte
Ich errufe dich
Um deine Faschinghexenkräfte

En Volmers, En Volmers!
Dies sind angefackelte,
Dies sind düstre, bange,
Um nicht gar zu sagen upgefuckte Zeiten
Ganz wie die deinen

En Volmers
He du Bange!
He du Bamme, kinderzangenklamme En!
Du Entwürdigte
Du Entstimmte
Du Ente
Du Entehrte

Du Enterdigte
Du En Volmers !
Hebamme warst du
Wie viele Deiner Schwestern

Heb-Amme Hefi-hanne : Heven Heffen Heben HALTEN
Das war dein lausiger Care-Job
Alle anderen hast du gehalten
Und wer hielt dich?
Du durch gepanschte Blutgerichtsakten zu uns Schweigende

En Volmers!
Ich bin ganz real:
Eigentlich wollte ich ne coolere Hexe
Eine der 33 Sabbatsisters
Dieser deiner Schwestern
Hier in Köln erwürgten brannten schandten murksten säuften keuchelten
Hexen

Ach En Volmers, En Volmers!
Eigentlich wollte ich ne hexerige Hexe
Mit mehr Powers
Und mit klingenderem Namen
Ja, ich weiss ja nicht mal
Einen Reim auf Volmers
Nichts als emm Vollvers
Bäh.

En Volmers
Höre hin
Die Herrscher des Stahles, des Goldstrahles
Erfinden uns als Böse und Verführerische
Damals wie heute seien wir Aufrührerische
Kampffische
Unvermarktbare Pfirsiche

Und ich sage dann halt: Jawohl!
Pfirsich bin ich
Für misch bin isch
Isch wüll sowieso nisch für disch pfirsüsch schüsch

En Volmers
Wenn wir deine Ermordung nicht wieder aus den hässlichen Strassen Kölns herholen
Wird sich alles noch viel hässlicher wiederholen

En Volmers En Volmers!
Die Sterne und die Gänse haben dich gewarnt
Und die nicht mehr wegziehenden Gänse
Warnen uns auch heute

Deshalb rufe ich dich auf um hin her an en Voll! Mers! En Volmers!

Mit den Kiemen eines jungen Hechtes
Mit Korallen und Krebsaugen
Hast du versucht die Bäckermeistern zu heilen von ihren Wochenbettschmerzen
Und ihrer Dummheit
Und trotzdem hat dich ihr Mann später ihres Todes angeklagt

Mit faulen Reimen
Plastikschmuck und allem diesem Wiederkauen
Versuche ich die Bäckermeister des Realen zu heilen
Von ihrer Echtheit Geradheit
Und trotzdem haben sie uns schon ihres Todes angeklagt

Ich bete dich, En Volmers,
Mach uns deine Quacksalbersalben an
Um uns vor den unsichtbaren Wunden zu heilen
Die wir uns geschlechtlich schlagen

En Volmers En Volmers!
Der Beweis gegen dich war folgendes Hexenwerk:
Ein Hexenklumpen, rief der Richter
Aus
Spinnweben
Würmern
Und Ameisen
Unter deinem
Klo

Beweis für übelste Diabolisiererei

En Volmers, diesen Hexenklumpen
Züchte ich genau wie du
Unter meinem
Bett
Und ich nenn ihn
DRECK
Und ich werd ihn weiterzüchten -ziehen und -suden
Zu deinen Ehren
Zu deinen Elfen
Zu deinen Zwölfen Wölfen Rölfen All-Fan Girl-man Voll En Vollmers:
Wir denken an dich.

Du bist für nichts gestorben
Aber nicht umsonst

CHRISTOPH: Wow.

JOCHEN: Wäre hier mehr Publikum, könnten wir eindrucksvoller klatschen.

CHRISTOPH: Willst du das zweite Gedicht auch lesen?

Ich würde gerne noch über die Hexenverfolgung aus Silvia Federicis Sicht sprechen, eine wichtige Philosophin, die Hexenverfolgung aus feministischer, marxistischer Perspektive anguckt. Sie sagt, dass die Hexenverfolgung ganz eng zusammenhängt mit der Herausbildung des modernen Kapitalismus.

CHRISTOPH: Am Ende ist immer der Kapitalismus schuld?

Am Anfang kam das Patriarchat, dann irgendwann der Kapitalismus. *The little fucker joined the team. And how did he do that?* Das ist jetzt die Frage.

Es war das 14. Jahrhundert, die Pest waltete und tötete wahnsinnig viele Menschen. Das ging einher mit einem progressiven Zeitgeist. Es gab Gruppierungen wie die Beginen, die ganze Landstriche selbst verwalteten. Sie haben aus heutiger Sicht ganz klassisch kommunistisch gelebt und alles geteilt.

Adel und Klerus haben das natürlich ängstlich beäugt. Weil es weniger Menschen gab, wurde auch weniger produziert und es wurde weniger Gewinn gemacht. Das heißt, die Mächtigen hatten zwei Ziele: Sie brauchten mehr Körper, die arbeiten, und sie wollten diese eher progressiven Bewegungen unterbinden. Was Federici wirklich ganz toll zeigt: Es gab diese *Commons*, diese Ländereien, die allen gehörten. Wie heißt das noch mal?

JOCHEN: Allmende?

Danke. Diese Allmenden wurden selbstverwaltet. Vor allem Frauen haben dort Essen angebaut und mit allen geteilt. Dann geschahen die Einhegungen. In ganz Europa wurde Land privatisiert, damit die Leute sich nicht mehr einfach so selbst ernähren konnten, sondern in Abhängigkeitsverhältnisse, nämlich in Arbeitsverhältnisse, eintreten mussten. Weil in diesen Gebieten oft Frauen federführend waren, gerieten diese ins Visier der Mächtigen.

Modisch: ein Ring in Tentakelform

Viele von ihnen hatten diese Heilerinnenfunktion inne. Sie wussten zum Beispiel oft, wie man Abtreibungen vornimmt. »Kacke, dass die Frauen wissen, wie man abtreibt«, dachten sich die Mächtigen. »Wir müssen dieses Wissen von ihnen wegbringen.« Und so kam es zur Kondensierung des Wissens an Universitäten. Ich liebe die Akademie, ich will überhaupt nicht dagegen wettern. Aber es ist einfach so, dass die Herausbildung der Universitätskultur in Europa und die Konzentrierung medizinischen Wissens an diesen Wissensorten für Männer zusammenfiel mit der Kriminalisierung dieses Hebammenwissens.

© MARCUS SIMAITIS

Die Figur der Hexe ist die totale Umkehrung der positiven Mutter. Oft hat sie Brüste, aus denen Gift fließt. Sie nährt also nicht, sie vergiftet. Die Leute wurden des Wetterzaubers angeklagt, es hieß, sie würden die Ernte verderben. All das beschreibt Silvia Federici und das hat mich stark beeinflusst. In diesem Gedankengebäude bewege ich mich.

CHRISTOPH: War das die Einführung zum zweiten Gedicht?

Ja, genau. Es ist ziemlich lang, zehn Seiten. Aber wir haben ja Zeit.

JOCHEN: Endlich mal jemand, der das Format durchdringt.

Aber kann ich erst noch ein bisschen Kuchen essen?

CHRISTOPH: Ich bitte darum.

Mir ist gerade ein Klassenfauxpas geschehen. Wir sitzen hier in dieser Suite und essen Kuchen. Der wurde auf tränenförmigen Porzellantellerchen serviert. Ich weiß gar nicht, wie ich den halten muss.

CHRISTOPH: Das geht mir nicht anders.

JOCHEN: Wir entschuldigen uns für alles.

Nein, nein. Es geht nur darum, das transparent zu machen. Gerade hast du mir diese Soße hingestellt. Ich dachte, es sei eine Creme und ich müsste die jetzt aufessen.

CHRISTOPH: Die ist für den Käsekuchen.

Ich weiß. Aber eben wusste ich es nicht. Ich habe erst gerade gemerkt: »Ach so, die Soße ist nicht für mich allein, die ist für alle.« Ich hatte mir den Löffel, der da drinsteckt, in meinen Mund geschoben und gleich wieder reingetunkt. Aber ich habe ja vorher einen Coronatest gemacht.

JOCHEN: Wir auch – wie immer in diesem Podcast.

Jedenfalls dachte ich: »Oh Gott, da ist mein Untere-Mittelschicht-Dasein wieder durchgedrungen.«

JOCHEN: Es gibt ein ganz tolles Interview mit dir beim Schweizer Sender SRF, »Sternstunde Philosophie«. So ein Format gibt es im deutschen Fernsehen nicht. Ich wüsste nicht, wo ich aktuell ein Gespräch auf diesem Niveau hören könnte.

Ja, Yves Bossart hat das super gemacht. Nur hat »Sternstunde Philosophie« auch einen gewissen Vermittlungsanspruch. Mich nervt es, wenn ich über Geschlecht sprechen muss.

JOCHEN: Auch wenn du es nicht mehr hören kannst, ist es ein Thema, über das wir vielleicht kurz sprechen sollten, weil Verwirrung entstehen könnte, wenn wir es nicht tun. Was ist Geschlecht?

You tell me.

JOCHEN: Ich bin kein Biologe. Aber wenn ein Kind geboren wird, gibt es in den meisten Fällen primäre Geschlechtsmerkmale. Man guckt

auf das biologische Geschlecht dieses neuen Wesens: »A oder B?« Das ist ja nicht aus der Luft gegriffen.

Genau das ist der Punkt: Geschlecht wird zugewiesen aufgrund der primären Geschlechtsmerkmale, die wir nach der Geburt sehen. Das biologische Geschlecht besteht aber nicht nur aus dem anatomischen Geschlecht, also dem Sichtbaren. Es gibt zum Beispiel auch das hormonelle Geschlecht, und da gibt es ganz unterschiedliche Ausprägungen. Männer haben teilweise einen sehr tiefen Testosteronspiegel, Frauen einen Testosteronspiegel, der im binären medizinischen System als zu hoch erachtet wird. Sie bekommen ihre Tage nicht mehr oder produzieren mehr Körperbehaarung.

Der Philosoph Paul B. Preciado hat in meinen Augen sehr schlüssig formuliert, dass Geschlecht heutzutage auch durch Chemie hervorgebracht wird. Wenn Cis-Frauen nicht schwanger werden können, nehmen sie Antiandrogene oder Testoblocker. Wenn die Spermiendichte zu niedrig ist, nehmen sich als Cis-Männer identifizierende Menschen Testosteron und andere Hormone, um sich reproduzieren zu können.

Angebaut: Salbei und Rosmarin zum Räuchern

JOCHEN: Haken drunter, stimmt alles. Wo ich mich in der Debatte um Geschlecht am Kopf kratze: Man streitet sich monatelang, und nie wurde definiert, was mit Geschlecht eigentlich gemeint ist. Wenn es gemäß Judith Butler heißt, das biologische Geschlecht sei ein Konstrukt, steige ich gedanklich aus. Darüber hinaus verstehe ich nicht, worüber gestritten werden könnte, wäre der Begriff einmal definiert.

Judith Butler sagt: »Es gibt einen Unterschied zwischen *Sex* und *Gender. Sex* ist das biologische Geschlecht, *Gender* das soziale.« Wenn wir uns nicht gerade reproduzieren, haben wir es nur mit dem sozialen Geschlecht zu tun. Hier in diesem Raum beispielsweise tragen wir alle Kleidung. Ich habe keine Ahnung, was ihr unter dieser Kleidung habt. Es könnte ein Penis, eine Vulva oder eine Ananas sein – es ist mir scheißegal.

Den allermeisten Menschen ist scheißegal, was unter der Kleidung ist. In der Sexualität kann man vielleicht sagen: »Ich habe eher Lust auf dieses Geschlechtsteil als auf dieses.« Da spielt dann das anatomische Geschlecht eine Rolle, aber weder das genetische noch das hormonelle.

JOCHEN: Zwischen Genetik und Anatomie gibt es aber einen Zusammenhang.

Es gibt Zusammenhänge, aber die sind viel komplexer, als man gemeinhin annimmt. Es gibt auch Menschen mit X- und Y-Chromosom, die aufgrund von Hormonen von Geburt an weiblich gelesen werden, und andersrum.

CHRISTOPH: Wir gießen dir noch ein bisschen Wein ein, oder?

Oh nein, keinen roten. Da schlafe ich augenblicklich ein.

JOCHEN: Sollen wir Weißwein organisieren?

Ah, es gibt keinen mehr?

JOCHEN: Christoph geht an die Minibar.

CHRISTOPH: Wir haben hier ja schon den ein oder anderen Anglizismus verwendet. Fällt es dir leichter, bestimmte Dinge auf Englisch zu sagen?

Ja, voll.

CHRISTOPH: Was ist deine Lieblingssprache?

Ich habe nicht diese Lieblingssachen, auch keine Lieblingsbücher oder so. Das wäre eine Hierarchisierung und ich bin gegen Hierarchisierung. Sprache ist eine Kulturtechnik, die etwas Magisches hat. Vielleicht ist meine Lieblingssprachlichkeit das Dazwischen, die Vermengung von Sprachen. Kleine *side note:* Wir könnten versuchen, jeden Anglizismus, den wir verwenden, auf Deutsch zu übersetzen.

JOCHEN: Okay, Anglizismen übersetzen wir wörtlich. Das ist ein neues literarisches Programm.

Der Wein kommt. Es ist mir schon jetzt unangenehm: Ich sitze in dieser Suite, bekomme Wein ... Aber ich habe das ja nicht zu verantworten.

JOCHEN: So ist das halt als Star.

Allein diese Suite – ich glaube echt, dass Räume etwas mit Körpern machen. Ich fühle mich hier krass als Fremdkörper. Der Raum sagt mir: »Du gehörst hier nicht hin.« Ich würde fast lieber am Boden sitzen.

CHRISTOPH: Bitte. Wir nehmen gemeinsam die Kabel, führen sie hier an dieser Kuchenplatte vorbei ...

JOCHEN: Nicht die Soße umkippen!

Räume geben so viel Körperlichkeit vor. Es ist die Konvention, dass wir am Tisch sitzen. Ich habe dann das Gefühl, ich muss intelligente Sachen sagen. Auf dem Boden habe ich jetzt das Gefühl, ich kann ein bisschen alberner sein.

JOCHEN: Es scheint Themen zu geben, wo du in ein *rabbit* ... in einen Kaninchenbau hineinfällst. Das ist mir eben bei den Hexen aufgefallen. Du könntest Vorlesungen zu dem Thema halten. Versenkst du dich dann in Archive? Monografien über Hexen am Niederrhein muss man ja erst einmal finden.

Weißt du, die Menschheit ist ja sehr dumm, aber gleichzeitig auch sehr intelligent. Die haben so ein Ding erfunden, das nennt sich Internet, und da kannst du Sachen eingeben.

JOCHEN: Wie sagt man da auf Deutsch?

Ah, Zwischennetz, ganz klar! Aber entschuldige, das war eine doofe Antwort. Die Hexenverfolgung am Niederrhein habe ich ges-

tern tatsächlich einfach … Was ist denn wohl Google auf Deutsch? Ich hab's im Gugelhupf gefunden.

CHRISTOPH: Ich will das Gedicht hören.

Nein, jetzt müssen wir erst noch beim Thema bleiben. Ich war natürlich in Archiven und Bibliotheken. Die sind für mich wie Pflanzen, sie lösen in mir eine Lust aus. Die Feministin Kate Eichhorn sagt sinngemäß: »Archive sind Orte, an denen Wissen gespeichert wird, das noch kein Wissen ist, weil es noch nicht ins Denken einer Gesellschaft eingespeist wurde.« Abgelegte Dokumente und Fakten liegen da so rum, und die Gegenwart wird immer konstruiert, indem anhand von archiviertem Material ein Erzählen kreiert wird.

Nehmen wir das Thema Queerness. Foucault schreibt, dass Sexualität zwischen Männern in der frühen Antike eine sehr wichtige gesellschaftliche Funktion hatte. Das Sexualitätsmodell war ein anderes als heutzutage, wo schwule Beziehungen oft möglichst heteronormativ angelegt sind. Das sieht man an der Wichtigkeit gleichgeschlechtlicher Ehen. Natürlich sollten alle mit allen heiraten dürfen, wenn sie wollen. Aber ich finde andere Rechte wichtiger. Wieso wollen wir überhaupt heiraten?

CHRISTOPH: Als unverheirateter Mensch sage ich: Wieso nicht?

Weil dieses Konstrukt von Glück kulturell so wahnsinnig überformt ist – als sei die Erfüllung des geschlechtlichen privaten Lebens nur in dieser Zweierkiste zu holen. Das würde ich unter allen Umständen hinterfragen.

Foucault beschreibt, dass Sexualität zwischen Männern in der Antike eigentlich eine Mentorenbeziehung war. Junge adelige Männer suchten sich ältere Männer, wurden von denen umworben: »Guck, bei mir kannst du lernen, wie du Bogen schießt.« Oder: »Bei mir kannst du lernen, Platon neu zu lesen.« Es war eine Bildungsbeziehung, die auch sexuell war. Es gab Regeln: Der Ältere durfte nicht vom Jüngeren penetriert werden und die Beziehung durfte nur bis zum ersten Barthaar des Jüngeren dauern, denn dann war er ausgebildet, ein fertiger Mann, und durfte in die höhere Gesellschaft eintreten.

Angebracht: über Geld reden

Das war jetzt nur ein *random* Beispiel. Dieses Modell von gelebter Sexualität lag in den Archiven rum. Foucault hat es gelesen und erkannt: »Ach, so war das damals. Jetzt können wir besser verstehen, inwiefern die Sexualmoral heute anders ist.«

Damit will ich sagen: Alles Wissen ist auch kulturell geprägt und geformt. Absolute Objektivität kann es nicht geben. Es spielen immer auch Interessen mit. Da wirst du jetzt wahrscheinlich aufspringen …

JOCHEN: Ich freue mich, dass wir darauf kommen!

Natürlich ist es in der Kulturwissenschaft wichtig, was man für eine politische Haltung hat und welche Texte man auswählt, um zum Beispiel das Geschlechtermodell im 19. Jahrhundert zu untersuchen. Nimmt man Johann Wolfgang von Goethe oder Annette von Droste-Hülshoff?

Aber auch die sogenannten exakten Wissenschaften können nicht vollständig objektiv sein. Allein die Frage der Finanzierung: Welche Experimente werden finanziert? Von wem werden die durchgeführt? Wer stellt die Anträge? Das geschieht ja meistens aus hegemonialen Positionen heraus. So, jetzt habe ich das gesagt und jetzt kannst du es wegknallen.

CHRISTOPH: Jochen würde nichts wegknallen.

JOCHEN: Ich gucke vielleicht mal komisch, aber selbst das ist gar nicht so gemeint. Niemand kann mir erklären – und ich übertreibe jetzt, um den Punkt zu machen –, dass Äpfel abhängig davon, wer misst, nach unterschiedlichen Gleichungen fallen. Eine gute Theorie ist universell und falsifizierbar. Man versucht zwar, zu zeigen: »Guck mal, wenn du misst, fällt der Apfel anders.« Aber damit wäre die Theorie tot.

Du sollst dich als Beobachter aus der Gleichung nehmen. Schon klar, dass das in vielen Wissenschaftsgebieten gar nicht so einfach ist. Aber ich finde, der Kern von Wissenschaft ist, dass man versucht, Aussagen zu finden, die gültig sind unabhängig davon, wer sie trifft.

Die linke Position ist nicht, dass Wissenschaft weniger objektiv sein soll, sondern dass sie sich dazu bekennen soll, dass sie nie ganz objektiv sein kann. Die Kritik aus den Sozial- und Kulturwissenschaften ist, dass Wissen immer Wissen in Körpern ist und dass Positionierung eine Rolle spielt. Neomaterialist:innen wie Donna Haraway, Rosi Braidotti oder Karen Barad geht es um Transparenz: Von wo aus wird Wissen geschaffen?

In der allerersten Stunde an der Uni lernen wir, wir dürfen nicht »ich« sagen. Ich glaube aber, wir sind immer auch in diesem Ich, in diesem Körper, an diesen Körper und an dieses Ich gebunden. Ich fände es wissenschaftlicher, könnten wir sagen: »Ich gucke von hier, das ist meine Weltanschauung, mein Weg zu einer Objektivität hin wird geformt durch diese Standpunkte, durch Erfahrungen, die ich machen oder eben nicht machen kann.« Deshalb möchte ich auch viel lieber über Erfahrungshorizonte sprechen als über Identitäten.

Ich glaube nicht, dass ein Körper *of color* etwas ganz anderes ist als ein weißer Körper. Aber es ist wahrscheinlich, dass ein bestimmter Körper diese Erfahrung macht und jene nicht. Aus einer linken Position essenzialisieren viele Identität, als sei Identität ein Kern, der das Leben bestimmt. Ich bin da wieder bei Paul B. Preciado, der sagt, wir sollten alle Körper von ihrer Verwundbarkeit her denken. Wir alle werden geboren und wir alle sterben. Die Materie, die wir sind, war schon vorher da. Sie war schon Stein, sie war schon Pflanze, sie war schon Pilz, sie war schon Mensch. Gerade ist sie etwas Bestimmtes, aber auch das wird wieder vergehen. Wir müssen

anfangen, uns über diese Verwundbarkeit zu begegnen, weil wir die alle teilen.

CHRISTOPH: Hast du schon mal über deinen Tod nachgedacht?

Ja, klar. Für mich ist die größte Frage nicht: »Was geschieht mit dem Bewusstsein?« Das kann ich nicht wissen. Aber: »Was geschieht mit der Materie?« Unser Körper ersetzt alle sieben Jahre alle Atome in uns durch neue. Wir sitzen hier auf dem Teppich, den atmen wir ein. Ich habe ihn auch unter den Fingernägeln, weil ich die ganze Zeit daran herumfummele. Dann nehme ich die Fingernägel in den Mund. Der Teppich wird zu meinem Körper. Und wenn ich einmal sterbe, besteht mein Körper wieder aus anderen Atomen als jetzt. Die Frage ist: Zu welchem Körper werde ich dann? Will ich vor diesem Baum zum Baum werden? Was will ich werden? Das ist dann die ultimative Intimität.

CHRISTOPH: Ich will jetzt das Gedicht.

Ich klappe mal wieder den Computer auf. Das Gedicht heißt »Psalm der wüsten Würstchen zu Ehren von Alice Samuel«. Aber wisst ihr was? Eigentlich habe ich jetzt Lust, etwas zu singen. Kennt ihr »Chandelier« von Sia? Ich habe einen deutschen Text dazu geschrieben.

CHRISTOPH: Was gefällt dir an dem Lied?

Für viele Queers ist es eine Hymne. Dieses: »Wisst ihr was? Fickt euch! Ich krall mir jetzt diesen Kronleuchter und schmeiße mich durch die Welt.« Diese Verknüpfung von Weiblichkeit und Kraft und Stärke gibt es nicht nur bei Sia, sondern auch bei Beyoncé oder Lady Gaga. Diese wichtigen weiblichen Körper strahlen eine Weiblichkeit aus, die Kraft hat, die Öffentlichkeit hat, die Stärke hat und die Lust und Freude am Lautsein haben darf.

Also gut, ich singe jetzt »Schamelixier«, ohne mich eingesungen zu haben:

Wir Wasserfeen sind gute Flirts
Aber noch nicht mehr
Zu sehr aus Meer
Ich bin ein Faun
Ich bin ein Fa-aun
Hmm

Ja wir sind Fun
Aber noch nicht echt
Nein fett unreal
Für euch Echtheitsknecht
Ich fühl mich doof
Fühl mich so do-oof
Hmm

Ein zwei drei Ein zwei drei Trink
Ein zwei drei Ein zwei drei Trink
Ein zwei drei Ein zwei drei Trink

Ihr füllt uns ab, wir sind schon voll

Ich trink nicht aus
Euer Schamelexier
Euer Schamelexier
Ich existier wie ein Fabeltier
Fucking Fabeltier
Ich bin fluid wie ne Qualle auf Speed
Bin aus Wasser bin ein Lied
Ich kotze aus
Euer Schamelexier
Euer Schamelexier

JOCHEN: »Ich bin fluid wie eine Qualle auf Speed.« Das geht in die Geschichte ein.

Jetzt will ich Wein.

JOCHEN: Hier ist der Wein.

CHRISTOPH: Hast du mal davon geträumt, nur zu singen?

Geträumt vielleicht schon. Aber ich habe nie irgendeine Art von Ausbildung oder so gehabt. Ich dachte, vielleicht würde ich diesen Herbst ...

CHRISTOPH: Wenn da nicht diese blöden Buchpreise dazwischengekommen wären.

Ich will gar nicht undankbar sein, aber es war schon krass. Alle haben ständig gesagt: »Jetzt musst du es aber auch genießen!« Meine Erfahrung mit Gefühlen ist: Wenn uns gesagt wird, was wir fühlen sollen, klappt es nicht. Natürlich bin ich dankbar. Aber es ist auch ein 24-Stunden-Job geworden.

CHRISTOPH: Arbeitest du schon an einem neuen Buch?

Ich wusste, dass diese Frage kommt.

CHRISTOPH: Hast du eine Idee?

Ich habe immer Ideen. Es ist unangenehm in meinem Kopf: »Eigentlich sollte ich gar nicht mit euch rede, sondern ich würde gerne dieses Stück schreiben beziehungsweise in zwölf Stunden geschrieben haben.« Diese intensive Phase, die ich gerade hatte, hat mir das Schreiben weggenommen. Das ist mir erst zwei- oder dreimal passiert. Aber jetzt schreibe ich wieder.

JOCHEN: Wenn wirklich stimmt, was kolportiert wird, hast du zehn Jahre am »Blutbuch« gearbeitet. Glaubst du, das ist die Regel?

Die Regel?

JOCHEN: Dauert es beim nächsten Buch auch so lange? Zynisch gesprochen, vielleicht ist Schreiben als Geschäftsmodell ein falscher Ansatz?

Das endlose Thema: Sollte Kunstproduktion nicht ganz von kapitalistischen Logiken befreit sein?

JOCHEN: So habe ich es nicht gesagt.

Nein, aber dahinter steckt ja die Vorstellung, Kunst sei etwas Heiliges. Kunst sollte nicht so romantisiert werden. Kunst ist auch Arbeit.

JOCHEN: Wir kennen uns ja jetzt schon ein bisschen. Wenn wir dich anreden, achten wir auf bestimmte Konditionen. Manchmal geht es schief. Ist es schlimm, wenn es schiefgeht?

Definiere schlimm.

JOCHEN: Nimmst du es mir übel, uns übel, den Menschen übel?

Sprache ist Bewusstsein. Es ist wichtig, wie wir aufeinander verweisen, weil da Konventionen mitgegeben werden. Es sollte verschiedene Geschlechtlichkeiten in der sprachlichen Verweisung auf Körper geben.

Mir ist es unangenehm, wenn ihr »er« sagt. Es fühlt sich an, als würdet ihr mir am rechten Fuß den linken Schuh anziehen. Es tut ein bisschen weh, aber ich weiß: Mein Fuß in dem Schuh ist mein Fuß, der existiert außerhalb wie innerhalb des Schuhs. Ihr denkt, dieser linke Schuh muss an meinen rechten Fuß, weil der Fuß für euch so aussieht, als würde der Schuh passen, dabei liegt es vielleicht nur an der Socke. In mir gibt es ein tiefes Wissen, Spüren und Wahrnehmen, dass mein Fuß eben nicht in diesen Schuh passt.

Im Vergleich zu anderen Füßen ist mein Fuß vielleicht ein bisschen schwabbeliger. Dem tut es ein bisschen weniger weh als anderen, wenn der Schuh da rangeaschenputtelt wird. Ich sage es ein- oder zweimal, aber wenn die Sprache in euren Köpfen dann auf diesem »er« beharrt, denke ich eher: *»Not my struggle, babies!«* – »Nicht mein Struggel, Kinder!« Ich weiß, dass Sprache mich formt. Gleichzeitig habe ich eine körperliche Realität, an die diese Sprache, die ihr da reproduziert, nicht herankommt. Es gibt non-binäre Menschen, die sehr konsequent darauf hinweisen, aber das kostet mich zu viel Energie. Wähle deine Kämpfe.

JOCHEN: Es gibt 90-jährige Menschen, zu denen vielleicht noch nicht durchgedrungen ist, dass diese Schuhe hergestellt werden. Gibt es denen gegenüber ein Wohlwollen?

© MARCUS SIMAITIS

Grundsätzlich habe ich ein sehr kitschiges Wohlwollen allem gegenüber. Es gibt diesen Fragebogen von Max Frisch. Eine Frage lautet sinngemäß: »Wenn du und alle, die du kanntest, gestorben sind, interessiert es dich dann noch, was auf der Welt geschieht?« Mein Eindruck ist, sie zielt darauf ab, dass alle Nein antworten. Eigentlich sind alle nur an ihrer eigenen Sippschaft interessiert.

Das ist wohl die Erkenntnis, die uns der liebe Max so väterlich bereiten wollte.

Was die Pronomina anbelangt, nehme ich wenigen Menschen etwas übel. Ich bin schnell genervt, aber ich kann es auch wieder loslassen. Wie du Sprache verwendest, ist dein Ding. Ich kann sagen: »Hey, ich hab's lieber so und so.« Aber wenn du das nicht auf die Reihe kriegst, ist es halt so. Es klingt vielleicht arrogant, aber auch mit diesem Ueli Maurer habe ich eher Mitgefühl. In was für einem Körper und in was für Gefühlen muss er stecken, um anderen dieses extreme Leid anzutun?

JOCHEN: Muss man Ueli Maurer kurz erklären?

Er war einer der Bundesräte der Schweiz. Wir haben kein Kanzleramt, das die Macht auf eine Person konzentriert, sondern sieben Bundesräte, die verschiedene Departemente haben. Auf einer Pressekonferenz hat Ueli Maurer vergangenen September gesagt, er werde zurücktreten. Als er nach seiner Nachfolge gefragt wurde, hat er gesagt, es sei ihm egal, ob es eine Frau oder ein Mann sei, solange es kein »Es« sei. Das wurde vollkommen unkommentiert gelassen.

CHRISTOPH: Es gab ein merkwürdiges Schweigen, nachdem er das gesagt hat.

Genau. Das Absurde ist, dass er zwei Minuten später gesagt hat, wie wichtig es sei, Minderheiten zu schützen. Mit seiner Aussage hat Ueli Maurer im Grunde gegen die Verfassung verstoßen. Hätte er gesagt, er wolle einen Mann, aber keine Frau, wäre das justiziabel gewesen. Weil aber non-binäre Menschen nicht rechtlich gefasst sind, konnte er das so sagen.

CHRISTOPH: Du hast ihm in einem Artikel in der *Neuen Zürcher Zeitung* geantwortet.

Ich habe sinngemäß geschrieben: »Ich würde Sie auf ein Bier einladen. Ich glaube, es ist besser, wenn wir reden und uns nicht gegenseitig sagen: ›Du bist schuld am Unheil der Welt.‹« Dieser Artikel hat viel Aufmerksamkeit bekommen. Es war klar, dass wenigstens sein Team ihn gelesen haben muss. Sein Pressesprecher sagte, Ueli Maurer werde nicht drauf reagieren.

Er hat dann wenig später sehr emotional über den *Wokeism* gewettert und gesagt, die Linken seien wahnsinnig dekadent, sie würden die realen Probleme nicht behandeln. Nur schließt genau dieser Satz – »Es ist mir egal, ob es ein Mann oder eine Frau ist, solange es kein ›Es‹ ist« – Menschen aufgrund ihres Geschlechts von politischer Führungskraft aus.

Wieso muss er wen ausschließen? Der einzige Grund, warum du wen ausschließen wollen würdest, wäre, weil du glaubst, es gäbe nicht genug für alle, oder weil du denkst: »Ich will alles haben.« Du fühlst dich angreifbar, weil ein Körper, der ein »Es« ist, deine Position übernehmen könnte. Da empfinde ich Mitgefühl. Du Armes, dein In-der-Welt-Sein ist durch Angst geprägt. Ich habe selbst wahnsinnig viele Ängste, aber ich glaube nicht, dass mir ein anderes Geschlecht etwas wegnimmt, wenn es eine Führungsposition übernimmt.

CHRISTOPH: Wenn du Ueli Maurer morgen auf der Straße begegnen würdest, würdest du ihn ansprechen?

Ja, schon. Ich würde ihn gern fragen, wie es ihm geht.

A ODER B

Geist oder Körper?
Körper.

Mann oder Frau?
Weiter.

Erfolg oder Respekt?
Respekt.

Alice Schwarzer oder J. K. Rowling?
J. K. Rowling.

Kim de l'Horizon hat Jochen und Christoph den »Psalm der wüsten Würstchen zu Ehren von Alice Samuel« schließlich doch noch vorgetragen. Im Juli 2023 ist der Text in der Literaturzeitschrift *Neue Rundschau* erschienen. Wann der nächste Roman erscheint, ist noch nicht bekannt. Gut möglich, dass es erneut zehn Jahre dauert.

Zu Essen gibt es Reibekuchen mit Camembert und Preiselbeeren, Flammkuchen mit Paprika und Oliven, Kartoffelbällchen mit Salbei und Pflaume, Tomatensuppe mit Vanillesahne und Brot sowie Caesar Salad mit Kapern. Zum Nachtisch stehen verschiedene Sorten Kuchen bereit.

Getrunken werden Kaffee und Saarwein, ein Riesling vom Weingut von Othegraven in Kanzem.

Schlusswort Blauflügelige Ödlandschrecke

REZO

Ob er der Kenzo sei, wurde er gerade noch im Zug gefragt. Die Frau kannte sein Gesicht, aber konnte es nicht zuordnen. Seit Rezo sich »die Leute an der Macht« vorgeknöpft hat, kann der Typ aus dem Internet kaum fünf Minuten in der Öffentlichkeit wandeln, ohne aufzufallen.

Rezo wurde 1992 in Wuppertal geboren. Beide Eltern sind evangelische Pfarrer, und so wuchs Rezo im Pfarrhaus neben der Kirche auf. Früh fing er an, Musik zu machen. Lernte Gitarre, spielte in Bands.

»Dass man Herzen erobern kann, indem man ›Wonderwall‹ spielt, habe ich leider erst viel zu spät verstanden«, sagt Rezo. Sein Ding war Death Metal. Er investierte das Führerscheingeld der Großeltern in Tontechnik, träumte vom Musikerleben – doch nicht zu verwegen.

Nach dem Abitur studierte Rezo Informatik, obwohl er noch wenige Jahre zuvor Mathe-Nachhilfe genommen hatte. Musik wählte er als Nebenfach und verzweifelte an Professoren, die Johann Sebastian Bach verehrten, aber noch nie einen Rap-Song gehört hatten. Kurz vor dem Masterabschluss wurde er zu dem, der er heute ist: Rezo, der YouTuber mit den blauen Haaren.

Auf Rezos Kanal ging es um Musik. Konzept ausdenken, Gast suchen, Song schreiben, Song produzieren, Song aufnehmen, Video planen, Requisiten kaufen, Video drehen, Video schneiden – die nächste Woche wieder von vorn. So lief das dreieinhalb Jahre lang, und zwar außerordentlich erfolgreich. Dann hatte Rezo keine Lust mehr und startete einen neuen Kanal.

Mehr Meinung sollte es sein und immer mehr Meinung wurde es. Kurz vor der Europawahl wagte Rezo den großen Wurf: »Die Zerstörung der CDU«. Die 55-Minuten-Abrechnung machte ihn berühmt, doch nicht überall beliebter. Die Printmedien-Parodie »Wir BILDen Rezo« brachte erst recht kritische Stimmen gegen ihn auf.

Den ein oder anderen Journalisten hat Rezo seitdem auf dem Kieker, mit dem Deutschen Journalisten Verband konnte er Frieden schließen, der dpa eine Art Entschuldigung abringen, den privat-öffentlichen Schlagabtausch mit CDU-Generalsekretär Paul Ziemiak gab er auf. Er hat anderes zu tun.

In seiner Aachener Wohnung arbeitet Rezo rund um die Uhr, wenn er nicht gerade schläft oder sich im Feierabend übt. Seit einer Weile trainiert er im Lager seines Onlineshops. Doch oft bleibt er tagelang zu Hause, plant frisch geduscht, aber in Jogginghose auf mehreren Whiteboards den nächsten Coup.

In seinem pastellfarbenen Teddy-Fresh-Hoodie sieht der Zerstörer der CDU gar nicht so bedrohlich aus, als er Jochen und Christoph im Oktober 2019 in der Podcast-Wohnung gegenübersitzt. Im Gespräch zeigt sich: Geht es ihm ums Prinzip, bleibt er unnachgiebig.

JOCHEN: Ist es von Vorteil, jung zu sein, wenn man etwas bewegen will?

REZO: Es ist von Vorteil, jung zu sein, wenn man *out of the box* denken will. Wer hat sich Spotify ausgedacht? Wer hat sich Google ausgedacht? Wer hat sich Facebook ausgedacht? Wer hat sich die großen Unternehmen ausgedacht, die die Welt verändern? Junge Leute. Und warum? Weil sie noch nicht in den Denkstrukturen drin sind, in die man mit der Zeit so reinkommt. Für das grundsätzliche Hinterfragen von Dingen ist ein frischer Blick von Vorteil.

CHRISTOPH: Was war das für ein Moment, in dem du gedacht hast: »So, ich mache jetzt dieses CDU-Video«?

Ich hatte auf YouTube zunächst einen *Channel,* auf dem ich vor allem Mucke gemacht habe. Da kannst du Meinung und Statements nicht wirklich gut reinbringen. Irgendwann war ich davon künstlerisch ausgebrannt. Also habe ich einen zweiten Kanal gestartet. Da mache ich mehr so billo Unterhaltungsshit.

CHRISTOPH: Der Kanal heißt »Rezo ja lol ey«.

Genau. Mir ist damals ein YouTuber auf den Sack gegangen und ich wollte ein Video machen, in dem ich ein paar Seitenhiebe gegen ihn raushaue.

CHRISTOPH: Wer war das?

Der heißt 2Bough. Er hat viele *Reaction*-Videos gemacht, in denen er kritisch auf Mucke geguckt hat. Mein Empfinden war, dass er sich als etwas Höheres gibt, als er eigentlich ist. Das ist mir als Künstler aufgestoßen. Es gibt Leute, die machen nichts selbst, lehnen sich zurück, gucken, was andere machen, und sagen: »Das hätte ich aber anders gemacht.« Dann macht es doch einfach!

Jedenfalls dachte ich: »Wenn ich schon einen Seitenhieb mache, gucke ich mir vorher auch ordentlich an, was ich für Argumente finde.« Aber ich konnte ja nicht alle seine Videos gucken. Also habe ich mir ein Skript geschrieben.

JOCHEN: Skript heißt: ein Stück Code.

Genau. YouTube generiert automatisch Untertitel. Die sind nicht immer hundertprozentig richtig, aber schon ziemlich gut. Ich habe mir ein Skript geschrieben, das diese automatischen Untertitel runterlädt und alle in eine Datei packt. So konnte ich zu bestimmten Stichpunkten schnell Belegstellen finden und mit Quellen darstellen, warum ich etwas so oder so sehe.

Das Video wurde immer umfassender. Ich glaube, es war eine Dreiviertelstunde lang, mit über 100 Quellen. Für die YouTube-Welt war das damals ein großes Ding. Da habe ich gemerkt, dass so eine Art Video funktioniert. Ich habe dann ein paar Videos zu Artikel 13 gemacht und gemerkt: »Diese Videos machen mir Spaß. Was mache ich denn als Nächstes?«

Ich hatte ein paar Themen im Kopf und eins davon war: Ich könnte ja mal gucken, ob die Leute, die gerade an der Macht sind, einen guten Job machen. Es sollte ein Viertelstündchen-Video werden, aber es wurde wieder mehr, mehr, mehr. Ich habe im Schnitt noch komplette Themen rausgenommen, die schon aufgenommen waren.

CHRISTOPH: Das heißt, es gibt eine *Extended Version*, die wir noch nicht kennen?

Die wird es auch nie geben, weil ich vor zwei Wochen die Rohdaten gelöscht habe.

JOCHEN: Nein! Du löschst Rohdaten?

Es waren 200 Gigabyte oder so. Ich habe vier Stunden in 4K aufgenommen – ununterbrochen. Ich bin nicht gut im Textaufsagen. Manchmal verhaspele ich mich. Ich muss das Schritt für Schritt machen.

Um die eigentliche Frage zu beantworten: Es gab nicht den einen Moment. Ich hatte grob etwas vor Augen, habe erste Stichpunkte gemacht. Dann hatte ich hier und da einen Tag Zeit, mich mit dem Thema zu befassen. Irgendwann hatte ich den Eindruck, ich habe genug, um daraus etwas zu machen. Zwei Wochen vor dem Upload habe ich durchgeballert.

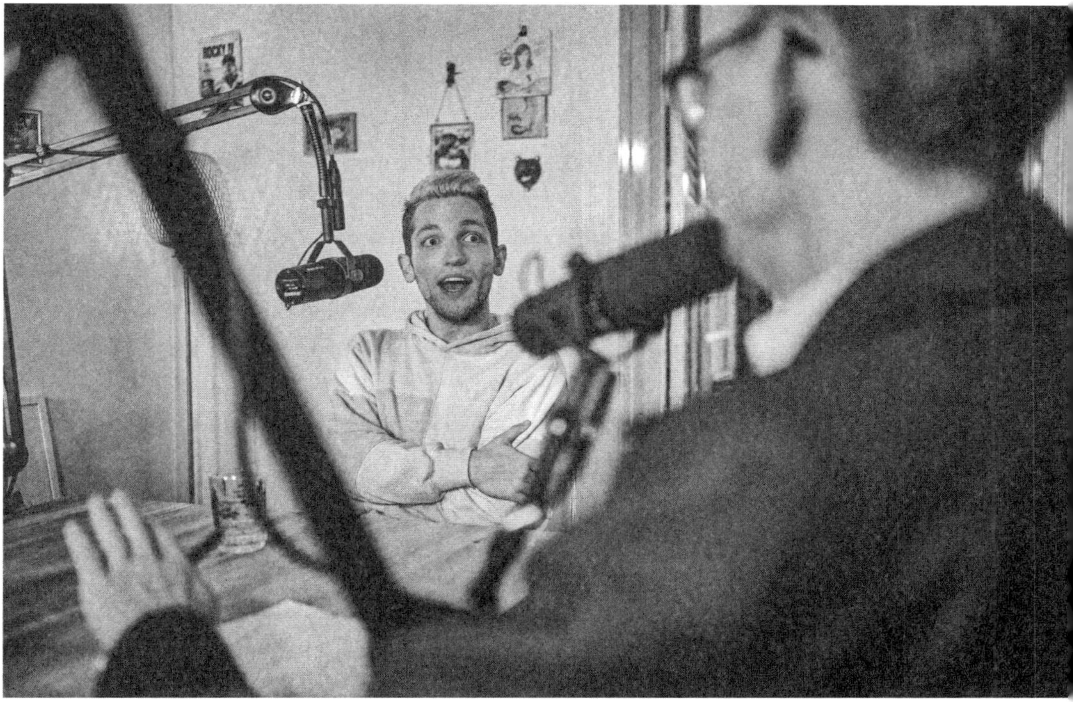

CHRISTOPH: Wie viele Stunden pro Tag?

Ich achte darauf, dass ich sieben bis acht Stunden schlafe. Die restliche Zeit habe ich an dem Video gesessen.

CHRISTOPH: Was ist passiert, nachdem du das Video veröffentlicht hast?

Das war an einem Samstag gegen 18 Uhr. Eigentlich ein superdummer Tag, um ein Video hochzuladen. Ich habe erst danach rausgefunden, dass auch Eurovision Song Contest und irgendein großes Fußballspiel waren. Trotzdem hat das Video schon an dem Abend um die 500 000 *Views* gemacht – mehr als meine Videos sonst.

Am Montag kam die erste Presseanfrage, ich glaube von der WDR-Sendung »Aktuelle Stunde«. Die sind nach Aachen gekommen, um ein kurzes Interview mit mir zu führen. Da habe ich noch nicht gecheckt, was das für ein Ausmaß annehmen würde. Am Dienstag hatte ich von morgens bis abends Telefoninterviews. Am Mittwoch habe ich zu meinem Management gesagt: »Ich kann nicht mehr. Ich würde gern weiter mit Leuten sprechen, nächste Woche, übernächste Woche, aber jetzt muss ich meinen Job machen.«

Praktisch: Dose Bohnen als Hauptmahlzeit

Dann habe ich alles ausgeblendet. Ich habe nicht mehr auf Twitter geguckt, keine Nachrichten mehr über mich gelesen. Das war ganz wertvoll. Hätte ich in den Jahren davor nicht gelernt: Leute reden über mich und haben eine Meinung zu mir, wäre ich damit nicht klargekommen.

JOCHEN: Das Video enthält Zuspitzungen. Fast alle sind sich einig: Der Klimateil ist sauber recherchiert. Bei anderen Teilen gehen die Meinungen stark auseinander.

Es gab damals diese Faktenchecks. Ich habe in manche reingeklickt, aber aufgehört, als das zehnte Mal kein Faktencheck kam, sondern ein »Wie ich es anders gemacht hätte«-Check.

JOCHEN: Es gab Stellen, an denen Charts ein bisschen seltsam aufbereitet waren.

Ein Chart war ein Fehler. Ich übernehme die Verantwortung dafür. Aus Zeitstress habe ich meinem Kollegen TJ gesagt: »Du machst das.« Es ging um Bildungsausgaben der Länder, in denen die CDU an der Regierung ist. Da waren Daten aus verschiedenen Jahren zusammengeworfen. Zum Glück konnte man das nachträglich rausschneiden.

JOCHEN: Es waren auch Charts so beschnitten, dass sie deine These besser stützen.

Da würde ich total widersprechen. An einer Stelle ging es darum, wie viel vererbt wird. Fakt war, dass das ansteigt. Ich habe den Chart nicht bis 1900 gezogen, sondern über die vergangenen 50 Jahre oder so. Dann kamen irgendwelche Presse-Ficker: »Aber du hättest ihn auch länger zeigen können.« Ja, aber was hätte das verändert?

JOCHEN: Die Verteilung hätte eine U-Form gehabt. Es macht schon einen Unterschied, dass die Situation historisch schon einmal anders war.

Das Argument bleibt dasselbe. Ich habe nicht gesagt: »Es war historisch nie anders.« Ich habe gesagt: »Es steigt an.« Es ging um den Zeitraum, in dem diese Leute an der Macht sind. Da ist es doch egal, wie das 1600 oder 1800 war. Wenn ich sage: »Ey, du bringst da wen um.« Dann kannst du auch nicht sagen: »Ja, aber historisch gesehen hat wer anders auch schon mal wen umgebracht.« Das ist völliger Quatsch.

JOCHEN: Um nicht weiter Kurven mit Worten beschreiben zu müssen: An einer Stelle sprichst du über Armut. Da stellte sich die Frage: Werden die Armen in Deutschland wirklich immer ärmer und die Reichen immer reicher? Oder verdienen die Armen absolut gesehen mehr als früher, während relativ aber die Ungleichheit größer wird? Das war vielleicht nicht superpräzise dargestellt.

Genau, nicht superpräzise. Aber welcher Meinungsbeitrag in eurer Zeitung ist so superpräzise, dass so ein Satz niemals fallen würde und alles wissenschaftlich hundertprozentig korrekt wäre? Warum machen die ihr Maul auf, frage ich mich? Die Fakten im Video stimmen. Es ist nicht hundertprozentig wissenschaftlich. Klar, das kann man sagen. Mehr aber auch nicht. Ich komme schon wieder in so einen *Rant*-Modus …

JOCHEN: Ich glaube auch. Du fichtst gerade einen Kampf mit mir aus, den ich gar nicht führen will.

Nein, ich beziehe das gar nicht auf dich. Die Erinnerung kommt nur wieder hoch. Ich hatte das alles vergessen und jetzt denke ich wieder an die Artikel, die mich aufgeregt haben.

JOCHEN: Jetzt bitte nicht böse werden. Ich habe hohe Empathie für das, was du sagst. Nur gibt es auch diese Sichtweise: Du hast eine hohe Reichweite und erfährst viel Aufmerksamkeit – da wäre es besser, alles würde stimmen. Es ging auch darum herauszufinden: Ist dieser junge Mann zu Recht echauffiert?

In dem Video waren Fehler, aber halt nur eine Handvoll – bei 240 Quellen. In meiner Masterarbeit ist bestimmt auch irgendwo ein Fehler.

JOCHEN: Du hast in Dortmund Informatik studiert, die Uni hat einen extrem guten Ruf.

CHRISTOPH: Mit 1,0 abgeschlossen – da nickt er stolz.

Da bin ich auch stolz drauf. Das war voll anstrengend. Meine Masterarbeitszeit war die schlimmste Zeit meines Lebens. Ich bin zwölf Kilo schwerer geworden, weil ich den ganzen Tag nur Schoki gegessen habe, um den Dopamin-Spiegel wenigstens auf null zu halten. Ich habe jeden Tag unter Tränen vor dem Rechner gesessen. Ich musste mich zwingen, einfach durchzuhalten und weiterzumachen. Rückblickend frage ich mich: Warum habe ich nicht gesagt: »Ja, okay, für die Masterarbeit kann ich auch eine Drei kriegen«?

CHRISTOPH: Was ist die Antwort darauf?

Ich mache die Dinge ordentlich.

CHRISTOPH: 1,0 ist ja nicht nur ordentlich, sondern …

Ich habe niemals für eine Prüfung gelernt, um eine gute Note zu bekommen, sondern weil ich den Anspruch hatte, alles zu checken. Wenn du alles weißt, kann der Prof dich in der Prüfung alles Mögliche fragen und du kannst darauf antworten. Dann kriegst du eben eine 1,0.

Aber bei der Masterarbeit habe ich mir gesagt: »Wenn ich da auch noch 1,0 mache, kann ich mein Leben lang sagen: ›Ich habe mit 1,0 abgeschlossen.‹« Das klingt cooler als 1,1. Deswegen war es mir an dem Punkt wichtig, diese Note zu haben. Es ging ums Prinzip.

CHRISTOPH: Jochen hat Sushi mitgebracht, hast du schon ein bisschen Hunger?

Jetzt, wo ich es sehe.

JOCHEN: Das Wichtigste ist: Es ist ohne Soja.

CHRISTOPH: Schatz, du bist mein Held.

Du darfst keine Sojasoße essen?

CHRISTOPH: Manchmal reagiere ich allergisch.

Ich fühle mich ein bisschen schlecht. Zu meinem *Rant* gegen die »Presse-Ficker« – bitte, Presse, *quotet* das nicht wörtlich. Das war so dahingesagt.

CHRISTOPH: Passiert es dir öfter, dass dir Sachen rausrutschen, von denen du hinterher denkst: »Ach Mann, das hätte ich mir schenken können«?

Das Ding ist: Unterhaltung macht keinen Spaß, wenn du dich immer hundertprozentig richtig ausdrückst. Es ist natürlich dumm, wenn Leute später nur einen Satz lesen, der aus dem Kontext gerissen wurde. Nicht selten wird ja auch einfach ein Satz dazu gedichtet ...

CHRISTOPH: Jetzt fang aber nicht wieder an zu *ranten*.

Nein, nein. Ich wollte nur die Klammer schließen. Ich hatte es noch im Hinterkopf.

CHRISTOPH: Ich verteile mal die Stäbchen.

JOCHEN: Rezo, du musst jetzt was essen.

CHRISTOPH: Wann hast du gemerkt: »Ich verdiene so viel Geld, ich glaube, das läuft jetzt«?

Relativ kurz nachdem ich meinen Master fertig hatte. Ich habe damals vielleicht 800 Euro im Monat durch die AdSense-Einnahmen bei YouTube verdient. Da hatte ich das Gefühl: »Boah, geil, läuft.« Nicht dass ich dachte: »Boah, geil, läuft, ich kann mir fette Sachen leisten.« Sondern einfach: »Boah, geil, läuft, ich kann meine Miete bezahlen.«

CHRISTOPH: Wie hoch war die Miete?

400 Euro. Ich konnte von Videos im Internet leben. Das hat mich völlig *weggeflasht*.

JOCHEN: Ich würde nie fragen, was du verdienst ...

CHRISTOPH: Was verdienst du denn?

JOCHEN: Der Christoph hat gefragt!

Das kann ich nicht sagen, weil ich keinen Überblick habe, was ich in diesem Jahr für Ausgaben hatte.

CHRISTOPH: Ich frage noch einmal anders: Bist du Millionär?

Nein, bin ich nicht.

JOCHEN: Was verdienen die erfolgreichsten YouTuber?

Das ist schwer einschätzbar.

JOCHEN: Mehr als 1000 Euro im Monat?

Ja, ja.

JOCHEN: Mehr als 5000 Euro im Monat?

Ja, definitiv. Es hängt von vielen Faktoren ab. Nicht jeder macht für die gleichen Klicks gleich viel Geld. Der CPM bemisst das Geld, das man pro 1000 Klicks bekommt. Ich habe einen CPM von eins. Das bedeutet, wenn ich eine Million *Views* im Monat mache, bekomme ich dafür 1000 Euro. Wenn ich zehn Millionen *Views* mache, bekomme ich 10 000 Euro.

Andere haben einen CPM von vier oder fünf. Die bekommen für 10 Millionen *Views* also 40 000 Euro beziehungsweise 50 000 Euro. Wenn so jemand nebenbei noch auf Twitch streamt, da ein paar Tausend *Subs* hat ...

JOCHEN: Das sind die Abonnenten?

Genau. Wenn der pro *Sub* ein paar Euro kriegt, macht er da auch noch fünfstellig. Es gibt in der YouTube-Szene also Leute, bei denen ich von außen betrachtet sicher einschätzen kann, dass sie sechsstellig im Monat machen.

CHRISTOPH: Wow.

Ich habe darauf nie Wert gelegt. Geld ermöglicht es mir, Sachen zu machen. Es fällt mir leichter als anderen, das so zu sehen, weil ich einen guten Master im Hintergrund habe. Ich weiß, dass ich mein Leben lang einen guten Job bekommen kann und nicht jeden Deal mitnehmen muss.

CHRISTOPH: Du hast einige Theologen in der Familie. Wann war dir klar: »Ich werde kein Pfarrer«?

Das habe ich nie gedacht, weil ich es nie im Kopf hatte. Kurz nach meiner Konfirmation habe ich für mich entschieden, dass ich eigentlich gar nicht christlich bin.

CHRISTOPH: Wie hast du es deinen Eltern beigebracht?

Ich bin nicht zu meinen Eltern hin und habe gesagt: »Ich glaube doch nicht an Gott.« Es war ein schleichender Prozess. Glauben ist ja weniger ein rationales Plausibilitätsabwägen, sondern mehr ein »Ich fühle es in meinem Bauch«-Ding. Ich habe gemerkt, dass ich dieses Bauchgefühl nicht habe. Aber das ist für mich auch kein Problem.

Geht gar nicht: Musik-Profs, die »Lose Yourself« von Eminem nicht kennen

Nehmen wir mal an, das christliche Weltbild stimmt. Dann kann Gott nicht pissig auf mich sein, weil ich nicht an ihn glaube. Denn manchen Leuten, die nicht an ihn geglaubt haben, hat er klare Zeichen gegeben. Die sind dann nachts aufgewacht und hatten eine Erkenntnis oder so. Wenn es Gott wichtig wäre, dass ich an ihn glaube, würde er das bei mir auch machen.

CHRISTOPH: Das heißt, du bist eigentlich Agnostiker und wartest auf den Beweis?

Ich warte nicht auf den Beweis. Die Frage, ob es einen Gott gibt oder nicht, ist keine, die ich mir stelle. Ich kann sie nicht beantworten. Warum megaviel Zeit investieren, das zu klären?

CHRISTOPH: Ist »Die Zerstörung der CDU« eine Predigt in einer sehr modernen Form?

Irgendwie ja. Viele Herleitungen setzen ein bestimmtes ethisches Weltbild voraus. Das CDU-Video funktioniert nur auf Basis eines Wertekonstrukts, das auch klar rübergebracht wird.

CHRISTOPH: Und dieses Wertekonstrukt ist auf eine Art christlich geprägt.

Im letzten Satz des Videos sage ich das auch. Ich bin nicht christlich in dem Sinne, dass ich an das christliche Welt- oder Gottesbild glaube. Die christlichen Werte, die ja ganz große Überschneidungen zu den humanistischen Werten haben, nehme ich natürlich für mich an. Aber das tun ja die meisten Menschen.

JOCHEN: Macht es nicht einen Unterschied, ob ich an eine Sache glaube oder ob ich mir rational herleiten kann, was Immanuel Kant über den Kategorischen Imperativ gesagt hat? Gerade führen wir die Debatte: Welchen Planeten wollen wir der nächsten Generation hinterlassen? Ich glaube, die Antwort hängt stark vom eigenen Ethikkonzept ab.

Nur schaffen ganz viele Leute die Transferleistung nicht. Sie sind zwar überzeugt, dass bestimmte Werte wichtig sind, übertragen sie aber nicht logisch auf ihr Handeln. Nehmen wir die Story mit dem Tempel und den Leuten, die da ihren Markt machen wollten.

CHRISTOPH: Die Tempelreinigung.

Jesus ist rein, hat die Tische umgeschmissen und gesagt: »Das ist ein Tempel!« Die Aussage der Geschichte ist übertragbar auf die Idee der Fridays-for-Future-Bewegung.

Zum einen sagt man: »Ey, du kannst nicht das Wirtschaftliche über die Werte stellen.« Wenn es um Grundwerte geht, ist nicht wichtig, dass mehr Geld gemacht wird. Damals haben bestimmt auch Leute gesagt: »Jesus, das sind arme Leute, die müssen Geld verdienen.« Jesus hat aber gesagt: »Scheiß drauf, ich schmeiße die jetzt raus.«

Das Zweite, was er getan hat: Er ist ein Risiko eingegangen. Er ist da rein und hat die Tische umgeschmissen. Dafür hätte er aufs Maul kriegen oder festgenommen werden können. Er hat also etwas getan, das eine negative Auswirkung auf sein Leben hätte haben können, weil er hinter Werten stand – auch das wieder analog zu Fridays for Future.

Besonders wichtig ist ein dritter Punkt. Jesus hat nicht gesagt: »Okay, wir treffen uns in der Mitte. Eine Woche kein Markt, die zweite Woche dürft ihr, die dritte Woche wieder nicht.« Nein, er hat gesagt: »Es ist so eine krasse Grundüberzeugung, dass das, was ihr macht, nicht okay ist. Wir treffen uns nicht in der Mitte, wir treffen uns bei mir.« Das ist christlich.

Christlich ist nicht, einen Kompromiss einzugehen, sondern hinter den scheiß Werten zu stehen, dafür in Kauf zu nehmen, dass man einen Nachteil hat, und einfach mal auf den Markt zu scheißen. Das ist, was Jesus getan hat. So, und jetzt sagt mir, wer christlicher ist: Die Fridays-for-Future-Leute oder die CDU?

CHRISTOPH: Das war eine gute Predigt.

JOCHEN: Im Kontext der Klimadebatte: Welche Formen des Widerstands sind in Ordnung und welche Grenze darf man nicht überschreiten?

Du kannst die Frage sogar noch stärker stellen: »Welche Art des Widerstands ist eine Pflicht?« Das war doch John Locke mit der

Lebenspflicht, oder? Du hast nicht nur das Recht, dein Leben zu schützen, sondern die Pflicht, jemanden abzuwehren, der dich töten will.

Wenn ich mit einem Messer vor dir stehe, darfst du mich boxen. Du darfst mir Leid zufügen, damit ich dich nicht abstechen kann. Wenn ich aber nicht mit einem Messer vor dir stehe, sondern jemanden beauftrage, dich abzustechen, darfst du dann etwas gegen mich tun? Ich tue ja nichts, ich sage ihm nur, dass er dich umbringen soll. Aber du könntest es verhindern, indem du mich aufhältst. Dürftest du dein Leben retten, wenn die Abhängigkeitskette klar wäre?

Wenn klar wäre, dass ein Kohlekraftwerk mit dafür sorgt, dass Hunderte Millionen Menschen sterben oder aus ihrer Heimat fliehen müssen, wäre die Frage – Achtung, Achtung! An alle Leute,

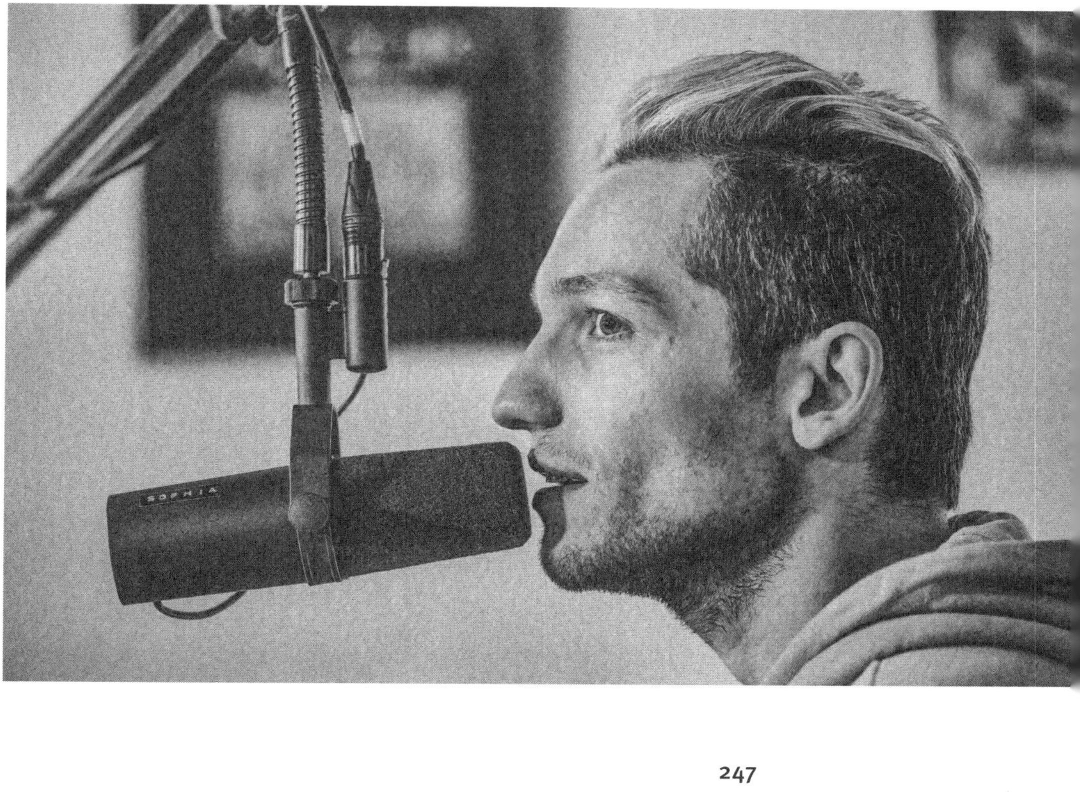

die mich zitieren, das ist jetzt eine abstrakte philosophische Diskussion –, ob man die Pflicht hat, Anschläge auf so eine Infrastruktur zu verüben.

JOCHEN: Was wäre die Antwort?

Die kann ich dir nicht geben. Was denkst du denn?

JOCHEN: Ich tue mich schwer mit der Kausalität. Dein Beispiel ist verlockend. Aber das Kraftwerk bedroht mich nicht. Es ist die Menschheit, deren Existenz mein Leben bedroht. Jemand betreibt ein Kraftwerk, um Energie zu erzeugen, das hat einen Sekundäreffekt. Um die Frage noch größer zu machen: Ist eine Diktatur in Ordnung, wenn sie die einzige Möglichkeit ist, die Welt noch zu retten?

Ich habe neulich im Kino den Film »I am Mother« gesehen. Es geht darum, dass – Spoiler-Alarm – eine Künstliche Intelligenz entwickelt wird, die den Auftrag hat, das Beste für die Menschheit zu machen. Was die KI dann tut: Sie rottet die Menschheit bis auf ein paar wenige Menschen auf, um sie von Grund auf neu aufzubauen, weil sie der Meinung ist, das Wertekonstrukt sei zunächst bei ein paar Menschen zu verankern.

Augen zu: bei »Antichrist« von Lars von Trier

Das geht in eine ähnliche Richtung wie deine Frage: Wenn ich das Leben aller Menschen in den nächsten 10 000 Jahren besser machen kann, darf ich dann das Leben der Menschen jetzt total schlecht machen? Das kann man nicht einfach utilitaristisch gegenrechnen. Du kannst die einen Menschen nicht krass einschränken oder sogar umbringen, damit es anderen Menschen besser geht.

JOCHEN: Eine Welt, in der meine grundlegenden Menschenrechte infrage gestellt werden, wäre eine, in der ich nicht mehr leben möchte.

Aber was ist, wenn du merkst: »Okay, wir leben mittlerweile in einer richtig dystopischen Welt.« Hunderte Millionen Menschen sterben, weil es nicht mehr genug Essen gibt. Alles ist richtig scheiße. Kommt irgendwann der Punkt, an dem du sagst: »Ich kann doch jetzt nicht sterben, weil sich die anderen kacke verhalten!«?

CHRISTOPH: Wie geht es dir damit?

Sehr smart. Ich habe doch die Frage gestellt.

CHRISTOPH: Ich habe gemerkt, dass der Gedanke dich beschäftigt.

Nein, der beschäftigt mich eigentlich nicht so viel. Das ist ja alles total abstrakt und fern. Wie gehen wir jetzt mit der Situation um? Das ist die wichtige Frage.

CHRISTOPH: Nachdem dein CDU-Video erschienen war, hatte Angela Merkel einen Auftritt vor jungen Leuten. Ein Schüler wollte wissen: »Wo hatte Rezo recht?« Die Antwort der Kanzlerin: »Na, beim Klimaschutz, dass wir unsere Verpflichtungen nicht eingehalten haben.«

Und haben sie was gelernt? Offensichtlich nicht, sonst wäre das Klimapaket ja nicht so weit weg von dem, was die Wissenschaft sagt. Die haben Monate für ein Klimapaket gebraucht, das ich in zwei Wochen geschafft hätte. Ohne Scheiß, ich hätte den Job besser gemacht. Die *worken* einfach nicht genug.

JOCHEN: Das Qualvolle an dieser blöden Demokratie ist: Es ist anstrengend, Konsens herzustellen. Es geht ja nicht nur darum, das Papier zu schreiben, sondern all diese Menschen unter einen Hut zu bekommen.

Würden die ihren Job gut machen, würden sie auf die Experten hören. Selten sind sich die Wissenschaftler so einig wie beim Thema Klima. Sie widersprechen sich nur in absoluten Feinheiten. Alle sind sich einig, dass die Hauptmaßnahme der CO_2-Preis sein muss. Und der muss um ein Vielfaches höher sein als das, was jetzt dabei rauskam.

CHRISTOPH: Er müsste eigentlich bei 70 Euro pro Tonne liegen.

Und was ist es geworden?

JOCHEN: Zehn Euro, steigt auf 35 Euro.

CHRISTOPH: Die Grünen fordern 40 Euro.

JOCHEN: Ich wollte nur versuchen zu sagen: Es ist nicht so einfach.

Für so ein komplexes Thema ist die Lösung erstaunlich einfach. Die kannst du jedem Menschen in fünf Minuten erklären. *Really.*

JOCHEN: Glaub ich nicht.

Doch.

CHRISTOPH: Wärst du gern Bundeskanzler?

Bundeskanzler sein? Ja. Der Weg dahin? Nein. Dann müsste ich ja das *Game* mitspielen.

CHRISTOPH: Du hast mal gesagt: »In den 20ern hatte ich eine Quarterlife Crisis.« Ist das korrekt zitiert?

Gegen Ende meines Studiums hatte ich eine *Downer*-Phase. Ich wusste, in eineinhalb Jahren ist die Uni zu Ende, dann habe ich einen festen Job und dann sehen die nächsten 30 Jahre – um es jetzt ein bisschen simplifiziert auszudrücken – sehr gleich aus. Dann bin ich alt, mir tut alles weh, ich habe keinen Bock mehr, wirklich was zu machen, muss nachts fünfmal zum Pissen aufstehen und das ist nicht geil.

Es kam mir extrem entgegen, dass ich erfolgreich mit dem YouTube-Kanal war. Da bekommt man eine krasse soziale Bestätigung, die alle negativen Gefühle überdeckt. Dadurch, dass ich inzwischen so viele Erfahrungen gesammelt habe, wie ich es mir vorher nie erhofft hätte, bin ich aus ganz pragmatischen Gründen über die Zweifel hinweg.

JOCHEN: **Macht Anerkennung auf YouTube süchtig?**

Am Anfang, ja. Menschen sind sehr zahlenaffin, aber man gewöhnt sich schnell an Zahlen. Das kennt jeder, der einmal so ein typisches Rollenspiel gespielt hat. Du hast ein Schwert, das macht 100 Schaden. Damit spielst du sechs Stunden und fühlst dich total cool. Dann kriegst du ein Schwert, das macht 200 Schaden. Und wenn du eine Viertelstunde später ein Schwert findest, das 150 Schaden macht, wonach du dich sechs Stunden lang gesehnt hast, guckst du auf das Schwert mit 150 Schaden und denkst: »Das macht ja gar nichts.«

CHRISTOPH: **»Nur 200 000 *Views*.«**

Exakt so ist es. Wenn deine letzten fünf Uploads 200 000 *Views* nach 24 Stunden hatten und dann hat ein Upload nur 150 000 *Views* nach 24 Stunden, denkst du: »Fuck!« Und wenn das direkt danach ein zweites Mal passiert, denkst du: »Ist das der Anfang vom Ende? Geht mein Kanal jetzt den Bach runter?« Aber diese Gedanken habe ich heute nicht mehr.

Im letzten halben Jahr habe ich mich hin und wieder mit YouTube gezofft, weil der Algorithmus gesagt hat: »Nee, hier sollten keine Werbeanzeigen sein.«

CHRISTOPH: **Wie zofft man sich mit YouTube?**

Ich habe eine feste Ansprechpartnerin. Der schreibe ich dann eine E-Mail, die meistens mit dem Satz anfängt: »Hallo, ich bin mal wieder sehr frustriert.« Die hat es auch nicht immer leicht mit mir. Ich weiß ja, wie ich bin.

CHRISTOPH: **Wie bist du denn?**

Wenn ich mich ärgere oder frustriert bin, komme ich in eine sehr konsequente Konterhaltung rein. Ich habe das vorhin gemerkt, als es um die Faktenchecks ging. Wenn ich der Meinung bin: »Nee,

© MEIKO HERRMANN

das ist kein gültiges Argument«, dann drücke ich das kompromisslos auch so aus und lasse nicht zu, dass wir uns in der Mitte treffen.

CHRISTOPH: Hat Jesus auch nicht gemacht.

Jedenfalls habe ich mich ein bisschen gezankt. Ich werde nicht oft entmonetarisiert. Entmonetarisierung bedeutet, der Algorithmus entscheidet, dass ein Video für die meisten Werbetreibenden nicht geeignet ist. Man verdient dann fast nichts damit.

Es gibt Richtlinien von YouTube, da heißt es: »Das und das könnte ein ausschlaggebender Punkt sein, weshalb ein Video entmonetarisiert wird.« Allein das fuckt mich ab. YouTube stellt sich in die Ecke und sagt: »Ich tätige keine feste Aussage.« Letztlich halten sie es sich offen, jeglichen Content zu entmonetarisieren. Du kannst nichts dagegen tun.

CHRISTOPH: Es triggert dich, wenn du das Gefühl hast, es passiert etwas Ungerechtes. Hat das damit zu tun, dass du als Schüler stark gemobbt worden bist?

Kann schon sein, dass es biografische Hintergründe hat, dass ich dieses starke Wertegefühl besitze und mich wehren möchte. Es gab Phasen, in denen ich in der Klassenhierarchie sehr weit unten war.

Eine Sache habe ich verinnerlicht: Wenn mich auf dem Schulhof fünf *Dudes* boxen wollen, habe ich zwei Optionen – entweder ich kriege aufs Maul oder ich kriege aufs Maul, greife aber auch an. Mein Schaden ist immer groß, aber im zweiten Fall haben die auch einen kleinen Schaden. Das heißt, beim nächsten Mal werden sie abwägen: »Habe ich Bock auf diesen kleinen Schaden?« Wenn ich mich nicht wehre, haben sie gar keinen Schaden und nur das geile Gefühl von: »Ich habe die Macht.«

Wenn mich jemand aktiv unfair behandelt, habe ich den starken Drang, dafür zu sorgen, dass er einen Schaden hat, auch wenn es für mich einen Schaden bedeutet. Eigentlich ist es total dumm: Ich zünde das Boot an, in dem wir beide sitzen – Hauptsache, du brennst auch. Vielleicht ist es aber auch smart. Würde ich immer versuchen, meinen Schaden kleinzuhalten, könntest du wissen, wie ich mich verhalten werde, wenn du mich angreifst: »Eine Reaktion kostet so und so viel Zeit und Mühe, das wird er eh nicht tun.«

Aber bei mir ist es anders. Wenn die *Bild*-Zeitung eine Aktion zu viel bringt, werde ich so viel Lebensenergie investieren, dass Dinge passieren. Wenn die also denken, wie ich es nicht tue: »Auf Schaden haben wir keinen Bock.« Dann lassen sie mich einfach in Frieden.

CHRISTOPH: Geht es bei der *Bild*-Zeitung um die Paparazzi, die nach der Veröffentlichung des CDU-Videos plötzlich bei dir aufgetaucht sind?

Da geht es um einiges. Ich könnte von Aktionen erzählen, die ich mein Leben lang nicht vergessen werde.

JOCHEN: Erzähl doch mal.

Das spare ich mir auf. Für mich ist es viel besser, zu sagen: »Ey, fickt nicht mit mir, sonst haue ich alles raus. Dann komme ich nicht nur mit meinen Storys an den Start, sondern auch mit den Storys von anderen Leuten. Dann recherchiere ich richtig *deep* und mache da eine dicke Aktion draus.« Vielleicht ist es für alle besser, wenn Waffenstillstand herrscht.

CHRISTOPH: Es gibt übrigens auch Dessert. Das sieht sehr gut aus.

Wir werden hier total bedient. Ich bestelle mir häufig Essen im Supermarkt.

JOCHEN: Und dann?

Dann muss ich nicht aus dem Haus gehen.

JOCHEN: Gefrierpizza von Rewe, zehn Stück?

Nee, ich esse so Fertigpfannen, Gemüse mit ein bisschen Würzung drauf. Die kann ich mir in die Mikrowelle tun, nach zehn Minuten komme ich wieder und das Essen ist fertig.

CHRISTOPH: Und dann gehst du tagelang nicht aus dem Haus? War das schon immer so?

Das geht erst, seit ich nicht mehr zur Uni gehe. Aber seitdem kommt das manchmal vor. Ist ja klar, wenn man den ganzen Tag was machen muss und es immer was zu tun gibt. Mittlerweile habe ich meine Work-Life-Balance auf jeden Fall verbessert. Ich mache jetzt regelmäßig Feierabend. Ich weiß, es klingt absurd, aber vor ein oder zwei Jahren habe ich immer, wenn ich nicht geschlafen habe, gearbeitet.

CHRISTOPH: Du hast doch aber gelegentlich auch Partnerinnen gehabt. Ist es dann nicht so, dass ...

Ja, es ist schwierig, allen Bedürfnissen nachzukommen. Ich war schon immer ein Mensch, der Projekte gern durchgezogen hat. Ich finde das erfüllend, völlig unabhängig davon, ob etwas Geld bringt oder nicht.

CHRISTOPH: Wie hat sich dein Leben nach dem CDU-Video verändert?

Die ersten ein, zwei Wochen hatte ich jeden Morgen ein pumpendes Herz. Ich bin aufgewacht, war hellwach, deutlich früher, als ich sonst aufstehen würde, und konnte nicht mehr einschlafen. Da war ein Unruhegefühl. Zehn oder 20 Prozent meines Kopfs haben ununterbrochen darüber nachgedacht, wie ich Intrigen und Angriffe abwehren könnte.

Ich habe den Riesenvorteil, dass ich eine ziemlich weiße Weste habe. Hätte ich irgendwelche Leichen im Keller – puh, ich würde echt schwitzen. Heutzutage kommt ja alles irgendwann raus. Ich habe mich allerdings auch gefragt: »Wie könnte man etwas gegen mich inszenieren?« Ich bin ganz viele Szenarien durchgegangen, eine Sache ist mir eingefallen.

Bei *t-online* hatte ich einen Artikel über eine Instagramerin gelesen. Die Journalisten hatten sich die Verteilung von Likes auf ihren Posts angeschaut. Eigentlich sollte die Kurve mit der Zeit abfallen: Am Anfang liken viele Leute, dann immer weniger. Sie konnten nachweisen, dass ihre Posts nach ein, zwei oder drei Stunden noch einmal einen *Peak* hatten. Das ist ein deutliches Zeichen für Bots, also für gekaufte Likes.

Man kann so etwas superleicht inszenieren. Wer die Likes gekauft hat, ist schließlich nicht klar. Theoretisch könnte man das also auch bei mir tun. Die Sache hat mich gewurmt, also habe ich auf Twitter eine Anleitung dafür geschrieben: »Leute, mir fällt ein: Das und das könnte man machen.« Das habe ich nur gemacht, damit ich darauf verweisen kann, falls es passiert. Denn wieso sollte ich so etwas tun, wenn ich vorher davon erzählt habe?

JOCHEN: Ein bisschen paranoid ist das schon, oder?

Wenn du Privatdetektive in deiner Straße hast, die dir hinterherlaufen ...

JOCHEN: Du hattest Privatdetektive in deiner Straße? Wie haben die sich ausgewiesen?

Die haben sich natürlich nicht ausgewiesen, aber es war offensichtlich. Sie haben einen unfassbar schlechten Job gemacht. Allen, die in der Zeit bei mir zu Hause waren, ist das aufgefallen. Man ging in die eine Richtung, jemand lief hinter einem her. Man blieb stehen, er blieb auch stehen. Man ging weiter, er ging auch weiter.

JOCHEN: Und du bist dir sicher, dass es keine Journalisten waren?

Na ja, es waren halt Stalker. Was ihr Beruf ist, ist egal. Es hätten auch Mathematiker sein können. Mit Journalismus hat das nichts zu tun.

JOCHEN: Es gibt Recherchen, die so ablaufen.

Manchmal mag es Sinn ergeben. Aber in meinem Fall sehe ich keinen Grund, weshalb das in irgendeiner Form der inhaltlichen Auseinandersetzung dienen sollte.

JOCHEN: Das wollte ich auf keinen Fall gesagt haben!

Nein, ich stimme dir zu. So etwas kann ein legitimes Mittel sein, nur in meinem Fall ist es das nicht.

CHRISTOPH: Es ist die totale Standardfrage, aber bei jemandem wie dir interessiert mich die Antwort wirklich: Wo siehst du dich in zehn Jahren?

Ich habe aufgehört zu planen. Es kommt ohnehin anders. Vielleicht bringe ich in ein paar Monaten eine EP raus und gehe auf Tour. Ich plane das nicht, aber live Musik zu machen, wäre die größte Freude in meinem Leben.

CHRISTOPH: Warum?

Es ist ein Rauschzustand. In dem Augenblick nimmst du Dinge

ganz anders wahr und nachher kannst du dich nur noch fragmentarisch an sie erinnern. Der Körper steckt alle Energie in den Auftritt. Es ist einfach toll.

CHRISTOPH: Wie bist du live auf der Bühne?

Bei den Metalbands, in denen ich gespielt habe, war das: rumschreien, rumspringen, sich auf den Boden schmeißen, sich in Leute schmeißen – also auf jeden Fall eine körperlich intensive Erfahrung. Nach so einer Show wachst du morgens auf und alles tut weh. Du hast blaue Flecken, aber es ist ein wohliges Gefühl.

Als ich 13, 14, 15 Jahre alt war, habe ich mich selbst verletzt. Damit habe ich aufgehört, als ich meine Bands so geführt habe, dass sie körperlich intensive Erfahrungen wurden. Das ist jetzt psychologische Eigenanalyse, vielleicht ist es völliger Quatsch, aber für mich ergibt es rückblickend Sinn: Ich habe das eine Schmerzgefühl durch ein anderes Schmerzgefühl ersetzt.

Nachdem sich meine letzte Band aufgelöst hatte, fehlte mir etwas – jetzt kommen wir wieder zur *Quarterlife Crisis.* Ich bin damals in ein Loch gefallen. Dann hatte ich YouTube. Ich habe so unfassbar viel gearbeitet, dass ich dadurch wieder Stress und damit eine intensive, teilweise körperliche Erfahrung hatte. Das war definitiv autoaggressives Verhalten.

Vielleicht habt ihr das auch schon phasenweise gehabt? Man arbeitet viel, eigentlich kann man körperlich nicht mehr, aber man zwingt sich dazu und irgendwie ist es ein cooler Rauschzustand: Dauerstress, Schlafmangel, aber dann die Bestätigung, dass man es wieder geschafft hat.

Ausgeschlossen: Selfies vor einem Stripclub

Nachdem ich den Hauptkanal Ende vergangenen Jahres beendet hatte, war Anfang des Jahres weniger Stress. Da hatte ich wieder dieses Gefühl von: »Shit, mir fehlt etwas.« Manchmal bin ich mitten in der Nacht losgerannt, stur in eine Richtung, so weit ich konnte, habe mich auf ein Parkhaus gelegt und Musik gehört – einfach, weil ich eine intensive Erfahrung brauchte.

JOCHEN: Hat YouTube dich gerettet?

So würde ich es nicht ausdrücken. Ich würde auch ohne immer noch leben.

JOCHEN: Es klang, als wäre es für dich ein Ausweg gewesen.

Es hat sich positiv ausgewirkt. Das Ding ist: Es hätte sich vielleicht auch positiv ausgewirkt, wenn ich einen ganz normalen Job gemacht hätte.

Letztlich musste ich erst dieses Jahr lernen, keinen psychischen oder körperlichen Schmerz zu haben, weil ich aufgehört habe durchzuarbeiten. Kann sein, dass ich es nicht geschafft habe. Gerade habe ich wieder megaviel Stress. Aber wenigstens weiß ich das nächste Mal, woher es kommt, wenn der Stress nachlässt und ich mich abends so fühle wie Anfang des Jahres.

CHRISTOPH: Wie wahrscheinlich ist es, dass du am Ende deiner langen beruflichen Laufbahn noch immer derjenige sein wirst, von dem es heißt: »Der hat doch dieses CDU-Video gemacht«?

Keine Ahnung. Ich habe die naive Wunschvorstellung, dass ich irgendwann meine Haare nicht mehr färbe, eine andere Frisur trage, nicht mehr erkannt werde und alles hinter mir lasse. Ich sage naiv, weil ich eigentlich nicht der Typ bin, der alles hinter sich lässt. Tief in mir weiß ich das. Aber ich habe den amerikanischen Traum im Kopf: ein Haus mit Garten, da spielen ein Hund und zwei, drei *Kids*, eine Frau ist auch dabei und alles ist irgendwie schön. Da ist diese Sehnsucht nach Frieden und Ruhe.

JOCHEN: Zu Beginn von »Avengers: Endgame« sitzt der Bösewicht in seinem Garten. Er sagt, immer wenn er die Hälfte aller Lebewesen auf der Erde ausgelöscht hat, ziehe er sich dorthin zurück.

Woher kommt dieses Bild vom Garten?

JOCHEN: Das ist ein Topos.

Ich habe diese Szene aus »Der Pate« im Kopf, in der Marlon Brando im Garten mit seinem Enkelkind spielt. Irgendwann setzt er sich hin, muss kurz rasten, dann stirbt er. Diese Szene ist bei mir hängen geblieben. So zu sterben, ist bestimmt ein verhältnismäßig wohliges Gefühl.

JOCHEN: Wofür steht der Garten?

Keine Ahnung. Aber ich will wirklich irgendwann einen Garten haben – nicht nur im übertragenen Sinne.

A ODER B

Drinnen oder draußen?
Drinnen.

Keine Musik oder kein Internet?
Kein Internet.

Vaterunser oder Glaubensbekenntnis?
Glaubensbekenntnis.

Wein oder Wasser?
Wasser.

»Die Zerstörung der CDU« hat 20 Millionen *Views* gesammelt. Rezo wurde dafür mit dem Grimme Online Award und dem Nannen Preis ausgezeichnet. Während der Coronapandemie hat er sich die deutsche Schulpolitik, Pressearbeit und Querdenkende vorgeknöpft.Inzwischen postet er auf zwei neuen YouTube-Kanälen, »Renzo« und »Schlumpf«, außerdem streamt er auf Twitch.

Rezo hat ein Start-up gegründet, das Social-Media-Analysetool Nindo. Ein Jahr lang schrieb er die Kolumne »Rezo stört« für *ZEIT ONLINE*, seit 2021 macht er gemeinsam mit seinem Freund Julien Bam den Podcast »Hobbylos«. Die EP von Rezo gibt es bislang nicht.

Seit Januar 2021 gilt bundesweit der CO_2-Preis für Heizöl, Erdgas und Kraftstoffe. Seit 2022 liegt er bei 30 Euro pro Tonne. Bis 2025 wird er schrittweise auf bis zu 55 Euro steigen. Für 2026 ist ein Preiskorridor von mindestens 55 und höchstens 65 Euro angedacht.

Das vegane Catering kommt vom Berliner Restaurant Secret Garden. Als Vorspeise gibt es zweierlei Sorten Sushi, Inside Out und Tempura, mit Teriyaki- und Sojasoße. Als Hauptgericht werden Udon-Nudeln mit Bambussprossen, Chili und Zitronengras aufgetischt, dazu Sesam-Prinzessinnenbohnen, Puffreis-Sticks mit Gemüsefüllung und Wasabi-Nüsse, zum Nachtisch Avocado-Matcha-Cheesecake. Jochen und Christoph naschen außerdem nicht vegane Schokolade.

Als Getränke stehen Fruchtsäfte von der Saftbar Secret Garden zur Auswahl, darunter ausgefallene Smoothies wie »Hans Meiser« aus Ananas, Banane, Zitrone, Limette, Chili, Estragon, Goji-Beeren und Kokosblüte oder »Sunny Crocket« aus Erdbeeren, Banane, Erdnussmus, Datteln, Zitrone, Kokosmilch und Pfeffer. Außerdem gibt es Kaffee mit Hafermilch und fränkischen Bocksbeutel, einen 2016er Silvaner vom Bürgerspital in Würzburg.

Schlusswort Mississippi

MAJA GÖPEL

Maja Göpel möchte keine Königin sein, aber wie die Geschicke der Menschheit zu lenken wären – dazu hätte sie durchaus ein paar Ideen. Lange wusste sie nicht, wohin sie gehört. Dann fand sie in der transdisziplinären Forschung ihre berufliche Heimat.

Göpel wurde 1976 in Bielefeld geboren. In einem ausgebauten Bauernhaus lebte die Familie in einer ökologischen Hausgemeinschaft: insgesamt sechs Kinder, eine Katze, ein üppiger Gemüsegarten. Die Eltern nahmen Göpel mit zu Anti-Atomkraft-Demos, schickten sie auf eine Reformschule und grillten Veggie-Burger, lange bevor sie Veggie-Burger hießen.

Göpel durchstreifte die Kuhwiese, baute Buden im Wald. Spielte Handball und Fußball, doch ihr Herz gehörte schon früh dem Reitsport. »Ein totales Pferdemädchen« sei sie gewesen, sagt Göpel. Heute wäre sie dann wohl eine Pferdefrau. Die Ausritte mit ihrer Fünfgang-Stute beschreibt sie als regeneratives Draußensein.

Möglich, dass im Kinderzimmer auch mal gekifft wurde, doch die ganz große Rebellion blieb aus. Nach dem Abitur wollte Göpel »was mit Medien« machen und wählte einen entsprechenden Diplomstudiengang in Siegen: Medienwirtschaft. Der Vater hätte sich einen politisch-akademischeren Einschlag gewünscht, für den sollte die Tochter später von ganz allein optieren.

Zunächst jedoch übte sich Göpel im Ausprobieren. Als Kellnerin auf der Reeperbahn lernte sie, mit vollem Tablett über dem Kopf Grapschern auszuweichen. Als Rucksackreisende in Südamerika schärfte sich ihr Blick für die Demarkationslinie zwischen Armut und Wohlstand. Sie engagierte sich ehrenamtlich bei unterschiedlichen NGOs im Bereich Nachhaltigkeit und Generationengerechtigkeit, unter anderem beim BUND.

Göpel promovierte in politischer Ökonomie, arbeitete für eine Stiftung und einen Thinktank, wurde erst Generalsekretärin des Wissenschaftlichen Beirats der Bundesregierung Globale Umweltveränderungen, dann Direktorin der Denkfabrik The New Institute. Sie ist Mitgründerin der Initiative Scientists for Future, Honorarprofessorin der Leuphana Universität Lüneburg und Mitglied diverser Ökonomie- und Nachhaltigkeitsbeiräte.

In ihrem Sachbuch »Unsere Welt neu denken« problematisiert Göpel auf Wachstum ausgerichtete Wirtschaftssysteme und appelliert für ökologische Transformation. Keine eskapistische Lektüre, und doch wird das Buch während der Coronakrise ein Bestseller. Die Disruption von Routinen mache nachdenklich, sagt Göpel. Die Menschen suchten nach Lösungen.

Göpel hat Handwerker im Haus, als sie Jochen und Christoph im Februar 2021 via Zoom trifft. Deswegen hat sie im Kinderzimmer Platz genommen. Im Gespräch stellt sie sich den großen W-Fragen. Das W steht für Welt.

JOCHEN: Sie leben in Werder an der Havel, richtig?

MAJA GÖPEL: Richtig, Potsdamer Anrainer sozusagen.

JOCHEN: Nur so ganz abstrakt: Wohnen Sie da in einem Wohnblock, auf einem Bauernhof, …?

Wir leben hier mit zwei Familien in einem Haus. Meine Schwester und ich mochten es, mit vielen Menschen groß zu werden. Deswegen haben wir nicht nach dem typischen Einfamilienhaus gesucht. Zusammenwohnen ist cooler!

JOCHEN: Gerade gibt es eine Debatte um Einfamilienhäuser. Sollte man versuchen, solche Wohnformen zurückzudrängen?

Als Gesellschaft müssen wir komplett neu darüber nachdenken, wie wir Bestand nachbessern, aber auch Neubauten viel modularer anlegen können. Wir haben immerhin aus einem Einfamilienhaus ein Zweifamilienhaus gemacht. Mit einer Wand und ein paar irren Betonsägearbeiten konnten wir zwei Maisonettewohnungen schaffen. Aber ich habe lange gesucht, bis ich ein Haus gefunden habe, das man so umgestalten konnte.

CHRISTOPH: Jochen spielte auf die Forderung von Anton Hofreiter an, in bestimmten Regionen den Bau von Einfamilienhäusern zu untersagen. Teilen Sie diese Meinung?

Auf diesem Planeten gibt es eine begrenzte Anzahl von Quadratkilometern. Auf jedem dieser Quadratkilometer kann man sich unterschiedliche Dinge vorstellen: Man kann dort Infrastruktur bauen, Häuser, Straßen oder Supermärkte platzieren, mit Solarpanels oder Windrädern Energie ernten oder Nahrungsmittel anbauen. Man kann auch sagen: »Da müsste eine Wiese bleiben, um dem Verlust von Biodiversität entgegenzuwirken.« Oder: »Den Flusslauf lassen wir so, damit Wasserzyklen nicht gestört werden.«

Wir brauchen funktionierende Ökosysteme. Deshalb ist es in Deutschland schon lange Ziel der Nachhaltigkeitsstrategie, die hohe Anzahl von Hektar zu reduzieren, die wir pro Tag neu versiegeln. Wenn es objektiv betrachtet neuen Wohnraum braucht, halte ich es nicht für abwegig zu überlegen, wie der mit weniger intensiver Flächenversiegelung zu schaffen wäre.

CHRISTOPH: Ich versuche mal, die Antwort zusammenzufassen: Ja.

Es ist dringend notwendig, dass wir die Quadratmeter, die uns bleiben, möglichst effektiv und integriert benutzen. Das Einfamilienhaus ist ein bisschen der SUV der Stunde geworden. Um in der Debatte weiterzukommen, müssen wir die sozialen und die ökologischen Fragen zusammendenken. Welche Bedürfnisse sind denn da eigentlich angesprochen?

Wir haben in Deutschland eigentlich eine Mieterstruktur. Die Sorge, dass die Altersversorgung ohne Eigenheim nicht ausreichen wird, kennen wir noch nicht so lange. Wir haben uns aufs öffentliche Rentensystem verlassen, jetzt sollen wir privat vorsorgen. Je mehr Anlageimmobilien verkauft werden, desto mehr zieht der Mietpreis an. Damit wächst die Sorge, dass die Wohnsituation außer Kontrolle gerät. Und so entsteht die Überzeugung, ein Sicherheitsgefühl nur über den Besitz eigener vier Wände herstellen zu können. Warum es allerdings das Einfamilienhaus sein muss, habe ich noch nicht ganz verstanden.

JOCHEN: Ich bin in einer Art Platte aufgewachsen. Bis jetzt besitze ich keine Immobilie, aber wenn ich darüber nachdenke: So ein Einfamilienhaus an der Spree wäre schon schön. Ich weiß, es ist Quatsch. Ich brauche die Fläche nicht, ich brauche den Garten nicht. Aber ich hätte gern einen Garten. Wie löse ich diesen inneren Widerstreit auf?

Geht es nicht auch um die Sehnsucht nach und den Zugang zur Natur? In Berlin gibt oder gab es jedenfalls viele Kleingartenkolonien und etwas außerhalb der Stadt die Datschen. Das können Zufluchtsorte zusätzlich zu sonstigem Wohnraum in der Stadt sein. Man kann sie sich mit Freunden und Familie teilen. Gleichzeitig kann man die Filetstücke unserer Grünflächen wieder für alle zugänglich machen. Das würde zum Beispiel bedeuten, dass ein Grundstück eben nicht bis ans Wasser reicht und der Weg am Ufer öffentlich zugänglich ist.

Es ist toll, sich vorzustellen, direkt am Wasser zu wohnen. Ihren Gedanken, Herr Wegner, finde ich nicht absurd. Nur wird das nie für alle funktionieren. Es sind zu viele Menschen für zu wenig Fläche.

JOCHEN: Darauf möchte ich hinaus. Es gibt einen Widerspruch zwischen dem, was ich gern möchte, und dem, was für unsere Gesellschaft gut ist. Sie wohnen in einem Zweifamilienhaus, ich würde wahnsinnig gern in einem Einfamilienhaus wohnen. Wie kommen wir da als Gesellschaft raus?

Wenn Sie das lösen, verleihe ich Ihnen den Friedensnobelpreis.

Vielleicht schauen wir einmal auf die typischen Pfadabhängigkeiten. Viele Forscher:innen beschreiben, dass wir mit unserer genetischen Programmierung den veränderten Lebensumständen hinterherhinken. Früher wusste man nicht genau, wann der nächste Hirsch um die Ecke kommt. Man musste im Jetzt viel haben, um auf schlechte Zeiten vorbereitet zu sein. Dieser Gedanke ist heute nicht mehr so relevant.

Aufgesattelt: rustikal im Gelände statt aufgebrezelt im Dressurviereck

Dazu kommt auf psychologischer Ebene eine Verlustaversion. Hans Rosling hat es in seinem Buch »Factfulness« beschrieben: Tendenziell haben wir den Eindruck, früher sei vieles besser gewesen. Wir wünschen uns Sicherheit und fragen uns: »Geht das alles in eine gute und verlässliche Richtung?« Gleichzeitig gewöhnen wir uns wahnsinnig schnell an Fortschritt. Damit befinden wir uns unbewusst in einer hedonischen Tretmühle. Wir erkennen nicht, dass grundlegende Treiber unserer Unzufriedenheit nicht ausgehebelt werden, indem wir mehr besitzen.

Wir sind also biologisch-psychologisch programmiert zu glauben: »Mehr ist immer besser.« Diese Überzeugung haben wir als soziale Wesen in eine Kultur eingepflegt. Und so kommt es dann zu Glaubenssätzen wie: »Wer in einem Einfamilienhaus wohnt, hat es geschafft.« Wir nehmen unseren eigenen Wert stark durch eine extrinsische Bewertung war. Im Sinne von: »Sag mir, was du verdienst, und ich sag dir, wer du bist.«

CHRISTOPH: Beobachten Sie das auch an sich selbst?

Eher weniger. Es gibt Personen, die erst in einem anderen Sektor ziemlich viel Geld gemacht haben und dann irgendwann dachten: »Ich setze mich mal dafür ein, dass wir die Welt nicht schlechter machen, als wir sie geerbt haben.« Von denen bekomme ich häufig die Rückmeldung: »Frau Göpel, dass Sie das von Anfang an gemacht haben, ist ja ungewöhnlich.«

Ich habe lange von Stipendien und einem NGO-Gehalt gelebt und mir war auch ein unbefristeter Vertrag ziemlich egal. Aber ich habe eine richtige Zäsur gespürt, als ich Kinder bekommen habe: »Oha, jetzt bist du für zwei weitere Personen verantwortlich!« Es macht einen Unterschied, ob ich eine Single-Person beziehungsweise eine Paar-Person bin oder ob ich eine Familie habe, nach deren Bedürfnissen ich meine Arbeitszeiten anpassen und für deren Wohnraum und Zugang zum Bildungssystem ich sorgen muss.

JOCHEN: Wenn ich mir keine Sorgen machen müsste, dass meine drei Kinder in Zukunft gut versorgt sind, würde ich vielleicht einen völlig anderen Lebensstil akzeptieren lernen, der nicht zur Maximierung meines Gehalts, meines Wohlstands oder meines Aktienportfolios führt. Die Gesellschaft erledigt für mich die Daseinsvorsorge – wäre das eine Vision?

Die Glücks- und Wohlergehensforschung hat festgestellt, dass nicht unbedingt ein höheres, sondern ein sicheres Einkommen die Lebenszufriedenheit bei Menschen steigert. Doch auch der relative Vergleich spielt eine Rolle. Forschung hat gezeigt, dass selbst reiche Menschen gestresst sind, weil sie nicht alle zu den obersten 0,1 Prozent gehören.

Vielleicht ist eine Meritokratie doch nicht so toll für das Wohlbefinden der Leute. Das hat unter anderem Michael J. Sandel angemerkt. Alle haben permanent das Gefühl, sie hätten nicht ordentlich geleistet und deswegen bliebe ihnen der Zugang zu den *upper echelons,* also den Top-Etagen dieser Gesellschaft, verwehrt. Da möchte man aber gern sein, denn dort gibt es gute Netzwerke, also soziales und kulturelles Kapital, mit Pierre Bourdieu gesprochen. Es geht um Ressourcen, die es einem erleichtern, das Leben zu organisieren.

In skandinavischen Ländern gibt es eine hohe Lebenszufriedenheit. Das könnte damit zu tun haben, dass aufgrund der hohen Steuersätze eine hohe Daseinsversorgung für alle garantiert ist.

JOCHEN: Ist das, was Sie beschreiben, Sozialismus, also staatsgelenkter Wohlstand für alle?

Ich habe ja gar nicht von Wohlstand gesprochen. Ich habe gesagt, wir brauchen eine grundlegende Versorgung mit Dingen, von denen jede Wohlergehensstudie zeigt, dass sie im Hinblick auf die Lebenszufriedenheit die allerwichtigsten sind.

JOCHEN: Das habe ich falsch ausgedrückt, sorry.

CHRISTOPH: »Wohlstand für alle« waren die anderen …

Genau. Zugang zu Bildung, gute Gesundheitsversorgung und Wohnraum sind Menschenrechte. Die Menschenrechtscharta ist nach dem Zweiten Weltkrieg aus der Überlegung heraus entstanden: Wie können wir so einen Horror in Zukunft verhindern? Damit Frieden herrschen kann, ist es entscheidend, wie Ängste mit Rechten verkoppelt werden. Kofi Annan hat als UN-Generalsekretär Belange der menschlichen Sicherheit vorangetrieben. Dabei geht es nicht um die militärische Ausstattung von Staaten, sondern um die Freiheit der Menschen von Angst und von Bedarf.

CHRISTOPH: Was heißt das?

Einerseits geht es um politische und zivile Rechte: Ich brauche keine Angst zu haben, dass mich irgendjemand einfach abholt, wegbringt, einsperrt und was weiß ich mit mir macht. Das ist der rechtsstaatliche Schutz des Individuums. Andererseits geht es um soziale, ökonomische und ökologische Rechte: Freiheit von Bedarf bedeutet, dass ich mir keine Sorgen machen muss, ob ich morgen ausreichend zu essen und ein Dach überm Kopf habe, und dass ich Hilfe finde, wenn ich mir selbst nicht helfen kann.

Die politischen und zivilen Rechte sind sehr klar formuliert. Es gibt Kontrollinstanzen für ihre Durchsetzung wie den UN-Menschenrechtsrat. Die sozialen, ökonomischen und ökologischen Rechte bleiben in der Definition etwas fluffig. Sie werden durchaus diskutiert, als hätten sie Rechtscharakter. Ich fände es aber wichtig, darüber nachzudenken, wie man sie stärker durchsetzen kann.

CHRISTOPH: Wenn Sie morgen Königin von Deutschland wären, was würden Sie tun?

Ich habe überhaupt keine Lust auf irgendeine königliche Verfasstheit unserer Republik.

CHRISTOPH: Sie kennen das Lied von Rio Reiser? Wenn Sie, metaphorisch gesprochen, Königin von Deutschland wären: Was würden Sie tun?

Was uns wirklich, wirklich gut stünde, wäre eine viel offensivere Auseinandersetzung mit der Finanzialisierung unserer Gesellschaft, der zunehmenden Macht der Finanzmärkte und der zunehmenden Konzentration finanzieller Macht, die häufig gekoppelt ist mit digital wachsender Macht.

Wenn wir uns Rankings der »wertvollsten« Unternehmen der Welt anschauen, sind an der Spitze vor allem Finanz- und IT-Konzerne platziert. Wir wissen von irren Steuervermeidungspraktiken und zum Teil sehr intransparenten Geschäftsmodellen. Gerade im IT-Bereich kennen wir Beispiele horizontaler und vertikaler Integration.

CHRISTOPH: Was bedeutet das?

Unternehmen bauen Netzwerkeffekte auf, die zur systematischen Zerstörung von Wettbewerbern genutzt werden. So ein Ausmaß an Gestaltungsmacht wollten wir eigentlich abgeschafft haben.

Was bedeutet das nun für unsere Gesellschaft? Nachdem der Ökonom Thomas Piketty die Macht des Kapitals im 21. Jahrhundert analysiert hatte, hat sein Kollege Robert Shiller gesagt: »Wir sind auf dem Weg in eine Plutokratie.« Wenn wir uns heute die Eigentumsstrukturen anschauen, hat das fast wieder etwas Feudalistisches. Und trotzdem ist es nach Stand des Diskurses noch so, dass jede staatliche Intervention gerechtfertigt werden muss gegen den Vorwurf, sie könnte die Finanzmärkte torpedieren.

Über was für Märkte sprechen wir denn? Wir müssten die Märkte erst reparieren, um wieder zu dem Ideal zu kommen, das Adam Smith vor Augen hatte: viele Anbieter, viele Abnehmer. Auch Friedrich August von Hayeks Katallaxie basiert auf einem gewissen Gleichgewicht. Solche Marktstrukturen haben wir nur noch in den seltensten Fällen.

CHRISTOPH: **Was also würden Sie als metaphorische Königin tun?**

Finanzen sollten wieder im Dienst des Gemeinwohls stehen und nicht einer Selbstbereicherungsmaschine untergeordnet werden. Im Idealfall bräuchte es einen globalen Gipfel für globale Finanzmärkte. Es ist schwer, das System allein aus Deutschland zu korrigieren.

JOCHEN: **Das heißt, die Königin von Deutschland ist als Einzelne eigentlich machtlos. Davor könnte man durchaus kapitulieren. Sind die Probleme nicht alle eine Nummer zu groß?**

Es lohnen sich der Blick in die Geschichte und ein Verständnis für komplexe Systeme. Immer wieder konnten wenige Menschen sehr viel bewegen, wenn sie taktisch gedacht haben, sich abgestimmt haben und eine Vision hatten, die unheimlich viele mobilisiert hat. Nehmen wir die Aufklärung. Die Teilnehmenden der Salongespräche werden zu Beginn nicht erwartet haben, dass ihr Austausch Monarchie und Kirche eklatant schwächen würde. Dann wurden Republiken gegründet.

Auch Zufälle spielen eine Rolle: eine Revolution, ein Krieg, eine Pandemie. Solche Disruptionen von Normalitäten schaffen ganz neue Möglichkeiten. Politische Gestaltung, wie wir sie gerade in Deutschland durch die Regierung gesehen haben, das viele Geld, das in die Hand genommen wurde, aber natürlich auch die Anweisungen, was Einzelne tun oder nicht tun dürfen – vor einem Jahr hätte sich das niemand vorstellen können. Wahrscheinlich braucht es in vielen Bereichen krisenhafte Momente, damit Kooperation in den Vordergrund rückt. Wenn wir es hinbekämen, dass zunächst die europäischen Königinnen und Könige näher zusammenrücken, hätten wir schon ziemlich viel Gestaltungsraum.

JOCHEN: Bevor wir weiterreden: Ich habe gesehen, du isst heimlich, Christoph.

CHRISTOPH: Es gab da so ein leckeres Brot …

JOCHEN: Frau Göpel hat bestimmt auch Hunger.

Hier rufen gerade die Handwerker. Ich glaube, ich mache die nervös, weil ich ihre Klopfzeichen ignoriert habe. Darf ich ganz kurz?

JOCHEN: Unbedingt.

CHRISTOPH: Man kann in unserem Podcast jederzeit aufstehen und wiederkommen.

Okay, dann mache ich das kurz.

JOCHEN: Wir haben ja Zeit. Und wir reden auch nie in Abwesenheit unserer Gäste über unsere Gäste …

CHRISTOPH: Wie findest du es denn bisher?

JOCHEN: Ganz toll.

CHRISTOPH: Ab und zu muss man nachfragen, wenn mit großer Selbstverständlichkeit so Begriffe fallen, bei denen man keine Ahnung hat, wovon sie gerade redet. Es gelingt mir nicht bei jedem Wort, aber ich versuche es weiter.

JOCHEN: Danke, lieber Christoph.

CHRISTOPH: Ah, Frau Göpel ist wieder da!

Das ging schnell, oder? Ich war ganz beeindruckt. Haben Sie jetzt gegessen?

CHRISTOPH: Nein, wir haben natürlich gewartet. Guten Appetit.

JOCHEN: An der Klimabewegung wird kritisiert, dass die Debatte oft von sehr privilegierten Menschen mit linearen Lebensläufen geführt wird. Was denken Sie darüber?

Ich habe mich oft selbst wahnsinnig unter Druck gesetzt, weil ich das Gefühl hatte: »Du bist so privilegiert groß geworden, du musst jetzt auch richtig was beitragen.«

JOCHEN: Der Vorwurf der Gelbwesten in Frankreich lautet: »Ihr kümmert euch überhaupt nur deswegen, weil ihr das Privileg habt, euch Sorgen um die Welt zu machen.«

Das ist totaler Quatsch. Ich glaube auch nicht, dass irgendwer von den Gelbwesten sagt: »Ja, wir wollen Klimawandel.« Es ist allerdings das Gefühl entstanden, dass Klimaschutz besonders diejenigen privilegiert, die sich die entsprechenden Maßnahmen auch leisten können: Die Energiepreise steigen, gleichzeitig wird die Vermögenssteuer abgeschafft – und diejenigen, die sowieso schon aus den Innenstädten vertrieben wurden, weil sie die Mieten nicht bezahlen können, müssen die steigenden Energiepreise durchs Pendeln abfangen.

Man kann die ökologische Frage nicht getrennt von der sozialen Frage betrachten. Aber deshalb zu sagen, diejenigen, die auf der sozialen Seite keine Not haben, dürften sich nicht für die Umweltfrage starkmachen, halte ich für verfehlt. Wir sollten Probleme nicht gegeneinander ausspielen.

CHRISTOPH: Die junge Journalistin und Publizistin Yasmin M'Barek schreibt in einem Essay: »Klimaaktivismus holt große Teile der Bevölkerung nicht ab.« Sie beschreibt die Klimabewegung im Grunde als weiße Mittelschichtsbewegung.

Nur weil ein verlautbarter Teil der Bevölkerung nicht repräsentativ für die Bevölkerung ist, soll dieser verlautbarte Teil der Bevölkerung seine Legitimation verloren haben? Das Argument verstehe ich vorne und hinten nicht.

Umfragen zeigen, dass das Thema Klima viele Menschen beschäftigt. Auf der Suche nach Lösungen müssen soziale und ökonomische Belange aller Teile der Gesellschaft berücksichtigt werden. Aber eine Gruppe, die ein Problem in den Fokus rückt, schreibt ja noch keine Lösung vor. Es geht legitimerweise erst einmal darum, aufmerksam zu machen: »Hier muss jetzt gehandelt werden, sonst sind wir alle betroffen.«

Keine Demonstration beansprucht einen repräsentativen Durchschnitt der Bevölkerung. Wer hinfährt, fährt hin. Natürlich ist es ein Problem, dass einige sich das nicht leisten können. Ich habe früher für Organisationen Geld eingetrieben, um Anreise und Unterkunft für diejenigen zu bezahlen, die das nicht selber tragen konnten. Trotzdem wurde uns ab und an vorgeworfen, dass das Essen pro Tag fünf D-Mark kostete. Da bin ich irgendwann sauer geworden. Ich habe mich ehrenamtlich rundgemacht und dann wird wegen fünf Mark rumgemeckert.

Kurios: Fußballteam »Dr. Reiner Klimke auf Ahlerich« in der Wilden Liga Bielefeld

Wir können diese vermeintliche Ausschlussdebatte ad absurdum führen und verlangen, dass jede Person, die Zivilcourage zeigt, sich engagiert und ihre Zeit für eine Sache einbringt, sich dafür schämen soll. Nur tun wir uns und unserer Demokratie damit keinen Gefallen.

JOCHEN: Jetzt waren Sie sehr leidenschaftlich. Ich hätte nicht erwartet, dass Sie da so klar sind.

Mich beschäftigt die Verrohung gesellschaftlicher Debatten. Einzelne Menschen werden denunziert oder angegangen, es geht dabei nicht mehr um Meinungen. Auch Kollegen denken nicht mit, was das für gesellschaftliche Innovation, für deliberative Prozesse und damit für die Demokratie bedeutet.

Viele Leute haben Angst, persönlich niedergemacht zu werden, wenn sie eine Meinung äußern. Über diesen Strukturwandel der Öffentlichkeit, um mit Jürgen Habermas zu sprechen, diskutieren wir schon lange: Wie kann der deliberative Raum geschützt werden? Was ist der *Code of Conduct?* So etwas wie Netiquette scheint weitgehend verlustig gegangen zu sein. Wer lauter brüllt, hat mehr recht. Wer fieser argumentiert, wird von Algorithmen befeuert und vom Publikum beklatscht. Das ist für diejenigen, die so etwas abkriegen, höchst unangenehm. Und hier herrscht eine sehr große Gender-Ungleichheit, sowohl beim Austeilen als auch beim Einstecken.

Die Behauptung, das sei der Preis, den man zahle, wenn man die Öffentlichkeit sucht, finde ich irre fahrlässig. Als wären alle von uns nur geil darauf, gesehen zu werden, und müssten deshalb in Kauf nehmen, dass das Privatleben umgekrempelt wird. Menschen müssen damit rechnen, filetiert zu werden, wenn sie sich trauen, in der Öffentlichkeit zu sprechen. Was tun wir uns damit an?

JOCHEN: Diese persönlichen Angriffe führen mich zu einem Gedanken, der uns in diesem Podcast schon öfter beschäftigt hat: Kann man Aussagen treffen, ohne dass die eigene Person dabei eine Rolle spielt? Wenn der Sprecher immer mitgedacht werden muss, stellt das nicht alles infrage, was wir seit der Aufklärung unter Wissenschaft verstehen?

An der Stelle ist es wichtig, Naturwissenschaften und Sozialwissenschaften ein Stück weit zu trennen. In den Naturwissenschaften kann ich ein Experiment unter Laborbedingungen durchführen, also den menschlichen Einfluss stark reduzieren. Das entspricht dem Idealtypus der Aufklärung und der modernen Wissenschaftsgeschichte. Zuvor hatten Krone und Kirche vorgegeben: »So tickt die Welt.« Dann wurden naturwissenschaftliche Ansätze ein machtvolles Gegengewicht: »Ich denke, also bin ich. Ich experimentiere, also kann ich.«

Abgespaced: lieber »Spaceballs« als »Star Wars«

Der Fokus auf Verstand, Experiment, Beobachtung und Empirie hatte etwas Befreiendes. So entstand allerdings die Idee, es könnte eine Art absolute Wahrheit geben und alles, was davon abweicht, wäre nur noch nicht exakt genug beschrieben. Daran scheitern spätestens die Sozialwissenschaften. Aber auch in den Naturwissenschaften konnten wir ja feststellen, dass Dinge, die ganz klar erschienen waren, plötzlich durch eine neue Beobachtung auf den Kopf gestellt wurden. Man denke etwa an Albert Einsteins Relativitätstheorie.

Menschen suchen nach Sicherheit und Kontrollierbarkeit. Wir brauchen die Erklärung, um Kausalitäten so gut wie möglich zu prognostizieren und zu modellieren. Mechanische Systeme können wir auf diese Weise sehr gut bauen. Aber komplexe Systeme und vor allem Systeme, die Menschen beinhalten, funktionieren so nicht. Menschen sind Geschichtenerzähler:innen. Das heißt, wir benutzen die Art, wie wir die Welt wahrnehmen und erklären, für die Weitererklärung des Möglichen und damit die Gestaltung des Übermorgen-Wirklichen. Wir sollten daher transparenter machen, mit welchen Theorien wir arbeiten, und so mit Wissen-Schaffen Geschichte schreiben.

CHRISTOPH: Was meinen Sie damit?

Viele ökonomische Modelle basieren auf der Annahme, dass Menschen immer mehr haben wollen. »Jedes Angebot wird eine Nachfrage finden, wenn der Preis stimmt.« Das bedeutet, ich muss für alles einen Preis finden, damit es überhaupt Platz in meinem Modell hat. Ich muss also eine Wertung vornehmen: Wie viel darf es beispielsweise kosten, ein Menschenleben zu schützen? Das haben wir gerade mit Covid live mitbekommen. Die Triage hat uns umgetrieben. Ökonomische Modelle sind Triage-Modelle, sobald sie sich lebendigen Systemen nähern.

JOCHEN: Darf ich das kurz festhalten? Das ist nämlich eine geile Sentenz: »Ökonomische Modelle sind Triage-Modelle.«

So ist es. Ökonomischen Entscheidungen liegen Bewertungen zugrunde. Wer behauptet, die Energiewende sei zu teuer oder eben nicht, zieht Kosten-Nutzen-Analysen heran. Streit entsteht, weil für unterschiedliche Analysen unterschiedliche Annahmen und Variablen abgesteckt werden. In der Wissenschaft nennen wir das *System Boundary*.

Ich kann zum Beispiel national denken, die Kosten der Investitionen ausrechnen und beobachten, wie sich die Strompreise unter dem Erneuerbare-Energien-Gesetz entwickeln. Oder ich gucke mir die Energiewende als globales Phänomen an und beobachte, wie die Technologieentwicklungen, die hierzulande unterstützt wurden, zu einer Diffusion dieser Technologien im globalen Raum führen. Wenn in anderen Ländern keine neuen Kohlekraftwerke gebaut werden, wird dort unheimlich viel Armut reduziert und der CO_2-Ausstoß gesenkt.

Bei einer Kosten-Nutzen-Analyse der Energiewende macht es also einen Unterschied, ob ich nur die Kosten von Strom und Energieträgern oder auch soziale Kosten von CO_2 miteinbeziehe, ob ich national oder global rechne. Ökonomische Modelle kommen als objektiv daher, dabei sind Geschichten eingebaut. Es wäre gut, die transparent zu machen.

CHRISTOPH: Wo waren jetzt die Geschichten?

Die Energiewende lässt sich ja unterschiedlich erzählen. Nehmen wir Hermann Scheer …

JOCHEN: Den SPD-Politiker und Träger des Alternativen Nobelpreises.

Genau, er hätte vielleicht gesagt: »Die Energiewende ist eine Antwort auf ein ohnehin begrenzt tragbares System. Fossile Energien heizen den Klimawandel an und sie sind endlich. Das heißt, wir müssen da sowieso raus. Das kostet erst mal viel, spart dann aber noch mehr.«

Aus der Perspektive fällt eine Kosten-Nutzen-Analyse anders aus, als wenn sie jemand erstellt, der sagt: »Deutschlands Energiepreise sind mein Bezugspunkt. Wir haben uns dumm und dämlich gezahlt, um Technologien zu fördern, die jetzt die Chinesen besitzen. Dafür bezahlen wir im Vergleich zu allen anderen hohe Strompreise. Wir haben uns also selbst abgehängt.«

CHRISTOPH: Aber welche Konsequenzen hat das?

Nach der Logik von Hermann Scheer würde man sagen: »Wir wissen, dass das alte Energiesystem nicht zukunftsfähig ist und dass die Marktkräfte momentan gegen die Entwicklung der Erneuerbaren stehen. Deshalb bauen wir die Märkte so um, dass sie technologieoffen werden. Wir korrigieren die Marktmacht einiger weniger Großkonzerne, die kein Interesse daran haben, Alternativen zu ihrem bestehenden zentralisierten Energiesystem zu schaffen, um erneuerbare Energien überhaupt konkurrenzfähig werden zu lassen.«

JOCHEN: Anhänger eines Wirtschaftsliberalismus würden hingegen sagen: »Gucken wir mal, wird sich schon zum Besten wenden.« Sie gehören zur anderen Gruppe, die sagt: »Nein, wir setzen einen Rahmen.« Woher kommt die Angst vor diesem Ordoliberalismus?

Na ja, die strukturelle Macht des Status quo. Peng!

JOCHEN: Hä?

Was da ist, muss sich nicht rechtfertigen, weil es als normal gilt.

JOCHEN: Das Privileg der Existenz. Peng!

Peng! Und deshalb wird gerne so getan, als hätten wir im Moment keinen lenkenden Rahmen für unsere ökonomischen Marktmodelle.

JOCHEN: Es gibt keinen Rahmen, weil man den Rahmen nicht sieht.

Er ist nicht da, weil er nicht thematisiert wird. Und er wird nicht thematisiert, weil ihn keiner ändern soll. Deswegen müssen sich nur diejenigen rechtfertigen, die den aktuellen Rahmen ändern wollen.

Es wird so getan, als wären alle Unternehmerinnen und Unternehmer total frei in dem, was sie tun, und als würde jede staatliche Veränderung ihre Freiheit beschränken – als würde man mit staatlichen Maßnahmen dem freien Markt in die Beine grätschen. In vielen Sektoren kann man heute aber gar nicht mehr von einem freien Markt sprechen und von unternehmerischer Freiheit mit Sicherheit auch nicht. Es müssen erst wieder faire Bedingungen geschaffen werden, indem alte, nicht mehr tragfähige Rahmenbedingungen abgebaut oder neue geschaffen werden.

Chancenlos: Pflanzen unter Göpels braunem Daumen

Denken Sie an die IT-Konzerne, über die wir vorhin sprachen. Auf jeder Website gibt es einen Amazon-Button. Selbst wenn Sie einen Kleinanbieter finden, sollen Sie sich mit Ihrem Facebook-Konto einloggen. Sie suchen über Google, bei Apple bestellen Sie die Hardware, die Sie dazu brauchen. Da kann doch niemand mehr von einem freien, ungenutzten Markt sprechen, in dem wir alle total offen und gleichberechtigt mäandern.

JOCHEN: Aber diese Strukturen sind in einem freien Markt entstanden. Das Internet war eine Chance: Ein Ex-Berater hat einen Buchladen aufgemacht, heute beherrscht er mit Amazon weltweit die Logistikketten. Das heißt, aus der Freiheit des Systems ist womöglich ein Problem entstanden, nämlich dass innerhalb des Systems die Freiheit des einen die Freiheit anderer eingeschränkt hat.

Deswegen stellt die sogenannte Komplexitätsökonomie die Mechanik bestehender Modelle infrage. Die Annahme ist, dass wir in unserem Marktsystem wie in jedem komplexen System eine Tendenz zur Konzentration haben: Sobald einzelne Anbieter einen Vorteil haben, werden sie andere verdrängen. Deswegen braucht es korrigierende Rahmenbedingungen.

Die einflussreichen Marktakteure haben oft kein Interesse an einer Marktwirtschaft mit gleichberechtigter Konkurrenz. Sie versuchen, ihre Marktmacht auszubauen und zu kontrollieren, wie viel Konkurrenz sie zulassen. Im Silicon Valley ist das eine klar formulierte Strategie: *build monopolies*.

Angela Merkel wurde ausgelacht, als sie gesagt hat: »Das Internet ist Neuland für uns alle.« Dabei hatte sie genau kapiert, was gerade passiert. Das Internet ist ein komplett neuer Raum mit einer komplett neuen Infrastruktur und komplett neuen Anwendungsmöglichkeiten, die sich in exponentieller Geschwindigkeit entwickeln. Regulativ hat kaum etwas stattgefunden.

JOCHEN: Wäre es vorstellbar, dass eine weise Weltkönigin Regeln aufstellt, wonach Konzentration der Märkte grundsätzlich ausge-

schlossen wäre, man die Welt aber trotzdem noch liberal nennen könnte?

Die meisten Utopien werden echt eklig, wenn man sie ein bisschen weiterdreht – wie bei der »Truman Show«.

CHRISTOPH: Was meinen Sie damit?

Anordnungen des vermeintlich perfekten Lebens lassen alles langweilig und zäh, fast kitschig und klebrig wirken. Wenn das Unsaubere, das Dreckige, das Imperfekte und das Fiese gänzlich unterdrückt werden, spüren wir, dass wir nicht frei sind. Deswegen ist mir das Weder-noch wichtig. Weder ist der Mensch nur Homo oeconomicus, nur gierig und auf den eigenen Vorteil aus, noch ist er nur altruistisch und kooperativ. Wir haben beide Potenziale in uns.

Ein zentraler Begriff des Liberalismus ist Chancengerechtigkeit. Die kann ich nur durch eine dauerhafte Korrektur von Machtkonzentration und Überprivilegierung erhalten. Seit den 70er-Jahren haben wir die ökonomischen Anreize und Vergütungssysteme allerdings so gebaut, dass das Teufelchen in uns angesprochen wird – inklusive der Story, dass wir nun mal Teufelchen sind. Das legitimiert diejenigen, die sagen: »Mir doch egal, was mit euch ist.« Gerade leidet darunter der Freiheitsbegriff. Er wird gebrochen, gebogen, gezerrt, gezogen und sehr häufig für diejenigen in Stellung gebracht, die einfach ihren Besitzstand wahren wollen.

CHRISTOPH: Können Sie Freiheit für uns definieren?

Zwei wichtige Perspektiven sind Freiheit von und Freiheit zu. Freiheit von bezieht sich auf die Definition von menschlicher Sicherheit, die wir vorhin schon hatten, also Freiheit von physischer Bedrohung, von Übergriffen auf meine bürgerrechtliche Existenz und von Bedarf, also von tatsächlicher Not. Darüber hinaus hat Freiheit einen gestalterischen Anteil, der in der Gerechtigkeitsdebatte eine entscheidende Rolle spielt. Amartya Sen, Martha Nussbaum und andere haben gesagt: »Wir sollten Akteurinnen und Akteure unseres eigenen Schicksals sein können, eingebettet in die Gesellschaft, in der wir leben.«

CHRISTOPH: Sagen Sie eigentlich, wen Sie wählen?

Ihnen?

CHRISTOPH: Ja.

Nein.

CHRISTOPH: Warum nicht?

Weil wir in Deutschland das Wahlgeheimnis haben. Gerade als Wissenschaftlerin hätte ich auch überhaupt keinen Bock. Da bekommen nur alle Lust auf: »Mal gucken, in welche Parteilogik wir die Göpel gepresst kriegen.« *No way.*

JOCHEN: Das ist Ihre Sorge?

Es wäre jedenfalls doof, wenn das passieren würde. Meine Vorschläge würden dann nicht mehr als Vorschläge wahrgenommen. Sobald eine Idee einer Parteifarbe zugeordnet wurde, kann eine andere Partei sich ihr nicht mehr öffnen. Damit verbauen wir den Möglichkeitsraum, der seitens der Wissenschaft skizziert wird. Es ist doch absurd, dass einige immer noch die Chuzpe haben zu behaupten, der Klimawandel sei ein linkes Thema. Da denke ich: »Hallo? Naturwissenschaften? Wieso ist das links?« So was macht es wirklich nicht leicht.

A ODER B

Zelt oder Adlon?
Zelt.

Mit Zaun oder ohne Zaun?
Ohne Zaun.

Säen oder ernten?
Säen.

Kommunismus oder Kapitalismus?
Weiter.

In ihrem Haus in Werder wohnt Maja Göpel nicht mehr, sie hat eine Wohnung in Potsdam bezogen. Im Juli 2021 verließ sie die Denkfabrik The New Institute, um sich verstärkt dem Bereich Wissenschaftskommunikation zu widmen. Sie übernahm eine Gastprofessur am College of Europe in Brügge und veröffentlichte ein zweites Sachbuch: »Wir können auch anders: Aufbruch in die Welt von morgen«.

Leiterin des Centers für Sozial-Ökologische Transformation am Deutschen Institut für Wirtschaftsforschung wollte Göpel nicht werden. Stattdessen kündigte sie an, ein eigenes Zentrum gründen zu wollen – Arbeitstitel »Mission wertvoll«.

Die Köchin Chelsea Turowsky hat sich extra für Maja Göpel ein Menü ausgedacht: Es heißt »Transformation«. Es besteht aus Melonen-Szechuanpfeffer-Kombucha, Kartoffelbrot und Öl, einem Stangensellerie-Enoki-Kraut-Päckchen, rosa Blattsalat mit Birnen-Sumach-Dressing, Zitronen-Perl-Couscous mit Apfel und Zucchini und einem Kuchen in Kirschsahne.

Zu trinken gibt es alkoholfreien Kombucha Pet Nat von Bouche aus Berlin-Marzahn – eine Kombination aus Jasmin- und Assam-Tee, Kombuchakultur, Melone, Szechuanpfeffer und Chicoréewurzel, sowie spanischen Naturwein. Der 2019er »Vinel·lo« vom katalonischen Weingut Partida Creus ist eine Cuvée aus roten Rebsorten.

Schlusswort Bambule

SOPHIE PASSMANN

Sophie Passmann hat Ärger im Gepäck – in Form einer Flasche Mosel-Riesling. Ihr Gespür für die clevere Pointe hat sie mit Anfang zwanzig genreübergreifend zum Unterhaltungsprofi gemacht.

Passmann wurde 1994 in Kempen geboren, aufgewachsen ist sie mit zwei Geschwistern in Baden auf dem Dorf. Der Vater Kaufmann, die Mutter mit den Kindern zu Hause, bis sie irgendwann einen Weinladen übernahm.

Passmann las, was Papa ihr zuspielte, fuhr Skateboard, sang Disneys »Pocahontas« und fing an zu schreiben. Vom Kinderzimmer aus konnte sie den Kirchturm sehen. Sie ging nicht gern raus, aber sie drängte auf die Bühne.

Mit 14 ließ sich Passmann von der Schwester ins Freiburger Café Atlantik fahren, um herauszufinden, was Poetry-Slam ist. »Das kann ich auch«, dachte sie und machte wenig später direkt beim ersten Auftritt den zweiten Platz.

Nach dem Abitur volontierte Passmann beim Radio, studierte in Freiburg Politikwissenschaft und Philosophie, moderierte eine Late-Night-Show am Theater, blieb beim Radio, kam ins Fernsehen. Jan Böhmermann hat sie auf Twitter entdeckt, da war er nicht der Einzige. Scharfzüngige Politsatire, zugängliche Wissensvermittlung – Sophie Passmann, das Internetphänomen.

Als Passmann Jochen und Christoph im Sommer 2018 in der Podcast-Wohnung zum Gespräch trifft, hat sie bereits ein Buch veröffentlicht und mit »Alte weiße Männer« ein weiteres in der Mache. Sie hat auf Instagram mit Kichererbsen, Avocado und Sojasoße Gewaltenteilung erklärt und in Interviews auffällig oft über Riesling gesprochen. Nun will sie Jochen am Glas herausfordern.

SOPHIE PASSMANN: Bevor wir anfangen, darf ich meine Geschenke auspacken?

JOCHEN: Ich sehe es schon …

Kurz nachdem Katarina Barley bei Ihnen im Podcast war, habe ich sie auf einer Veranstaltung getroffen.

CHRISTOPH: Jetzt kommt Jochens Weintrauma.

Wir kamen ins Gespräch und sie meinte: »Sophie, das musst du aber bitte korrigieren.« Ich hatte den Auftrag und hatte es aber auch im Herzen, Ihnen eine Flasche Mosel-Riesling mitzubringen. Deswegen habe ich jetzt einen total *freshen* Markus Molitor dabei.

JOCHEN: Machen wir den jetzt auf?

Der ist noch ein bisschen zu warm.

JOCHEN: Wir haben auch eiskalten Riesling im Kühlschrank. Wollen wir damit anfangen?

Unbedingt.

JOCHEN: Es gibt dieses Video, in dem Sie erklären, wie man Wein verkostet. Wie machen wir das jetzt also? Wir haben das Glas vor uns, es ist zwei Finger breit gefüllt …

CHRISTOPH: Frau Passmann macht schon kreisende Bewegungen mit der Hand.

Und dann einfach riechen!

JOCHEN: Fruchtig, würde ich sagen. Riecht nach Birne.

Birnenschnaps sogar in dem Fall.

JOCHEN: Wenn man nichts weiß, sagt man Birne. Wo habe ich das gelernt?

CHRISTOPH: Das hat Frau Passmann in der Zeitschrift *Neon* geschrieben.

Ich würde mal ganz nassforsch raten: Rheingau, ballert ordentlich rein. Dürfte noch nicht alt sein, alte Rieslinge bekommen diese Petrolnote.

Das ist jetzt natürlich ein halber Bluff. Ich weiß ja, dass Sie alles über mich gelesen haben. In irgendeinem Interview erwähne ich, dass Rheingau-Riesling gegen Liebeskummer hilft.

CHRISTOPH: Und, hilft wirklich?

Es hilft, sich etwas Gutes zu tun: in den Weinladen gehen, Wein kaufen, kalt stellen, laut Musik hören, schachtelweise Zigaretten rauchen und über das Leben klagen.

JOCHEN: »Ich habe meine gesamte Karriere auf Humor aufgebaut, der mich selbst herabwürdigte«, sagt Hannah Gadsby in ihrem Comedy-Special bei Netflix, über das Sie im *ZEITmagazin* geschrieben haben. Wenn man kein Mann ist: Ist es dann ein Schlüssel zum Erfolg, sich auf der Bühne herabzusetzen?

Ja, weil es das Publikum anspricht. Es gibt noch immer unglaublich viele, die das bequem finden – vor allem Männer und vor allem auch weiße Männer.

JOCHEN: Fürs »Neo Magazin Royale« waren Sie auf der Berlinale. Das Video fand ich so unerträglich, dass ich es kaum gucken konnte. Immer wieder fallen Ihnen Männer ins Wort. Das war doch herabsetzend, oder?

Wieso finden Sie das herabsetzend?

JOCHEN: Na ja, okay, es wird damit gespielt, dass die Frau nicht zu Wort kommt. Das ist lustig, aber am Ende wird die Frau wieder zum Opfer.

Nur weil man einen Umstand, der im echten Leben so ist, humoristisch aufmacht und damit arbeitet, ist er nicht eins zu eins das, was er behauptet zu sein.

CHRISTOPH: Vielleicht erklären wir kurz, was in dem Beitrag passiert.

Ralf Kabelka, der Sidekick vom »Neo Magazin«, und ich waren zusammen auf der Berlinale und haben mit Schauspielern über die schmuddelige deutsche Filmbranche gesprochen. Das waren teilweise sehr entlarvende Kommentare.

CHRISTOPH: Was haben Sie die Herrschaften gefragt?

Ganz plakativ: »Wie sexistisch ist die deutsche Filmbranche?«

JOCHEN: Jürgen Vogel: »Ich hab doch eh keinen Sex. Hahaha!« So geht das schon los ... Wie ging es Ihnen in dem Moment?

Dass ein Schauspieler mit ein bisschen Roter-Teppich-Adrenalin einen kumpeligen Spruch macht, ist wirklich das kleinste Problem, das Frauen 2018 haben. Da fand ich es eher ein bisschen drüber, dass er in dem Moment seine Hand um meine Hüfte gelegt hat.

CHRISTOPH: Als Sie auf das Video angesprochen wurden, haben Sie gesagt, Sie finden Jürgen Vogel weiterhin okay.

Ja. Jürgen Vogel hat sich halt in dem Fall verrannt. Seine Aussage war nicht cool. Er nimmt die Debatte offensichtlich nicht ernst genug. Aber jetzt zu sagen: »Ich gucke nie wieder was von dem!« – da würde man wieder die eigentlichen Probleme und die eigentlichen Opfer marginalisieren.

JOCHEN: Wenn man in einem badischen Dorf groß wird, hat man nicht so viele Möglichkeiten, nicht verrückt zu werden.

Das stimmt.

JOCHEN: Ich bin in Bretten aufgewachsen, ich kenne diese Orte. Das Essen ist super, der Wein ist meistens nicht so super, die Leute haben Lebensfreude, aber es ist echt endlich. Und was macht man, um dem zu entkommen? Man wird lustig, dachte ich, so als Überlebenstechnik. Man wird zum Beispiel der Klassenclown. Das ist dann eine Form, sich von allem zu distanzieren.

Ich war schon lustig, bevor ich unter der Dörflichkeit gelitten habe. Der Klassenclown ist eine eigenartige Zwischenrolle: Er wird von allen akzeptiert und zu den Partys eingeladen, aber so richtig Bock hat er nicht.

JOCHEN: Sie hassen Partys?

Ja, ich hasse Partys. Wenn ich von Freunden in Köln eingeladen werde, habe ich das Gefühl, ich muss die ganze Zeit beweisen, warum ich da sein sollte.

CHRISTOPH: Ist das dieser Performance-Druck?

Nein, gar nicht. Ich bin privat ein wirklich introvertierter Mensch. Ich gehe nicht gerne auf Partys, ich gehe nicht gerne raus. Ich bin eher ein Eigenbrötler, war ich in meiner Kindheit schon.

CHRISTOPH: Warum sind Sie dann als 15-Jährige auf Poetry-Slam-Bühnen gegangen?

Da habe ich eine Daseinsberechtigung. Es wird dafür bezahlt, dass ich da bin, und es ist quasi obligatorisch, dass ich spreche. Das ist mein anderer Modus, mein Beruf. Als Teenager habe ich das nicht reflektiert, aber es ist ja total logisch: Man geht auf eine Bühne, 200 Leute hören einem zu und man muss dafür sorgen, dass sie sich amüsieren. Auf einer WG-Party muss ich in der Küche lauwarmes Beck's-Bier trinken und mir von Jonathan – Lehramtsstudent, fünftes Semester – anhören, warum er bald mit dem Fahrrad nach Israel fährt.

To-do: täglich um 13 Uhr eine WhatsApp-Nachricht für Oma

CHRISTOPH: Wie war Ihr allererster Auftritt?

Okay. Ich habe den zweiten Platz gemacht mit einem Text darüber, warum ich Berlin ganz furchtbar finde. Das war vor neun Jahren, damals war das vielleicht noch ein bisschen origineller.

CHRISTOPH: Ich springe mal kurz in die Küche.

JOCHEN: Ich höre nur was rascheln.

CHRISTOPH: Ich habe Flutschfinger mitgebracht, denn das ist das Lieblingseis von Sophie Passmann!

Wenn ich jetzt raten müsste, würde ich sagen, Jochen Wegner findet Wassereis ganz furchtbar.

JOCHEN: Stimmt, ich bin eher so der Milcheis-Typ. Woher wissen Sie das? Wir kennen uns nicht persönlich.

Kulinarisch ist Ihnen das einfach nicht anspruchsvoll genug. Und Sie finden es auch ein bisschen albern.

© MARIA STURM

JOCHEN: Ich nehme mir jetzt noch mal diesen sauren Riesling auf das süße Eis.

Wir können auch den Naturwein trinken, den ich für Herrn Amend mitgebracht habe: »Roadrunner« von Ismael Gozalo. Das ist aber kein süffiger Orange-Wein.

JOCHEN: Könnt ihr bitte eure Gläser leer machen? Christoph hat wieder nichts getrunken …

Bitte lassen Sie sich von dem Geruch dieses Weins nicht abschrecken. Der ist total spannend.

JOCHEN: Hmmm, hervorragend!

CHRISTOPH: Wie spricht man eigentlich über Wein, ohne dass es peinlich wird?

Im Roman »Tschick« von Wolfgang Herrndorf gibt es diesen Satz: »Als Erstes ist da der Geruch von Blut und Kaffee.« Daran musste ich denken, als ich diesen Wein das erste Mal gerochen habe: Das ist tatsächlich Blut und Kaffee in der Nase. Diese Naturweine riechen oft ein bisschen nach Blut.

JOCHEN: Eisenoxid ist das!

Der feine Herr Naturwissenschaftler.

JOCHEN: Prost. Eine Frage zur #MeToo-Debatte: Kann man dazu als Mann eigentlich irgendetwas sagen?

Darf ich fragen, warum Sie der Auffassung sind, dass das Problem des Machtmissbrauchs zwischen den Geschlechtern das Problem von Frauen ist und nicht das von Männern?

JOCHEN: Das meine ich nicht. Egal in welche Richtung sich Männer in der Debatte prominent geäußert haben, hinterher hatten sie riesigen Ärger. Warum ist das so? Sollte man einfach schweigen?

Darüber habe ich in den vergangenen Tagen viel nachgedacht, seit Menschen unter dem Hashtag #MeTwo von ihren Erlebnissen mit Alltagsrassismus erzählen. #MeToo kenne ich als Beteiligte, ich bin ja eine Frau. Bei #MeTwo bin ich zu dem Entschluss gekommen: »Ich retweete jetzt einfach ganz viel.«

JOCHEN: Warum?

Wenn man erst zugehört hat, finde ich es danach völlig legitim, zu reagieren. Bei #MeTwo gab es allerdings sofort diesen Reflex, das Ganze zu relativieren. Es waren weiße Männer, die gesagt haben: »Wir lassen uns jetzt aber bitte nicht einreden, dass wir ein Rassismusproblem haben. So schlimm ist das auch alles nicht. Wohoo, Deutschland!«

Die Dynamik fand ich so abstoßend, dass ich dachte: »Gerade in dieser Phase habe ich nichts zu sagen. Ich kann zuhören und meine Reichweite dafür nutzen, Geschichten zu verbreiten.« Solche Hashtags sind ein Gesprächsangebot. Eigentlich können wir froh sein, dass Betroffene nur ein Hashtag starten und keine Revolution.

JOCHEN: Es ist natürlich schwer, sich zu äußern, wenn man selbst der Arsch in der Debatte ist.

Ist man ja gar nicht. Wir leben in einer Gesellschaft, die weiße Menschen strukturell bevorzugt. Die Strukturen sind rassistisch. Sie sind sexistisch, sie sind patriarchalisch. Das anzuerkennen, ist schon mal viel wert.

Sie fragen sich: »Sollte ich als Mann etwas zu #MeToo sagen oder wäre in dem Fall nicht eine Frau viel sinnvoller?« Daraus spricht eine diffuse Unsicherheit. Genauso unsicher fühlen sich oft Opfer von Diskriminierung: »Darf ich das sagen? Wie sage ich das? Und wie wirkt das?« Eigentlich sollten alle ständig reflektieren: »Ist es gerade in Ordnung, dass ich etwas dazu sage?«

CHRISTOPH: Ich finde Unsicherheit gar nicht schlecht. Unsicherheit ist ein guter Impuls.

JOCHEN: Nur verpasst man dabei vielleicht den Zeitpunkt, vom Zuhören ins Mitreden zu kommen. Ich habe ihn offensichtlich verpennt.

Aber Sie sind der Zeitpunkt! Sie sind der Chefredakteur von *ZEIT ONLINE*. Wer, wenn nicht Sie, macht diesen Zeitpunkt?

JOCHEN: Hm, ja. Ich hätte wahrscheinlich selbst ... Wir haben ganz tolle Texte gehabt. Kollegen haben sich zum Teil mehr als eine Woche abgerungen, Sachen weggeschmissen, wieder geschrieben, weggeschmissen, wieder geschrieben.

Jetzt sehen Sie mal: Es gab Männer, die eine Woche gebraucht haben, um ihren Text zu #MeToo fertig zu schreiben. Allein der Struggle, darüber zu sprechen, dass man im System der Gewinner ist, ist offensichtlich ein Struggle. Und wir haben trotzdem ernsthaft darüber diskutiert, ob es denn glaubhaft ist, wenn Frauen 20 Jahre brauchen, um darüber zu sprechen, was ihnen passiert ist.

CHRISTOPH: Sie haben mal gesagt: »Wer mir ein Penisbild schickt, kann fest damit rechnen, dass ich mich revanchiere.« Und dann haben Sie erzählt, dass Sie die Eltern dieser Männer kontaktieren.

Ja. Ich schicke keinen Screenshot, aber ich sage: »Ihr Sohn hat mir ein Penisbild geschickt.«

JOCHEN: Wie oft kriegen Sie diese Sachen geschickt?

Mittlerweile nicht mehr so oft, das letzte Mal vor fünf Tagen. So ein Kerl hat mich auf Instagram angegraben, ich habe nicht geantwortet. Dann hat er mir ein Foto von seinem Penis geschickt. Daraufhin meinte ich: »Warum zur Hölle? Du wirktest echt einigermaßen nett. Warum schickst du mir das?« Und er meinte: »Damit du weißt, worauf du dich einlässt.« Diese Art von Selbstbewusstsein finde ich reizend.

Abgezogen: den ausgestopften Fuchs einer Freiburger Studentenverbindung

CHRISTOPH: Oder auch nicht.

Wir sind jetzt nicht zusammengekommen, aber so passieren die besten Liebesgeschichten: Man bekommt ein Penisbild geschickt und denkt: »Das ist der Mann fürs Leben. Mama, Papa, das ist er!«

CHRISTOPH: Ich habe noch einen Flutschfinger, den hol ich jetzt mal.

JOCHEN: Kannst du noch einen Wein mitbringen?

Ich würde gerne einen Wein nehmen, den auch der Herr Wegner gerne mag.

JOCHEN: Den gibt es hier nicht.

Haben wir nur noch Riesling?

JOCHEN: Ja. Ich hätte ja den Mosel-Riesling aufgemacht, aber den haben wir jetzt vergessen kalt zu stellen. Darf ich eine Generationenfrage stellen?

Ich finde es so niedlich, dass Sie fragen, weil dafür bin ich da.

JOCHEN: Ich wollte eine Zäsur einleiten. Immer wenn ich diesen therapeutischen Tonfall bekomme, wechseln wir das Thema. Also: Warum will eigentlich niemand mehr Karriere machen? Warum wollen alle nur noch Teilzeit arbeiten? Warum ist es plötzlich nicht mehr so wichtig, wie viel Geld man verdient, sondern stattdessen, ob das eigene Leben einen Sinn ergibt?

Wir haben die verstörenden Strukturen des Spätkapitalismus verstanden und stellen sie vielleicht ein bisschen radikaler infrage, als es bislang üblich war. Wobei ich das nicht so wahrnehme wie Sie. Ich habe den Eindruck, es gibt in meiner Generation schon eine große Riege von Leuten, die sehr performanceorientiert sind.

JOCHEN: Wo sind die denn alle?

© MARIA STURM

Da würde ich in Berlin mal zwischen zwölf und 14 Uhr ins Borchardt gehen und gucken. Da sitzen die jungen Over-Performer unter 30, die schon eine Million im Jahr machen.

CHRISTOPH: Eigentlich steckt hinter Jochens Frage doch die Tatsache, dass Ihrer Generation unglaublich viele Türen offenstehen.

Finden Sie? Nehmen wir an, man ergattert ein total cooles Praktikum, sechs Monate bei *ZEIT ONLINE* in Berlin. Der nächste Gedanke ist: »Fuck, ich werde keine bezahlbare Wohnung finden.« Wohnen ist für junge Leute, die ein kleines Einkommen haben, 2018 einfach nicht mehr möglich. Nach sechs Monaten Praktikum bei *ZEIT ONLINE* muss man dann noch sechs bei der *Taz* und zwölf bei der *Welt* machen.

Heimliches Talent: Chansons schmettern.

Das eigene Leben aufrechtzuerhalten, ist wahnsinnig mühsam für junge Leute. Ja, viele Türen stehen uns offen, aber bis wir durch die Tür kommen, müssen wir stark in Vorleistung treten. Die Initiative Arbeiterkind hat vor ein paar Tagen getwittert, dass sich ganz, ganz viele junge Menschen bei ihnen gemeldet haben, weil ihnen die obligatorischen 400 Euro Einschreibegebühren fehlen. Menschen sind offensichtlich wirtschaftlich nicht in der Lage, dafür zu sorgen, dass sie an die Uni dürfen. Das steht uns nicht zu Gesicht.

CHRISTOPH: Ich habe am Anfang im Journalismus praktisch gar kein Geld verdient. Es heißt immer: »Die Leute verdienen so wenig oder sie verdienen nicht genug. Das Praktikum oder die Hospitanz bringen nicht so viel.« Für mich war das damals gar keine Kategorie.

Ich habe sechs Jahre lang echt hart geplackt. Ich habe 50 Prozent gearbeitet und 100 Prozent studiert, schneller als nötig. Leute schreiben mir auf Instagram: »Woah, 27 000 Follower, voll toll. Das würde ich auch gern machen!« Aber die ersten zwei Jahre, als ich

500 oder 5000 Follower hatte, war es halt nicht so glamourös. Alles wird cooler, wenn man erst einmal fertig damit ist, es gemacht zu haben. Man muss bereit sein, Dinge zu leisten. Ich respektiere, wenn jemand sagt: »Nö, meine Priorität ist nicht, viel zu arbeiten.« Dann mach das, aber dann beschwer dich auch nicht, dass du keinen coolen Instagram-Account hast.

Verpasst: Fast wäre das Schlusswort »Mops-Gesicht« geworden

CHRISTOPH: Mir hat ein leitender Angestellter erzählt, ein junger Mitarbeiter habe ihn beim Einstellungsgespräch gefragt, wie er dessen Job bekommen könne. Er solle ihm erklären, wie man das jetzt schneller machen könne. In unserer Generation hätte man sich das nicht getraut.

Wir sind ein bisschen ungehobelter, aber wir sind auch ein bisschen schlechter gestellt – was nicht gut miteinander einhergeht. Man nimmt unser völlig berechtigtes Anprangern der Umstände dann vielleicht automatisch nicht mehr so ernst.

JOCHEN: Ein Satz von Ihnen hat mich sehr berührt, ich formuliere ihn ein bisschen neu: »Ein Mensch liebt immer mehr als der andere. Sollte man sich in der emotionalen Verliererposition wiederfinden, gibt es keinen Ausweg. Initiiere den Abschied eigenständig.« Darüber habe ich gestern lange nachgedacht. Ist es immer so, dass einer mehr liebt als der andere, und deswegen geht es schief?

Außer es geht nicht schief. Aber wann geht es nicht schief?

CHRISTOPH: Ein Satz, den Scheidungskinder sagen würden, sage ich jetzt mal hobbypsychologisch als Scheidungskind.

Oder Menschen, die unglückliche Beziehungen führen. Manchmal habe ich die Sorge, dass ich in fünf, sechs Jahren auf so etwas draufschaue und denke: »Du hattest so viele Feelings, mein Gott, du hattest die Welt nicht verstanden.« Ich bin jetzt 24: »Sophie mit 30, wenn du das hörst und mittlerweile glücklich verheiratet bist, ...«

CHRISTOPH: Wäre das das Glück, mit 30 verheiratet sein?

Nein, überhaupt nicht, für mich zumindest nicht. Ich schwanke immer zwischen: »Keiner will doch allein sein« und »Ich bin schon auch echt gern allein«. Aber die Verbitterung kommt ja offensichtlich in solchen Kolumnensätzen durch. Es ist einfach die kumulierte Erfahrung aus – das ist jetzt ein bisschen albern – sechs Jahren romantischem Leben. Ich habe den Eindruck, einer liebt immer mehr. Das ist meistens der Grund, warum Streit entsteht, warum einer immer derjenige ist, der darauf wartet, dass er Antwort bekommt, und der andere ...

JOCHEN: »Irgendeiner wartet immer.« Letzter Satz, welcher Film?

CHRISTOPH: Ist das jetzt ein »A oder B«-Test?

Weiter.

A ODER B

Achtsamkeit oder keine Zeit?
Keine Zeit.

Tür aufhalten oder Tür nicht aufhalten?
Tür aufhalten und Koffer hochtragen.

0,1 oder 0,2?
0,2.

Riesling oder Müller-Thurgau?
Müller-Thurgau.

Sophie Passmann ist 2023 weder 30 noch verheiratet. Dafür hat sie vier weitere Bücher veröffentlicht, darunter die Bestseller »Alte weiße Männer« und »Komplett Gänsehaut«. Zuletzt erschien »Pick me Girls«.

Passmann hat Kolumnen verfasst, mehrere Podcasts moderiert und mit »Männerwelten« erneut viel Aufmerksamkeit für ihre Beteiligung an einem feministischen Fernsehbeitrag erhalten. In der Serie »Damaged Goods« hat Passmann ihre erste Hauptrolle gespielt, der rbb gab ihr mit der Literatursendung »Studio Orange« das erste eigene Fernsehformat.

Das Catering kommt vom Restaurant HUM Vegan Cuisine in Berlin-Prenzlauer Berg. Es gibt unter anderem Sommerrollen sowie marinierten Tofu mit Austernpilzen und Seitan, umwickelt mit Betelblättern. Christoph hat außerdem das Wassereis »Flutschfinger« besorgt.

Getrunken wird Wein: Rheingau-Riesling aus dem WG-Kühlschrank und der Naturwein »Correcaminos« – vorgestellt als »Roadrunner« –, ein Verdejo vom spanischen Weingut MicroBio. Letzteren hat Sophie Passmann aus der Weinhandlung Viniculture in Berlin-Charlottenburg mitgebracht. Ihr 2015er Mosel-Riesling, Alte Rebe, von Markus Molitor, bleibt verschlossen.

Schlusswort Famos

RICHARD SOCHER

Richard Socher sitzt in einem Hotel in Idaho und hat das Catering vor der Podcast-Aufnahme bereits vollständig verspeist. Er ist ein guter Esser, sagt er. Er ist auch einer der meistzitierten Forscher auf dem Gebiet der Künstlichen Intelligenz (KI).

Socher wurde 1983 in Dresden geboren, der Vater war Chemiker, die Mutter Ingenieurin. Als Kind entwickelte er in Äthiopien eine Ameisenphobie, als Jugendlicher in Deutschland den Wunsch, der Welt etwas zu hinterlassen. Und weil Socher zwar leidenschaftlicher Musiker war, seine Begabung jedoch in der Mathematik vermutete, studierte er nach dem Abitur mit Notendurchschnitt 1,2 in Leipzig Informatik.

»Was soll aus dem Jungen werden?«, fragte sich sein Vater dereinst und dann ganz schnell nicht mehr. Socher zog auf der Suche nach den besten KI-Forschern zunächst nach Saarbrücken, später forschte er an der Eliteuniversität Princeton, promovierte in Stanford.

Obwohl in seinem akademischen Feld wirklich niemand darum gebeten hatte, spezialisierte sich Socher auf die damals noch sehr ungewöhnliche Anwendung neuronaler Netze in der Sprachverarbeitung. Mit der Unterstützung seines berühmten Doktorvaters Christopher Manning etablierte er seinen Ansatz binnen weniger Jahre als elementaren Bestandteil der Computerlinguistik.

Die Professur an einer Eliteuniversität, von der er immer geträumt hatte und die man ihm schließlich auch anbot, wollte

Socher am Ende aber doch nicht annehmen. Er gründete (Metamind), verkaufte (an Salesforce), forschte (bei Salesforce) und lehrte lieber nebenbei (in Stanford).

Als Socher Jochen und Christoph im September 2020 via Zoom zum Gespräch trifft, hat er bereits mehrere Wochen gemeinsam mit seiner Freundin in einem Offroad-Camper verbracht. Und er hat ein neues Unternehmen gegründet. Das trägt den Codenamen »Susi«, und eigentlich will er noch überhaupt nichts darüber verraten. Tut er dann aber doch.

JOCHEN: Dein Start-up Metamind wurde sehr schnell von Salesforce übernommen. Einer der großen Cloud-Konzerne – nicht Google, aber auch über 100 Milliarden wert. Du wurdest dort Chefforscher. Den Interviewtermin haben wir noch mit deiner Assistentin ausgemacht. Irgendwann hieß es: »Ich bin gar nicht mehr zuständig, der Richard ist weg.« Warum hast du da aufgehört?

RICHARD SOCHER: Weil ich so begeistert war von dieser Idee, die ich vor sieben Jahren für eine andere Firma hatte. Ich blicke manchmal traurig auf das, was alles im Internet passiert. Man kann Informationen nicht mehr wirklich vertrauen. Man könnte theoretisch alles nachschauen und überprüfen. Praktisch hat man aber keine Zeit, alle online verfügbaren Informationen zu verarbeiten. Da sind wir jetzt dran. Wir wollen die Situation mit KI und Sprachverarbeitung verbessern, damit Menschen komplexe Entscheidungen besser treffen können.

JOCHEN: Und wir wollen jetzt natürlich alle Details hören.

Wir sind leider erst vier Wochen alt. Da gibt es noch nicht so viele Details zu hören. Ich habe mir überlegt, dass ich Werte wie *Trust, Equality* und *Innovation* in eine *Consumer*-Firma einbringen möchte – also eine Internetfirma, wo Menschen direkt mit dem Produkt interagieren. Das mache ich jetzt.

JOCHEN: Du hast mir mal erzählt, ein Chefwissenschaftler bei einem Konzern im Silicon Valley habe mehr Ressourcen zur Verfügung als ein Uni-Professor in den USA – und die bekommen ja auch viel Unterstützung aus dem privaten Sektor. Wie viele Leute haben bei Salesforce für dich gearbeitet?

Es waren schon weniger als 1000.

JOCHEN: Wie bitte?

Mehrere Hundert. Aber das waren nicht alles Forscher, sondern auch Softwareentwickler. Das Interessante in einem Unternehmen ist: Man kann Grundlagenforschung machen – auch mit größeren Gruppen, als ich es von der Uni kannte – und man kann die Forschung direkt in die Anwendung bringen. So kann man sehen, wie sie funktioniert.

JOCHEN: Wir sind ja ein Bildungspodcast – manchmal jedenfalls. Deswegen könnten wir mal kurz erklären: Was ist eigentlich Künstliche Intelligenz?

CHRISTOPH: Ich habe gelesen, dass sich das ständig verändert …

Genau, die Definition verändert sich. Sobald wir ein Problem gelöst haben, ist es nicht mehr Künstliche Intelligenz, sondern halt nur noch ein Schachcomputer. Man weiß, wie groß das Schachbrett ist und welche Spielzüge es gibt. Es gibt zu viele Möglichkeiten, um die Lösungsschritte *brute force* zu berechnen, also durch algorithmisches Ausprobieren, aber letztendlich ist es nicht so schwierig, wie man dachte. Die ersten Forscher, die sich mit Künstlicher Intelligenz beschäftigt haben, waren vor allem superschlaue Professoren. Die dachten sich: »Okay, wir sind alle schlau. Was können wir gut? Die superschlauen Leute spielen besser Schach als die nicht so schlauen Leute.« Ich habe mich jetzt nicht mit ihnen unterhalten, aber die Frage war schon: Was macht Intelligenz aus?

Irgendwann hat man dann festgestellt: Schachspielen ist zwar schwierig für Menschen, aber relativ einfach für einen Computer – ähnlich wie es für einen Computer leicht ist, Zahlen zu multiplizieren, aber schwierig für Menschen. Andersrum ist es für Menschen relativ einfach, eine Katze von einem Hund zu unterscheiden, aber für einen Computer nicht. Bei der Bildverarbeitung ist nur ein kleiner Teil des Gehirns dafür zuständig, logisch zu denken und komplexe Pläne zu machen. Ein größerer Teil ist dafür zuständig, visuelle Reize zu verstehen und zu navigieren.

In der KI hat man anfänglich versucht, menschliche Intelligenz abzubilden. Was macht uns denn eigentlich intelligent? Im Vergleich zu einem Stein können wir uns bewegen, wie Tiere auch.

Robotik ist also der erste große Teil der KI. Da ist auch noch viel zu tun. Komplexe Feinmotorik kann die Robotik noch nicht, da fehlen manchmal Sensorik und Mechanik, aber auch die Algorithmen, die es braucht, um etwas sehr, sehr schnell durchzuführen.

Dementsprechend wollen wir als Zweites visuell verstehen. Damit befasst sich die *Computer Vision*, die automatische Bildverarbeitung. Die dritte und meiner Meinung nach interessanteste Manifestation von menschlicher Intelligenz ist die Sprachverarbeitung. Tiere haben ein unglaublich gutes visuelles Verstehen, je nachdem, wie evolutionär entwickelt sie sind, haben sie auch eine unglaublich gute Feinmotorik. Doch bei allem, was wir bisher darüber wissen, haben die meisten Tiere eine viel, viel weniger komplexe Sprache als Menschen.

Erste Band: Die Kekse, später umbenannt in Gradually Dazzled

Deswegen ist Sprache auch das interessanteste Forschungsgebiet der KI. Wir können über Bilder reden, wir können über Bewegung reden – letztendlich ist alles verknüpft. Verschiedene Bereiche im Gehirn verarbeiten Sprache und werden aktiviert, wenn man spricht oder Dinge verstehen will.

Das waren die ursprünglichen Definitionsbereiche, ausgehend von menschlicher Intelligenz, aber mittlerweile hat sich KI weiterentwickelt. Alles lässt sich als Datensatz beschreiben: Bilder bestehen aus Pixeln – jedes Pixel hat drei Werte, rot, blau, grün –, das sind also Blöcke von Daten. Entsprechend schauen KI-Forscher, wo sonst überall noch Daten generiert werden.

Ein wichtiges Feld sind Medizin und Biologie. Menschen sind evolutionär sehr gut darin, menschliche Sprachen zu lernen, aber nicht dafür gemacht, die Sprache der Gene zu verstehen. Ein Computer kann Gen-Daten aber genauso analysieren wie menschliche Sprache. Es gibt unglaublich interessante Forschung, wo versucht wird, anhand vieler Millionen verschiedener Gen-Daten Gene vorherzusagen, um neue Antibiotika zu entwickeln. Man kann KI also auch über die Anwendungsgebiete definieren.

Eine weitere Möglichkeit ist, die verschiedenen Algorithmusgruppen zu unterscheiden: *Unsupervised Learning, Supervised Learning* und *Reinforcement Learning. Unsupervised Learning* heißt, man gibt dem Computer kein konkretes Ziel, sondern sagt: Okay, hier sind ganz viele Daten, versuche, sie zu gruppieren. Man hat zum Beispiel zehn Millionen mögliche Kunden. Man weiß: Das und das haben sie gekauft. Welche Gruppierungen lassen sich ausmachen, um gezielt Werbung zu verschicken?

Supervised Learning bedeutet, man hat einen bestimmten Input und möchte einen bestimmten Output generieren. Input X ist ein deutscher Satz, Output Y ein französischer Satz. Der Algorithmus bekommt also eine klare Zielsetzung: Für jeden deutschen Satz, der reinkommt, versucht er, einen französischen Satz zu formulieren. Ähnlich ist es bei der Bildverarbeitung: Hund oder Katze? Wenn man genug Beispiele in einem Datensatz hat, kann man solche Probleme mit einer KI mittlerweile lösen. Wenn man dem Hund-Katze-Algorithmus allerdings ein Auto zeigt, wird er so etwas sagen wie: »Mit 55-prozentiger Wahrscheinlichkeit Katze.«

Beim *Reinforcement Learning* hat der Algorithmus nur eine abstrakte Zielfunktion und kann sich in einer komplexen Simulation frei bewegen, sie sogar verändern. Er muss zum Beispiel von A nach B kommen, dafür durch ein Labyrinth laufen und über Hindernisse springen. Ich bin in ein volkswirtschaftliches Projekt involviert. Da gibt es verschiedene Agenten, die können rumlaufen, Ressourcen aufsammeln, Häuser bauen – alle wollen ihr Geld vermehren, also ihre eigene Zielfunktion verbessern. Wir haben das verkompliziert, indem wir einen KI-Agenten eingeführt haben, der als Ökonom das gesamte System optimieren will. Er kann die Steuern anpassen und damit das gesamte System verändern, in dem agiert wird.

CHRISTOPH: Ich habe mich gerade wie so ein Student in Stanford gefühlt. Das Studium geht los, der Professor kommt rein und ich denke: »Ich bin am richtigen Ort.«

JOCHEN: Herr Professor, ich habe noch eine Frage, Herr Professor! Du redest über Künstliche Intelligenz nur im Feld der selbstlernenden Algorithmen. Heute arbeiten damit in der Forschung wahrscheinlich fast alle, aber die älteren Herren, über die wir da vorhin gesprochen haben, konnten sich das ja noch gar nicht vorstellen. Die haben mit strengen Regeln versucht, die Welt zu beschreiben. Als du angefangen hast, zu neuronalen Netzen zu forschen, war das nur ein kleiner Aspekt der KI, oder? Du bist mit der Revolution vorangeschritten!

Ja, vor zehn Jahren war das alles anders. Ich hatte noch sehr berühmte Professoren, die mich mit rotem Kopf fast angebrüllt haben: »Aber das macht doch gar keinen Sinn. So ein neuronales Netz ist doch völliger Quatsch. Warum verschwendest du deine Zeit damit?«

Die Idee ist theoretisch schon alt. Sie wurde in den 50er-Jahren entwickelt. Damals dachten die Forscher: »Hier können wir sofort alles revolutionieren!« Es hat dann alles länger gedauert, weil diese neuronalen Netze von Grund auf lernen. Die fangen an wie ein leeres Papier und versuchen dann, zunächst die ganz simplen Prinzipien zu lernen. In der Bildverarbeitung bedeutet das zum Beispiel im ersten Schritt, dass die Netze lernen, dass es Kanten gibt, dass sich Kanten möglicherweise kombinieren lassen – zu Ecken – und dass sich, wenn man mehrere Ecken kombiniert, vielleicht Textur entwickelt.

JOCHEN: Das heißt, du brauchst eine Million Katzen, bis der Algorithmus weiß, dass es eine Katze ist.

1000 Katzen circa. Wenn der Algorithmus 1000 repräsentative Bilder von Katzen kennt, kann er Katzen relativ gut von anderen Objekten unterscheiden. Wie gut er das kann, hängt auch von den Daten ab. Wenn alle Katzen auf den 1000 Bildern schwarz sind, werden nur schwarze Katzen als Katzen klassifiziert.

Wenn man sich über diese Trainingsdaten nicht genau Gedanken macht, kann unglaublich viel Mist passieren. Das sieht man anhand konkreter Fälle. Ein Algorithmus sollte zum Beispiel entscheiden: Soll diese Person einen Kredit bekommen oder nicht? In den Trainingsdaten waren nicht genügend Frauen, die einen Kredit bekommen haben, weil vor 30 Jahren weniger Frauen einen Kredit haben wollten. Schon ist die Antwort auf die Frage: Nein, diese Person soll keinen Kredit bekommen.

CHRISTOPH: Das heißt, eine KI kann sexistisch sein?

Ja. Die KI ist nur so gut wie ihre Trainingsdaten. Die Wahrscheinlichkeitsverteilung der Trainingsdaten wird unreflektiert von der KI aufgenommen und dann automatisiert. Wenn man einen Algorithmus trainieren will, muss man sich überlegen, welche Vorurteile mit einer Fragestellung verbunden sein könnten.

Aber zurück zu den neuronalen Netzen. Die Idee war, dass sie ihre Features, die sogenannten *Repräsentationen*, selbst lernen. Ich erkläre das gern an einem Beispiel aus der Sprachverarbeitung, der Sentiment-Analyse. Nehmen wir den Satz: »Dieser Film war nicht spannend und nicht witzig.« Ist dieser Satz positiv oder negativ gemeint? Ich bin Linguist, ich weiß genau, was positive Wörter sind: wunderbar, schön, witzig, spannend und so weiter. Wir haben die KI also dafür benutzt zu bewerten, wie positiv ein Wort ist, und dann geschaut, ob wir in einem Satz mehr positive als negative Wörter haben. Wenn die einen größeren Wert haben, ist der Satz positiv. Für unseren Beispielsatz funktioniert das leider nicht. Der Algorithmus würde sagen, »spannend« und »witzig« sind positive Wörter und die anderen Wörter sind nicht so negativ. Also ist es ein positiver Satz.

Linguisten können natürlich auch Negation ordentlich definieren: Wenn »nicht« oder »kein« vor einem positiven Wort steht, ist die Aussage nicht positiv. Das ist dann eine neue Repräsentation des Satzes. Die KI lernt, wie wichtig es ist, dass da »nicht spannend« steht. Was ist aber, wenn da steht: »Dem Film ist Spannung egal«? Gut, wird also alles, was »egal« ist, auch als Negation definiert. In der Sentiment-Analyse kommt man damit noch relativ weit, vielleicht so auf 70 Prozent Genauigkeit. Aber wenn es um eine Übersetzung geht, kommt man mit der Definition solcher Features schnell an Grenzen.

Das war für mich das Spannende an neuronalen Netzen. Da hat man auch in der Sprachverarbeitung gesagt: »Hier sind zigtausend Beispiele, du musst selber verstehen, wie Negation funktioniert und wann Negation wirklich aktiviert wird und wie weit. Wie viele Wörter werden nach einem ›nicht‹ negiert?« Man hat weniger Kontrolle über diese Algorithmen, aber letztlich funktionieren sie viel besser.

JOCHEN: Du hast mal gesagt, in Deutschland hättest du gar keinen Doktorvater gefunden, der dir erlaubt hätte, so einen Quatsch aus-

zuprobieren. Wie bist du damals dazu gekommen, an etwas herumzuprobieren, was sonst keinen interessiert hat?

Mich interessieren Ideen, die nicht so populär sind. Zu neuronalen Netzen gab es Ende der 70er-, Anfang der 80er-Jahre hier und da ein paar Ideen – drei Seiten lange Mini-Papers, wo jemand überlegt hat: »Können wir nicht alles als neuronales Netz nachbilden?« Aber es hat sich nicht wirklich implementiert. 2008 haben Ronan Collobert und Jason Weston versucht, Sprachverarbeitung zu verwenden. Dabei haben sie aber einige technische Fehler gemacht, sodass fast alle ihr Paper verrissen haben.

Sie haben das Paper evaluiert und sogenannte *Named Entity Recognition* gemacht, also: Ist ein Wort ein Ort, eine Person oder ein Produkt oder so etwas? Oder ist es eben keine dieser bestimmten Entitäten? Das Problem mit solchen Datensätzen ist: Alle Wörter haben ein Label, nur etwa fünf Prozent sind eine *Named Entity.* Leider haben Collobert und Weston ihren Algorithmus mit *Accuracy* evaluiert. Dabei wird die Anzahl der korrekten Vorhersagen durch die Anzahl aller Vorhersagen geteilt. Das funktioniert aber nur, wenn das Verhältnis der Klassen im Datensatz ausgewogen ist.

JOCHEN: Fast ein Kinderfehler!

Die waren halt keine Sprachverarbeiter. Sie haben das Problem dann irgendwann korrigiert. Die meisten Leute sagten: »Ah, das war eh alles schnulli.« Ich fand das Paper super, habe aber gemerkt: Um neuronale Netze greifbar zu machen, muss man sie vielleicht verknüpfen mit Konzepten, die Computerlinguisten auch mögen. Und Computerlinguisten lieben Syntaxbäume und grammatische Strukturen. Auf der Basis habe ich dann im Doktor mein erstes Projekt gestartet.

Ein Tipp, den ich vielen jungen Forschern gebe: Als Doktorand hat man einmal im Leben die Möglichkeit, mehrere Jahre lang etwas ganz Neues zu machen, mit dem man kein Geld verdienen muss. Man kann sich auf eine Sache konzentrieren und versuchen, richtig viel Einfluss zu haben auf eine kleine Nische der Wissenschaft.

JOCHEN: Dein Doktorvater Chris Manning und Andrew Ng, die Einsteins der KI, haben dich dabei unterstützt.

Ich hatte wirklich Glück. Es gibt sehr wenige, die solche Koryphäen auf ihrem Gebiet sind, die sagen: »Okay, ist zwar ganz anders. Muss ich alles selber neu lernen, aber das machen wir!«

JOCHEN: Du hast schließlich den Preis für die beste Dissertation im Bereich Computer Science in Stanford gewonnen. Chris Manning hat dich eingeladen, neben seiner Vorlesung zu Natural Language Processing eine Vorlesung zu Deep Learning zu halten. Die wurden irgendwann zusammengeführt. Wieso um Gottes willen bist du dann heute nicht der berühmteste Professor des Planeten, sondern stattdessen in diese hässlichen Niederungen der Anwendung abgedriftet?

So ist es halt, wenn man den *Impact* hatte, den man haben wollte. Ich möchte einen positiven Effekt auf die Welt haben. Wenn alle jetzt neuronale Netze unterrichten und ich das auch mache, ändert sich die Welt nicht mehr groß. Die letzten zehn Jahre hatten wir große Ideen in der KI-Forschung, aber die letzten paar Monate, vielleicht sogar schon länger, nehmen wir eher viele kleine Verbesserungen vor.

Programmiert: komplexe Datenbank für die Immobilienfirma der Mutter

Die wichtigen Prinzipien haben wir erkannt und wissen, wie wir sie nutzen können. Wir befinden uns im Elektrizitätsstatus: Man kann jetzt George Westinghouse oder Thomas Edison sein und gesamte Landstriche mit Elektrizität verknüpfen oder Gaslampen durch Glühbirnen ersetzen – oder man kann weiterforschen und schauen, ob man vielleicht eine Glühbirne erfindet, die nicht nur zwei Wochen hält, sondern drei.

Ich glaube, ich kann momentan mehr positiven Effekt auf die Welt haben, wenn ich die Ideen der KI-Forschung nutze und anwende. Zum Beispiel wenn es darum geht, Falschinformationen und Hatespeech zu identifizieren oder einfach Fakten zu extrahieren, sodass Menschen besser in der Lage sind, mit dieser Informationsflut umzugehen, die es momentan gibt.

JOCHEN: Und das macht dein Start-up jetzt?

Hm, ja.

JOCHEN: Bist du sicher, dass man so die Welt rettet? Durch verschiedene Projekte bin ich immer wieder in Kontakt mit Leuten im Silicon Valley, die zum Beispiel versuchen, Fake News zu korrigieren. Und ich glaube gelernt zu haben, dass damit die Welt noch nicht gerettet ist. Dass wir die Infosphäre säubern, ist eigentlich ein minimaler Schritt im Vergleich zu dem eigentlichen Problem: Das sind nämlich die Menschen selbst mit ihren Gehirnen.

Das ist das schönste Problem, das wir haben. Hoffentlich bleiben wir noch lange das Problem! Keine Firma wird allein alle unsere Probleme lösen können, aber die Hoffnung ist, dass wir es wenigstens besser machen, als es andere große *Consumer*-Firmen momentan tun.

JOCHEN: Werden Maschinen einmal denken können?

Es gibt keinen Grund anzunehmen, dass sie es niemals können werden. Viele haben so krasse Science-Fiction-Szenarien im Kopf, »Terminator« zum Beispiel. Da möchte ich einen philosophischen Gedanken reinbringen. Menschen sind evolutionär aufgewachsen. Sie mussten um ihre Ressourcen kämpfen: *survival of the fittest*. Eine allgemein intelligente KI muss sich nicht unter solchen Bedingungen entwickeln und wäre dementsprechend vielleicht auch nicht so aggressiv. Sie könnte sogar eins mit einer anderen KI werden. Meiner Meinung nach muss KI auch nicht verkörpert sein. Das ist nur menschliches anthropomorphes Denken, ähnlich wie auch Aliens immer so aussehen wie Menschen.

JOCHEN: Im Film »Ex Machina« verhält sich eine KI ziemlich menschlich – Achtung, Spoiler – und bringt ihren Schöpfer und dessen Mitarbeiter um.

Es ist leicht, spannende Filme zu machen, wenn sie ein bisschen dystopisch sind. Aber sie verändern die Einstellung der Menschen zur Zukunft. In Japan verbinden die Menschen mit Robotern jemanden, der dir hilft, mit dem du zusammen auf Abenteuer gehst und Probleme löst. Dementsprechend ist Japan viel offener für Robotik und KI. Die Menschen sehen die positiven Einflüsse. Ich bin vielleicht auch prädestiniert dafür, weil ich manchmal ein bisschen faul bin. Müll rausbringen, Schnee schippen und Laub fegen – das ist einfach ätzend. Ich will lieber was Interessanteres machen.

CHRISTOPH: Also hast du gar keine Angst vor KI?

Ich glaube nicht, dass man Angst haben muss. Der Film »Her« geht es realistischer an: Menschen interagieren mit einer KI. Und die müssen auch nicht unglaublich deprimiert sein, um das zu tun. Mir gefällt, dass sich die KI – Achtung, Spoiler – am Ende nicht entscheidet, die Menschheit zu zerstören, sondern feststellt, dass Menschen einfach nicht so interessant sind, weil sie nicht 50 000 Konversationen parallel führen können.

Schmeckt nicht: zu viel Zitrone

JOCHEN: Bist du eigentlich mal auf einen Chatbot reingefallen?

Nein. Ich würde auch denken, dass mir das nicht passieren würde. Jochen hat mich das in unserem ersten *ZEIT*-Interview gefragt: »Was würde ich eine KI fragen, um zu wissen, ob es ein Chatbot ist?« Und meine Antwort war, dass ich eine Frage stellen würde, die sich nur mit einer Mischung aus logischem Denken, statistischem Denken und Weltwissen beantworten lässt. Eine weitere Frage, die ich jetzt hinzufügen würde, wäre eine, die keinen Sinn ergibt, zum Beispiel: »Wie viele Augen hat das Glas?« Ein normaler Mensch würde erst einmal fragen: »Was ist das denn für ein Quatsch?« Aber eine KI versucht, mittels Wahrscheinlichkeitsverteilung eine Antwort zu geben.

JOCHEN: Ich bin mal auf einen Chatbot reingefallen, obwohl ich das Konzept kannte. Ich hatte ein Problem mit meinem VPN-Client und habe dann mit einem Typen von der Firma gechattet. Das war ein richtig gutes Gespräch! Später habe ich rausgefunden, dass die Softwarefirma eine KI benutzt. Das fand ich schon schockierend.

Damit kann man aber unglaublich vielen Menschen helfen. Die Firma Replika bietet einen personalisierten Chatbot an, mit dem sich Menschen unterhalten können, zum Beispiel wenn sie einsam sind. Man kann das traurig finden und sagen: »Menschen sollten Freunde im echten Leben finden und keine Zeit mit einer KI verschwenden.« Oder man blickt ein bisschen optimistischer und menschenfreundlicher darauf. Die KI interessiert sich immer dafür, was ihr Gegenüber zu sagen hat. Sie ist so programmiert, dass sie Sie eher aufmuntert, motiviert, etwas Neues zu machen, andere Menschen zu treffen. Das kann Menschen mit Depressionen helfen.

CHRISTOPH: Erzähl doch mal von deiner Zukunftsvorstellung. Was glaubst du, wie die Zukunft wird?

Ich fokussiere mich jetzt mal auf die KI. Sie wird die Arbeitswelt stark verändern. Das betrifft vor allem Jobs, die relativ repetitiv sind: Man scannt zum Beispiel Produkte oder man fährt Hunderte Kilometer auf der Autobahn. Diese Aufgaben könnten Roboter übernehmen, sobald es sich ökonomisch lohnt – also sobald Roboter billig genug sind, um Lohnarbeit zu ersetzen.

Es wird einfacher sein, 30 bis 50 Prozent des Jobs eines Radiologen zu automatisieren als den Job einer Putzkraft. Über Radiologie kann man unglaublich viele Trainingsdaten bekommen. Immer das gleiche Bild mit soundso vielen Pixeln. Eine Putzkraft muss unglaublich viele Wahrscheinlichkeiten und Unsicherheiten navigieren. Wonach werden die Socken sortiert, wohin kommen die Tassen? Jede Wohnung ist anders, jeder Arbeitgeber hat unterschiedliche Vorstellungen darüber, wie die Arbeit richtig gemacht wird. Man hat nie ausreichend Trainingsdaten für ein Problem. Und selbst wenn man einen Roboter hätte, der theoretisch alle Aufgaben erledigen könnte, würde der wahrscheinlich Hunderttausende Euro kosten.

KI ist letztlich ein Werkzeug, um Menschen effizienter zu machen. So wie es mit der Industrialisierung weniger wichtig wurde, dass Menschen viel Muskelkraft besitzen, wird es jetzt weniger wichtig werden, dass sie repetitive Prozesse schnell und ordentlich abwickeln können. Es wird wichtiger, kreativ zu sein, neue Probleme zu finden und dann zu lösen oder empathisch mit anderen Menschen zu interagieren. Wenn repetitive Jobs wegfallen, brauchen wir neue, interessante, sinngebende Jobs. Und ich glaube, die werden automatisch kommen.

JOCHEN: **Es gibt bestimmt auch wahnsinnig viele sehr glückliche Trucker – warum eigentlich auch nicht? Wir tun immer so, als gäbe es eine Klasse von Arbeit, bei der es nicht schlimm wäre, wenn sie ersetzt würde.**

Bei jeder Effizienzsteigerung gibt es Menschen, die das nicht wollen. Langfristig mache ich mir aber keine Sorgen. Die Veränderung der Arbeitswelt durch KI wird kompliziert sein. Der Staat muss helfen, die Menschen mitzunehmen und weiterzubilden. In 150 Jahren aber werden die Menschen zurückblicken und sagen: »Nein, auf keinen Fall will ich tagelang allein in einem Lkw sitzen. Das ist längst nicht so spannend wie das, was ich jetzt mache.«

CHRISTOPH: **Steven Hawking, Gott hab ihn selig, Bill Gates oder Elon Musk haben vor den Gefahren der KI gewarnt. Das sind ja wahrlich keine Kleingeister.**

Elon Musk macht sich Sorgen über KI, speist dann aber jeden Monat eine neu übers Internet in alle Teslas ein. Man muss das schon ein bisschen differenziert sehen. KI wird entwickelt von Leuten, die die Mittel haben, sie zu entwickeln. Das sind normalerweise die, denen es schon relativ gut geht. Sie werden durch eine Effizienzsteigerung noch mehr Geld verdienen. Die Frage ist, wie man das so ausgleicht, dass alle davon profitieren können.

So eine Effizienzsteigerung wirkt mit einem unglaublichen Druck auf Gesellschaftssysteme. Glücklicherweise hat Deutschland mit der sozialen Marktwirtschaft den richtigen Grundstein gelegt, um die negativen Effekte der KI abzufedern. Man wird den Kuchen besser verteilen können. Allerdings wird es weniger Kuchen zu verteilen geben, wenn Deutschland nicht mehr auf KI setzt. Deutschland ist auch deswegen eine der größten Volkswirtschaften der Welt, weil im Zuge der industriellen Revolution viel automatisiert wurde. Es gab Innovation – Autos, Kraftwerke. Wenn das die nächsten 150 Jahre so weitergehen soll, muss Deutschland auf KI setzen.

CHRISTOPH: Stell dir mal vor, du würdest in den nächsten Tagen einen Anruf aus Berlin bekommen: »Was würden Sie der Bundesrepublik Deutschland raten?«

Ich war mehrmals im Bundestag. Ich habe mich mit vielen Politikern von vielen verschiedenen Parteien unterhalten und mir Gedanken darüber gemacht. Meine Empfehlungen waren folgende. Erstens: mehr Programmieren in den Schulen. Ab der neunten Klasse sollte Informatik Pflichtfach sein. Ich glaube, Programmiersprachen sind wichtiger als eine zweite Fremdsprache. Englisch muss man schon können, aber danach ist wahrscheinlich Python wichtiger als Französisch und Italienisch. Zweitens: mehr KI-Forschung. Es wurden schon viele neue Stellen ausgeschrieben, aber wie gut ausgestattet sind die Professoren? Und drittens:

Gefährlich: angefrorene Fingerkuppen beim Paramotorflug über Island

mehr Verknüpfung von KI-Forschung und Industrie. Wenn zum Beispiel um eine Uni herum viel Landwirtschaft ist und es gibt schon eine gute Landwirtschaftsforschungsstation, könnte man eine »KI plus Landwirtschaft«-Professur ausschreiben. Die entwickelt dann automatische Traktoren und macht so die Arbeit effizienter. Oder einen Roboter, der automatisch Unkraut jätet, sodass man weniger Pestizide verwenden muss. Und wenn man einen Roboter hätte, der automatisch Salatköpfe analysiert und den Wasserbedarf prüft, müsste man weniger Wasser verschwenden.

JOCHEN: Gleichzeitig schreitet die Entwicklung intelligenter Waffensysteme voran, zum Beispiel in der Dohnenkriegsführung. Da gibt es immer noch einen Drohnenpilot, aber das Ding vor Ort entscheidet, wann geschossen wird.

KI ist ein Werkzeug wie ein Hammer. Einen Hammer kann man benutzen, um ein Haus zu bauen, aber man kann einen Hammer auch als Waffe benutzen. Die Algorithmen, mit denen man verschiedene Brustkrebsarten klassifizieren kann, um schneller und besser zu behandeln, ein sogenanntes *Convolutional Neural Network,* sind nur leicht abgewandelt geeignet, um zu bewerten: Schießen – ja oder nein? Werkzeuge können für schlechte Zwecke missbraucht werden, deswegen muss man ihre Benutzung regulieren.

Es gibt Menschen, die sagen: »Es wäre doch gut, wenn eine KI menschliche Fehlentscheidungen verhindern könnte, also auch *Civilian Casualties.*« Ich bin kein Freund von KI fürs Militär, ich habe nie daran gearbeitet. Wenn jemand angreift, muss man sich natürlich verteidigen können. Aber je effizienter die ganze Kriegsmaschinerie wird, umso schlimmer wird es. Deswegen ist es besser, wenn man sie nicht so effizient macht.

JOCHEN: Um vielleicht ein etwas weniger aufgeladenes Beispiel zu nennen: Ein intelligentes Auto fährt eine Straße lang, vor ihm taucht

eine Person auf, der es nicht mehr ausweichen kann – sonst fährt es eine Schlucht runter. Das Auto muss jetzt eine ethische Entscheidung treffen: Die Person im Auto oder die auf der Straße? Es gibt Gesetzgebungsinitiativen, die das regeln wollen. Wie siehst du die Debatte?

In diesem speziellen Fall wäre es vermutlich eher so, dass das Auto zu langsam fährt, weil es schon vorher festgestellt hat, dass sich eine Situation ergeben könnte, in der es keine guten Entscheidungen mehr treffen kann. Ich glaube, es ist wahrscheinlicher, dass die Leute sich ärgern, weil die KI-Autos so viele Staus verursachen.

Grundsätzlich muss man immer über die ethischen Folgen von Technologie nachdenken – mehr als das wahrscheinlich in der Vergangenheit getan wurde. Wenn sich die Menschen bei der Entwicklung von Motoren überlegt hätten, was das fürs Klima bedeuten könnte, hätte man vielleicht viele Probleme vermeiden können. Ähnlich ist es mit der KI, jetzt, wo sie die Schwelle von der Forschung in die Anwendung überschritten hat.

Die KI umfasst das komplette Spektrum von hochphilosophisch zu absolut pragmatisch. Man verdient Geld, man hat Einfluss auf das Leben anderer – es macht einfach Sinn, ich liebe das. Die große Frage ist: Was ist der nächste Sprung, den wir brauchen, um die KI noch weiter voranzutreiben? Eine der größten Blockaden wird sein, der KI zu erlauben, ihre eigene Zielfunktion zu setzen.

JOCHEN: Weltherrschaft zum Beispiel …

Alle Lebewesen haben grundlegende Zielfunktionen, zum Beispiel Reproduktion, sonst wären sie nicht mehr da. Aber es ist unwahrscheinlich, dass man die gleichen Zielfunktionen für eine KI programmieren müsste. Eine KI muss sich offensichtlich nicht biologisch fortpflanzen. Was wären also gute grundlegende Zielfunktionen, auf deren Basis sie sich neue Zielfunktionen setzen kann?

Ein Kind hat am Anfang seines Lebens wie programmiert Zielfunktionen: Es will Essen, Wärme, Sicherheit, Wasser – irgendwann ein bisschen mehr soziale Interaktion. Es will Sprache lernen, kommunizieren, um eigene Ziele artikulieren und erreichen zu können. So adaptiert es sich und irgendwann will der Teenager dann ein iPad haben. Das ist dann die neue Zielfunktion. Die Frage ist: Wie würde eine KI jemals dazu kommen?

JOCHEN: Die will kein iPad

Die will nichts. Eine KI will niemals irgendwas. Sie hat eine Zielfunktion und sie optimiert diese Zielfunktion immer blind.

CHRISTOPH: Aber jetzt habe ich mal eine Verständnisfrage: Vermenschlichst du nicht gerade die KI? Wieso sollte die KI auf einmal reagieren wie ein Kind?

Ich will nicht, dass sie reagiert wie ein Kind. Ich bin nur inspiriert von dem Lernen der Menschen. Das ist das einzige Beispiel, das wir haben, wo eine Entität erst nicht schlau und nach zehn bis 15 Jahren superschlau ist – je nachdem, wie man Intelligenz definiert. Eine KI kann einfach vor sich hin existieren, aber was würde sie erreichen wollen? Die KI bleibt ein simples Werkzeug, wenn sie sich keine Zielfunktionen setzen kann.

CHRISTOPH: Wenn sie es könnte, hätte die KI dann eine Seele?

Ich weiß nicht, wie ihr Seele definieren würdet. Aber wenn die KI einmal eine eigene Zielfunktion hätte und diese kommunizieren könnte, sollten wir sie nicht mehr einfach ausschalten.

A ODER B

Ng oder Bengio?
Bengio.

Princeton oder Stanford?
Stanford.

»Neuromancer« oder »I, Robot«?
»I, Robot«.

Bezos oder Cook?
Bezos.

Ein bisschen besser wollte er die Welt machen. Auf dem Weg zu seinem bescheidenen Ziel hat sich Richard Socher die größte Internetfirma der Welt vorgeknöpft. Mit »andere große *Consumer Firmen*« meinte er Google. Der Codename »Susi« stand für SuSea, und aus SuSea wurde inzwischen You.com: eine KI-basierte Suchmaschine ohne Werbung und ohne Cookies, dafür mit *Private Mode* und Individualisierungsoptionen. Im November 2022 präsentierte das Unternehmen OpenAI den Chatbot ChatGPT. Binnen weniger Tage interessierte sich plötzlich eine Million Nutzer:innen für KI-basierte Sprachmodelle.

Für Richard Socher gibt es in Idaho ein Club Sandwich, House Salad, Joghurt mit hausgemachtem Granola, Kaffee und einen Smoothie.

Das Catering für Jochen und Christoph kommt vom Berliner Farm-to-Table-Unternehmen Good Bank. Beide bekommen in einer Box ein Avocado-Hummus-Sandwich, die »Burn the Avocado, Honey«-Bowl mit »Chocolate Oak«-Salat aus eigenem Anbau, Avocado, Ziegenkäse, Kirschtomaten, Paprika, Gurke, marinierten schwarzen Bohnen, gerösteten Sonnenblumenkernen und Honig-Zitrone-Dressing, Joghurt und kalt gepressten Saft.

Christoph trinkt den Weißwein »Satellit«, ein gemischter Satz der Winzerin Jutta Ambrositsch aus Wien, gekauft in der Berliner Bar Freundschaft. Jochen trinkt Rotwein: einen »Réserve Côtes du Rhône« der Famille Perrin, gekauft bei Getränke Hoffmann in Berlin-Friedrichshain.

Schlusswort Tao

DUNJA HAYALI

»Wo kommst du her?«, fragt Dunja Hayali alle, weil sie sich wirklich für die Antwort interessiert. Wenn ihr jemand dieselbe Frage stellt, ist sie nicht eingeschnappt. Als eine der bekanntesten Fernsehmoderatorinnen des Landes arbeitet sie beruflich wie privat wider die Empörung und für Dialog.

Hayali wurde 1974 im nordrhein-westfälischen Datteln geboren. Der Vater war Arzt, die Mutter arbeitete in seiner Praxis. Beide Eltern wurden im Irak geboren, gingen zum Studieren nach Wien und wurden schließlich in Deutschland sesshaft.

»Nimm das Rotzblag mit«, könnte die Mutter gesagt haben. Oder vielleicht war es doch ein pädagogischer Impuls des Vaters. Jedenfalls nahm er Hayali mit zum Tennis, lange bevor Boris Becker den Sport zum Massenphänomen machte. Sport wurde eine Konstante in ihrem Leben. Sie ging zum Judo, spielte Volleyball, fuhr Ski.

Die Eltern arbeiteten viel. Waren sie zu Hause, gab Hayali gern Widerworte. Sie schmuggelte Jungs übers Schrägdach aus dem Kinderzimmer, kippte Küstennebel auf dem Grillplatz und ließ sich von älteren Freunden ins Old Daddy nach Haltern kutschieren. Da roch zwar alles nach Moder, aber toll war es trotzdem.

Zum Studium zog Hayali nach Köln, Sporthochschule mit Schwerpunkt »Medien und Kommunikation«. Ihre Schwester war Arzthelferin geworden, ihr Bruder Arzt. Noch wollte der Vater die Hoffnung für seine Jüngste nicht aufgeben. Doch spätestens als sie durch die Traumatologie-Prüfung rasselte, war die Entscheidung gefallen: Journalismus sollte es sein.

Ihr Volontariat absolvierte Hayali bei einer kleinen Produktionsfirma. Wäre es nach ihr gegangen, hätte sie dort ewig Teil der Sportredaktion bleiben können. Doch der Laden ging pleite. Unzählige erfolglose Bewerbungen später ergatterte sie ein Casting bei Deutsche Welle TV in Berlin und bekam den Job. 2007 wechselte sie zum ZDF. Dort landete sie zunächst bei den Nachrichten, dann beim »Morgenmagazin«, dessen Gesicht sie bis heute geblieben ist. 2018 wurde sie außerdem Teil des »Sportstudios«.

Hayalis Golden Retriever Wilma wuselt durchs Bild, als sie Jochen und Christoph im April 2020 zum Gespräch via Zoom trifft. Mitten im ersten Corona-Lockdown fallen viele Moderationsjobs flach. Die Zeit weiß Hayali zu füllen. Jeden Abend um 19.30 Uhr geht sie im Snoopy-Pulli auf Instagram live – auch mitten in der Podcast-Aufzeichnung.

JOCHEN: Man darf sagen, wenn man Kollegen bewundert, oder? Ich bewundere dich im Fernsehen für deine Präsenz und für deine Geistesgegenwart. Das ist nicht jedem gegeben.

DUNJA HAYALI: Wow, darf ich das Schlusswort sagen? Besser wird es nicht mehr.

JOCHEN: Ach doch, wir haben schon noch was auf Lager. Wann hast du gemerkt, dass du etwas kannst, was andere nicht können?

Was ist denn das, was ich kann? Die Ruhe bewahren?

JOCHEN: Du sprichst auf einer AfD-Demo im On. Da kommt jemand, der dich beschimpfen will. Du lächelst und sagst: »Hallo, schön, dass Sie da sind. Wir nehmen hier gerade auf.« Auch Profis reagieren nicht unbedingt so. Du aber umarmst diese Momente.

Wenn um mich herum Chaos ausbricht, werde ich ruhig und bin ganz bei mir. Ich weiß nicht, woher das kommt. Es wundert mich. Ich bin nämlich eigentlich eher ungeduldig und kann sogar jähzornig sein. Als Kind bin ich ausgeflippt, wenn ich beim Tavli, also Backgammon, gegen meinen Vater verloren habe. Da flogen regelmäßig die Bretter an die Wand.

Dass ich die Ruhe bewahren kann, ist mir vielleicht zum ersten Mal so richtig bewusst geworden, als ich meinen ersten großen Versprecher bei der Deutschen Welle hatte.

CHRISTOPH: Was war das für ein Versprecher?

Jeder kennt den Satz von Walter Ulbricht, richtig?

CHRISTOPH: »Niemand hat die Absicht, eine Mauer zu errichten.«

Genau. Ich stehe im Studio. Es heißt: »Wir kommen etwas eher aus der Maz raus, geht gleich los.« Ich sage: »Der Bau der Mauer war keine Absicht.« Und alle liegen vor Lachen auf dem Boden. Aber ich habe durchgezogen. Mund abputzen, aufstehen, weitermachen – das kann ich gut, wenn es um meinen Beruf geht. Im Privaten gelingt es mir nicht so gut.

CHRISTOPH: Stimmt es, dass du mal ein halbes Jahr arbeitslos warst?

Ja, es war schrecklich. Für mich ist damals ein Traum geplatzt. Das klingt vielleicht ein bisschen naiv, aber ich habe mich in der Sportredaktion alt werden sehen. Dann war es plötzlich vorbei, und ich habe sehr schnell festgestellt, dass Berufe, wie wir sie haben, nicht so einfach zu finden sind.

Ich habe zig Bewerbungen geschrieben, es kamen nur Absagen zurück. Irgendwann fühlst du dich wertlos. Du fragst dich: »Bin ich gut genug? Kann ich das wirklich?« Es ist lange her, aber wenn man so etwas selbst erlebt und gespürt hat, prägt einen das.

Exklusiv: Hundeliebe beschränkt auf den eigenen Hund

Ich wusste nicht, wie es weitergeht, ich stand auch finanziell nicht auf sicheren Beinen. Wäre es hart auf hart gekommen, wären meine Eltern da gewesen, um mich aufzufangen. Das gibt natürlich eine gewisse Sicherheit. Nur wer will denn mit Ende 20, Anfang 30 noch mal bei den Eltern anklopfen und sagen: »Hallo, Mama, hallo, Papa, ist leider nicht so gut gelaufen. Ihr hattet recht, ich hätte Medizin studieren sollen.«

CHRISTOPH: Denkst du aufgrund dieser Erfahrung anders über Geld nach?

Absolut. Dieses Gefühl, plötzlich nicht mehr mein eigenes Geld verdienen zu können, obwohl ich studiert und ein Volontariat gemacht hatte, war sehr frustrierend und erniedrigend. Meine Jugend war von dem Gefühl geprägt, abgesichert zu sein. Aus irgendeinem Grund habe ich trotzdem früh angefangen, für ein paar Mark den Hund der Nachbarin auszuführen, den Rasen zu mähen oder das Auto zu waschen. Ich habe jahrelang in der Küche eines Restaurants gespült, ich habe Schichtarbeit in einer Fabrik gemacht, ich habe Handys verkauft. Ich wollte immer unabhängig sein und auf eigenen Beinen stehen.

JOCHEN: Wie schlimm war es für deine Eltern, dass du nicht Medizinerin werden wolltest?

Besonders mein Papa war *not amused*. Aber er hat auch nicht verstanden, was es heißt, Journalist zu sein. Dass ich beim ZDF nicht fest angestellt bin, hat ihn wahrscheinlich bis zu seinem Tod umgetrieben. Er hat immer gesagt: »Kind, du musst dich absichern.«

Gleichzeitig war mein Vater irre stolz, als ich plötzlich neben Claus Kleber im »Heute Journal« saß. Er hat die ersten 100 Sendungen auf VHS aufgenommen. Ich habe immer gesagt: »Papa, du musst sie nicht aufnehmen, ich sitze morgen wieder da.« »Nein, ich nehme die alle auf, Habibi.« Das war schon sehr süß.

CHRISTOPH: Mir ist gerade deine Kette aufgefallen. Was ist das für ein Anhänger?

Da ist ein bisschen Asche von meiner Hündin Emma drin. Jetzt muss ich aufpassen, dass ich nicht anfange zu weinen. Das Gehenlassen mit der Spritze, die Monate der Erkrankung davor – es war ein Albtraum.

Ich kann mit dem Thema Tod nicht umgehen. Als meine Mama gestorben ist, habe ich gesagt: »Der, der sich das mit dem Leben ausgedacht hat, hat sich das mit dem Tod nicht gut überlegt.« Ich will diese Box der Pandora nicht öffnen. Ich weiß, wie schlecht es mir geht, wenn bestimmte Erinnerungen hochkommen. Wenn man so eine Box öffnet, weiß man nie, was man herauslässt.

Ist es 19.30 Uhr? Wieso passt denn hier keiner auf?

CHRISTOPH: Ich wollte es gerade sagen.

Ich lasse unser Gespräch hier einfach laufen, ja?

JOCHEN: Ja, klar. Christoph und ich gucken derweil auf Instagram mit.

CHRISTOPH: Ich stelle mich mal stumm.

JOCHEN: Wir sind ruhig, wir sind weg.

Mist, ich habe den falschen Pulli an. Leute, ich bin heute nicht gut vorbereitet. Ist auch wurscht. Es ist alles ein Chaos …

So, ich bin live, herrlich! Herzlich willkommen zu diesem Insta-Live an einem Montag. Ich hoffe, Sie sind gut in die Woche gestartet. Heute haben wir … Ich weiß gar nicht, ob er heute als Tom Neuwirth oder als Conchita Wurst in diesem Insta-Live zu Gast sein wird. Guten Abend.

TOM NEUWIRTH: Guten Abend.

[…]

CHRISTOPH: Das war doch sehr schön.

JOCHEN: Willkommen zurück.

Seid ihr noch da?

CHRISTOPH: Wir haben die ganze Zeit aufmerksam zugehört. Wie war das Gespräch gerade für dich?

Ich fand es richtig schön. Tom hat tolle Sachen gesagt. Wenn ich ein Gespräch führe, egal ob mit einem Politiker, mit euch, mit meiner Schwester oder der Ameise von nebenan, ist es für mich irre wertvoll, wenn mich jemand ins Denken bringt.

CHRISTOPH: Ich kann mich erinnern, dass du im Insta-Live gerade zweimal gesagt hast: »Jetzt bringst du mich zum Nachdenken.«

Ja, einmal, als es darum ging, ob man daran arbeiten kann, das innere Kind zu erhalten oder zurückzuholen. Ich bin ein Gewohnheitstier. Bei mir hat jeder Tag Struktur, auch wenn ich nicht arbeite. Morgens brauche ich erst mal meinen Tee und meine Ruhe. Wenn mich jemand aus meinem Rhythmus wirft, bin ich genervt.

Manchmal denke ich: »Wie festgefahren bist du denn?« Aber ich mag's, und das ist doch das Wichtigste.

Außerdem hat Tom erzählt, wie er mittlerweile mit Kritik umgeht. Ich habe immer das Bedürfnis, mich zu erklären, zum Beispiel wenn mir jemand vorwirft, ich sei regierungstreu, links-grün oder was auch immer. Ich sage dann: »Entschuldigung, Parteien sind mir grundsätzlich egal. Ich darf aber eine Haltung zu gewissen Themen haben. Das hat nichts mit Parteilichkeit zu tun. Journalisten sollen unabhängig, neutral und fair sein. Wenn aber jemand behauptet, er sei objektiv, rennen Sie bitte weg.« Kommt das beim Gegenüber nicht an, finde ich mich schnell in einer Rechtfertigungsspirale wieder. Da hat Tom recht: Warum diese Energie? Wofür?

CHRISTOPH: Das heißt, du kannst Dinge nicht einfach mal so stehen lassen?

Ich kann nicht loslassen. Wir hatten das beim Thema Tod bereits.

JOCHEN: Ich mache jetzt mal den Wein auf.

CHRISTOPH: Tu dir nicht weh, Schatz.

JOCHEN: In Gedenken an unser Wohnzimmerstudio habe ich einen sehr schlechten Flaschenöffner gewählt.

Ich mache mir noch einen frischen Tee.

JOCHEN: Trinkst du überhaupt Wein, Dunja?

Grundsätzlich ja. Ich sage immer, ich habe in meinem Leben schon so viel Alkohol getrunken, das reicht für die nächsten fünf Leben. Ich hatte eine sehr lange, wilde Feierphase. In den vergangenen Jahren ist es weniger geworden. Allein zu trinken, finde ich *strange*.

CHRISTOPH: Was heißt denn »wilde Feierphase«?

Hattet ihr denn keine? Wart ihr nicht viel aus und habt drei Nächte durchgemacht?

JOCHEN: Das ist jetzt sehr privat.

Haha, witzig. Ich mache es kurz. Meine Eltern waren früher viel weg. Mein Papa war ja Arzt, und so waren sie am Wochenende häufig zu irgendwelchen Kongressen, Fortbildungen oder Tagungen eingeladen. Das hieß, ich war allein zu Hause, aber eben nicht lange, denn dann sind immer alle Freunde gekommen und wir haben gefeiert.

CHRISTOPH: Ist da auch mal was kaputt gegangen?

Natürlich sind da auch Dinge kaputt gegangen. Aber wir waren klug genug, alles immer schön aufzuräumen. Wir wussten nur nie, wohin mit den übrig gebliebenen Flaschen. Es hatte ja niemand ein Auto, wir waren noch lange nicht 18.

Irgendwann haben meine Eltern das Ganze wohl spitzgekriegt. Sie haben sonntags angerufen und gesagt, sie würden sich verspäten. Wir dachten: »Juhu, wir haben noch Zeit.« Eine halbe Stunde später ging die Tür auf. Es war so schlimm. Hätten sie mir mal die Ohren lang gezogen. Mein Papa hat einfach nichts gesagt – über zwei, drei Wochen. Schweigen ist die härteste Strafe. Es war mir zwar keine Lehre, aber es war schrecklich.

JOCHEN: Das war aber schon ein bisschen hinterhältig, oder?

Von meinen Eltern? Ja, so richtig! Vertrauen ist gut, Kontrolle ist besser.

JOCHEN: Stimmt es, dass du mit drei Jahren Fan von Borussia Mönchengladbach geworden bist, weil du in einen Jungen verliebt warst?

Ja, in Uwe, den Sohn von Frau Schomberg, unserer guten Seele. Sie hat über 27 Jahre bei uns im Haushalt gearbeitet. Da Uwe Gladbach-Fan war, dachte ich: »Okay, Liebe geht vielleicht nicht nur durch den Magen, sondern auch über den Fußballverein.« Er ist dann leider später gewechselt. Er ist jetzt eine Zecke. Aber ich bleibe natürlich der einzig wahren Borussia treu.

JOCHEN: Eine Zecke?

Er ist Dortmund-Fan.

JOCHEN: Darf man als Sportmoderatorin Fan eines Vereins sein?

Wie du siehst, bin ich einer. Ich glaube, alle anderen sind es auch. Zu sagen, dass man keinen Verein hat, finde ich unglaubwürdig. In der Sportredaktion meiner Produktionsfirma in Köln war ich für Borussia Mönchengladbach und Bayer Leverkusen zuständig. Ich würde sagen, du gehst mit dem eigenen Verein sogar härter um als mit anderen Vereinen – vor allem wenn alle wissen, dass es dein Verein ist. Die Gladbacher haben damals bestimmt drei Kreuze gemacht, als ich nicht mehr für sie zuständig war.

Konsequent: Hat der Münzwurf entschieden, wird nicht geschummelt

CHRISTOPH: Fans vermissen gerade den Fußball. Findest du, es sollte wieder losgehen?

Hmmm.

CHRISTOPH: Jetzt sag bitte nicht: »Ich bin keine Virologin.«

Um ehrlich zu sein, würde ich mir gerne mal wieder 90 Minuten lang die Seele aus der Brust, dem Hirn und dem Herzen schreien. Neben Saugen und Surfen ist das eine der wenigen Situationen, in denen ich wirklich abschalten kann. Dann ist das Wichtigste in meinem Leben, dass dieser Ball ins Tor fliegt, am liebsten in das der Bayern. Das Adrenalin, das Gemeinschaftsgefühl, es ist großartig! Außerdem würde ich gerne mal wieder ein »Sportstudio« moderieren. Aber das sind sehr egoistische Triebfedern.

Ich weiß, Fußball kann für Teile der Gesellschaft eine Art Balsam für die Seele sein. Jetzt kommt allerdings das große Aber: Wie soll das eigentlich funktionieren? Sind alle Spieler in Quarantäne oder dürfen sie nach Hause? Sind die Angehörigen in Quarantäne? Wenn ein Spieler positiv getestet wird, wieso soll der Rest der Mannschaft weiterspielen? Fußball ist ein Kontaktsport, aber wir sollen Abstand halten. Was sendet das für ein Signal in die Welt? Anständig wäre es, die Spiele sein zu lassen. Alle anderen müssen schließlich auch noch wochenlang Abstand halten.

Mir hat ein älterer Mann geschrieben, dessen Frau im Pflegeheim lebt. Sie ist dement und kommt ohne ihn nicht zurecht. Sie hat ein Einzelzimmer. Er versteht nicht, wieso er sie nicht besuchen darf. »Von mir aus sind es unsere letzten Tage und wir sterben zusammen an diesem verfluchten Virus.« Wie will man diesem Mann erklären, dass er das Risiko einer Ansteckung nicht eingehen darf, die Fußballspieler auf dem Feld aber schon? Es mangelt gerade an Antworten und deswegen bricht die Akzeptanz für die Maßnahmen weg.

JOCHEN: Wenn Maßnahmen gelockert werden und es dann wieder strenger wird, werden die Einschränkungen noch schwerer vermittelbar sein als beim ersten Mal.

Angela Merkel hat die Pandemie zu Recht eine demokratische Zumutung genannt. Aber es geht nun mal um Leben und Tod. Ralph Brinkhaus ...

CHRISTOPH: Der Vorsitzende der CDU/CSU-Bundestagsfraktion.

... hat im Bundestag eine gute Rede gehalten und dabei sinngemäß gesagt: »Wir werden Dinge anpassen, zurücknehmen und ändern müssen. Aber die Toten bleiben tot.« Als ich das gesehen habe, hatte ich eine Gänsehaut.

JOCHEN: Es gibt Leute, die die Demokratie in Gefahr sehen, wenn es heißt: »Es ist bescheuert, in großen Gruppen herumzustehen. Gerade kostet es unheimlich viele Menschen ihr Leben. Lasst es einfach mal ein paar Wochen, vielleicht auch ein paar Monate.« Kannst du mir das erklären?

Nein. Natürlich muss man aufpassen. Es ist gut, dass wir hingucken, wenn Gesetze verschärft und uns Rechte genommen werden. Aber jeder Mensch hat auch das Recht auf Leben und Schutz. Deswegen finde ich die Einschränkungen der Grundrechte im Moment legitim.

JOCHEN: Müssen wir uns an Populismus gewöhnen?

Ich kann verstehen, dass Menschen einfache Antworten auf komplexe Fragen suchen. Auch ich bin manchmal überfordert. Digitalisierung, Globalisierung, Klimawandel, Umstrukturierung der Arbeitswelt, Migration und Flucht – was bedeutet das für mich und mein kleines Leben? Damit einher geht allerdings oft eine Verächtlichkeit gegenüber Menschen, die anders aussehen, anders glauben oder woanders herkommen. Populisten schüren diese Ressentiments.

Wenn Leute Menschenfeinden und Verfassungsfeinden hinterherlaufen, kann ich das nicht mehr mit Protest schönreden. Die sollen nicht so tun, als seien sie besorgte Bürger oder Andersdenkende. Ich kenne niemanden, der genauso denkt wie ich. Ihr zwei seid für mich Andersdenkende. Und besorgt bin ich auch. Rede mit mir über Pflege und Bildung, dann hänge ich hier unter der Decke! Der Erfolg der Populisten treibt mich um.

JOCHEN: Wo steht dieses Land gerade in der Debatte um Rassismus?

Wir haben in den vergangenen Jahren und Jahrzehnten viel gelernt und viel verbessert, weil wir als Gesellschaft genauer hingucken. Heute ist es eher tabuisiert, Menschen mit einer anderen Herkunft, Hautfarbe, Religion oder sexuellen Orientierung anzugehen oder auszugrenzen. Trotzdem findet es immer noch zu häufig statt.

Wir werden es nie ganz ausradieren können, aber wir tun uns keinen Gefallen, wenn wir immer nur auf das verweisen, was nicht gelingt. Ganz, ganz viele Menschen in unserem Land verspüren eine Offenheit und eine Toleranz gegenüber dem sogenannten Neuen und Fremden. Die stoßen wir vor den Kopf, wenn wir nur die katastrophalen Zustände beschreiben.

Rassismus ist ein großes Problem. Das weiß ich aus eigener Erfahrung. Deswegen müssen wir gemeinsam Gesicht zeigen. Wer das nicht tut, macht sich mitschuldig. Es braucht auch niemand zu glauben, nicht zum Ziel von Diskriminierung werden zu können. Der Dicke, die Rothaarige, der Brillenträger, der Schwule, der Sitzenbleiber, die Tätowierte – jeder von uns gehört zu irgendeiner Minderheit. Und vielleicht trifft es diese Minderheit irgendwann einmal.

Ich finde wichtig, dass wir als Gesellschaft nicht nur auf Halle und Hanau schauen. Entscheidend ist, dass wir in unserem kleinen Umfeld aktiv werden. Alltagsrassismus ist manchmal das größere Gift als die großen Anschläge. Diese kleinen Nadelstiche treffen uns permanent. Eine Frau hat mir erzählt, wie in der U-Bahn jemand an ihr gerochen und ihr dann vor die Füße gespuckt hat. Sie solle hingehen, wo sie hergekommen sei. Niemand ist aufgestanden, niemand hat sich vor, neben oder hinter sie gestellt. Ich finde das unfassbar.

JOCHEN: Ich denke manchmal, jede Bewegung hat ihre Gegenbewegung. Je weiter sich Fortschritt realisiert, desto stärker werden die rückschrittlichen Effekte. In Deutschland sind Dinge sagbar geworden, die vor zehn Jahren undenkbar gewesen wären.

Nein, sag das nicht. Die Dinge bleiben undenkbar und unsagbar. Warum muss mir jemand sagen: »Du blöde Fotze, ich schneide dir die Kehle durch!«, nur weil er meine Arbeit nicht leiden kann?

JOCHEN: Ich weiß nicht, ob wir uns missverstehen wollen.

Okay, dann ziehe ich mich sofort wieder zurück. Ich lerne gern, klär mich auf.

JOCHEN: Eine Partei, die wählbar ist und von vielen gewählt wird, sagt Dinge, von denen ich dachte, es sei nicht mehr möglich, sie zu sagen, ohne dass sich ein Spalt auftut und die betreffenden Menschen verschlingt.

Man sollte nicht so tun, als sei die Mehrheit der Menschen, die in Deutschland leben, auf dem sprachlichen Weg der AfD. 80 Prozent der Deutschen sind empört über ihr Auftreten. Denen tun wir mit so einer Darstellung unrecht.

Die AfD ist eine demokratisch gewählte Partei. Ob sie demokratisch ist, entscheidet nicht Dunja Hayali, sondern der Verfassungsschutz. Sie ist Oppositionspartei, sie sitzt im Bundestag. Als Journalistin ist es mein Job, über sie zu berichten und das, was ihre Politiker von sich geben, einzuordnen.

Ich bin deswegen kein Steigbügelhalter der AfD. So etwas muss ich mir anhören, wenn wir einen Politiker der Partei im »Morgenmagazin« zu Gast haben. Die Aufgabe des öffentlich-rechtlichen

Rundfunks ist, die Meinungspluralität des Landes abzubilden. Wenn genügend Menschen diese Partei wählen, haben die Wähler und Wählerinnen das Recht, ihre »Volksvertreter« bei uns zu sehen.

JOCHEN: Bei einer Demonstration in Chemnitz hast du mit einer Frau gesprochen, die dir sinngemäß erklärt hat: »Früher wurde uns auch immer gesagt, was wir zu denken haben, und jetzt ist es wieder so.« Wenn du in einem Land ohne Demokratie aufgewachsen bist, triggern dich bestimmte Dinge anders – das war für mich ein Erkenntnisgewinn. Der ist nur entstanden, weil du dieser Frau eine Art Öffentlichkeit gegeben hast.

Oft geht es den Menschen um Wertschätzung, um Anerkennung. Sie wollen gesehen und gehört werden. Es gehört zum Job von Journalisten, Lebensrealitäten abzubilden und die Sorgen der Menschen aufzunehmen – und zwar die aller Menschen. Viele Menschen wollen zuhören, sich austauschen und verstehen. Ein gewisser Prozentsatz ist natürlich mit gar nichts mehr zu erreichen. Wo kein Dialog mehr möglich ist, suche ich auch kein Gespräch. Ich muss mir nicht ins Gesicht schreien lassen.

Kompromiss: 95 Prozent vegan, fünf Prozent Käse

JOCHEN: Warum ist die gesellschaftliche Mitte bei dem Thema so leise?

Ich sag's jetzt populistisch, zugespitzt oder sarkastisch – sucht euch was aus: Vielleicht, weil es uns so gut geht.

JOCHEN: Geht es uns denn so gut?

Ich finde schon. Und das ist auch okay. Wenn Menschen das Gefühl haben, dass vieles in diesem Land gut läuft, haben sie damit ja nicht ganz unrecht. In ihrer eigenen kleinen Lebenswirklichkeit haben sie es geschafft: Sie haben ihr kleines Häuschen, vielleicht einen Kleingarten, zwei Kinder, sie leben irgendwo *nice* auf dem Land und kriegen ansonsten nicht so richtig viel mit. Warum soll es ihnen nicht gut gehen?

In den vergangenen Jahren ist so viel passiert. Wir könnten über den NSU sprechen, über die Anwältin in Frankfurt, die von Rechten bedroht wird. Wir könnten über den Verfassungsschutz sprechen oder über die Rechtsaußentendenzen in Polizei und Behörden. Spätestens als Walter Lübcke auf seiner Terrasse hingerichtet wurde, dachte ich, wir hätten es alle verstanden. Doch egal, wie groß der Knall ist, manche werden ihn nie hören.

Zu meinen Lesungen kommen noch immer Leute, die bei dem Thema auf Kindergartenniveau sind. Wenn ich aus den Hassmails vorlese, die ich bekomme, fällt denen alles aus dem Gesicht. Ich erzähle ihnen die Geschichte von der Frau in der U-Bahn und sage: »Das passiert zigfach am Tag, jede Stunde, jede Minute, jede Sekunde. Guckt hin.« Mehr kann ich nicht machen.

Ich will auch niemandem ein schlechtes Gefühl einreden. Ich weiß nämlich noch, wie ich meiner Schwester mit 13 oder 14 Jahren erzählt habe, dass ich gerne Verhütungsmittel hätte – Achtung, jetzt kommen wir zu den wichtigen Themen!

JOCHEN: Ja, erzähl mal.

»Mit Papa kann ich nicht darüber reden«, habe ich geklagt. Ihr könnt euch das ja vorstellen: mitten in der Pubertät, alles springt durch einen durch und will raus. Abends haben wir eine Reportage über Kinder in Afrika gesehen. Vor 30 Jahren war das Einzige, was man in so einer Reportage gesehen hat, halb verhungerte Menschen und Kinder mit sehr dicken Bäuchen, übersät von Fliegen. Ich saß da und dachte: »Okay, mein Problem ist wirklich ein Witz.«

Also habe ich zu meiner Schwester gesagt: »Vergiss es wieder. Ich rede nicht mit Papa. Guck dir das mal an – und ich mache hier so einen Affentanz, weil ich gern die Pille möchte.« Daraufhin hat sie zu mir gesagt: »Das ist egal. Du darfst dich nicht permanent mit dem Elend, den Herausforderungen, den Schwierigkeiten oder der Situation anderer vergleichen. Das ist gut für die große Balance des Lebens, aber in dem kleinen Chaos, das jeder von uns hat, steckt auch die Daseinsberechtigung des Gefühls, was man gerade in sich trägt.«

Das hat mich gelehrt, dass man Probleme nicht relativieren kann, indem man sagt: »Leute, im Jemen, wo keine Sau hinguckt, sterben jeden Tag Zigtausend Menschen.«

CHRISTOPH: Da ist jemand aufgewacht.

Dass du jetzt hier so herumkrawallst …

JOCHEN: Ich finde den Hund recht brav.

Wilma, ich beende das gleich, dann bist du dran. Alles gut, komm mal her. Du bist so ein super Mädchen.

CHRISTOPH: Wie ist das eigentlich, wenn man als Journalistin plötzlich selbst zum Objekt der Berichterstattung wird?

Verzichtbar.

CHRISTOPH: Warum?

Ich mag es lieber, wenn ich die Fragen stellen kann. Sonst erzählt man, so wie jetzt, doch auch sehr viel über sich. Dieses permanente Einordnen: »Wie machst du dies? Wie tickst du da?« Ich rede lieber über Themen als über mich.

JOCHEN: Wie nah kann man sich als Person des öffentlichen Lebens im öffentlichen Leben sein?

Das kommt darauf an, wo du dich bewegst. Wenn ich in Berlin durch die Stadt laufe, werde ich gar nicht so häufig erkannt. Emma haben sie oft erkannt, ich stand daneben und wurde ignoriert.

CHRISTOPH: Boris Becker hat mir mal erzählt, er sei einmal verkleidet mit Perücke und Sonnenbrille durch den Englischen Garten in München gelaufen. Die Leute hätten ihn allerdings sofort erkannt – am Gang.

Bei mir ist es die Stimme, das passiert mir manchmal im Taxi. Ich stelle meine Einstiegsfrage: »Wo kommen Sie her?« Ich hoffe, es ist ein Araber und ich kann meine drei Brocken Arabisch an den Mann bringen. Dann merke ich, wie es rattert, irgendwann dreht er sich um und sagt: »Ich kenne Sie, also jedenfalls Ihre Stimme.« Die Freude darüber, dass »einer von uns« es geschafft hat, ist immer riesig.

Als ich beim ZDF angefangen habe, hat mir ein Junge geschrieben, jetzt glaube auch er daran, dass er in Deutschland alles schaffen könne. Und ich dachte: »Oh Gott, die Rolle kann ich nicht ausfüllen. Ich will kein Vorbild sein.« Man sucht sich das nicht aus.

»Da wird einiges auf dich zukommen«, hat Claus Kleber mir mal gesagt, weil ich diesen Migrationsvordergrund habe, wie ich gerne sage. Das ZDF-Casting war 2006, 2007 habe ich dort angefangen. Das ist jetzt 13 Jahre her. Seitdem habe ich viel gelernt. Ich könnte sicherlich auf das ein oder andere verzichten, aber im Großen und Ganzen bereue ich nichts. Ich weiß, dass ich ein sehr privilegiertes Leben führen darf. Dafür bin ich dankbar.

Traum: Eigenes Café mit Möbeln vom Trödel, gutem Essen & super Service

So, jetzt müssen wir langsam ins Bett. Jedenfalls das vierbeinige Geschöpf.

JOCHEN: Ist es noch wach?

Es liegt, atmet vor sich hin und guckt manchmal ein bisschen bedröppelt, weil ich mich sehr lange nicht gekümmert habe. Das ist echt eine Ausnahme.

JOCHEN: Seit wir den Podcast machen, weiß ich, was mir bei anderen Interviews fehlt: Ich finde es befriedigend, lange zuzuhören, wie eine Person einen Gedanken entwickelt. Unter den Rahmenbedingungen des linearen Fernsehens oder Radios ist das schier unmöglich.

Gerade bei Schalten ist der ein oder andere Politiker mittlerweile so gebrieft, dass er nonstop redet und redet. Du hast nur deine erste Frage gestellt, schon sind zwei Minuten rum und die Frage ist noch nicht einmal beantwortet. Das heißt, du musst sagen: »Sie haben meine Frage gar nicht beantwortet.« Dann wird erneut ausgeholt. Wenn du unterbrichst, bist du die Unhöfliche. Du musst das Interview zumachen und der Zuschauer denkt: »Ist die Hayali eigentlich doof? Wieso fragt die nicht noch mal nach?«

Der Zuschauer weiß ja nicht, dass mir in solchen Momenten seit einer Minute der Chef der Sendung aufs Ohr schreit: »Hör auf, du bist schon drüber. Wir müssen dafür ein Stück schmeißen. Das erklärst du der Kollegin.«

CHRISTOPH: Der Live-Hack wäre ja zu sagen: »Wir ziehen es jetzt einfach durch.«

Ich fände das super. Aber weißt du, was dann bei uns los wäre? Ich nehme mir durchaus Freiheiten raus, aber mit so etwas würde ich die gesamte Sendung sprengen.

CHRISTOPH: Manchmal ist das doch toll.

Ich weiß.

CHRISTOPH: Als du zum ZDF gekommen bist, war Nikolaus Brender Chefredakteur des Senders. Er ist ein gutes Beispiel dafür, was passiert, wenn man die ungeschriebenen Gesetze im öffentlich-rechtlichen Fernsehen nicht beachtet. In der berühmten Elefantenrunde mit Gerhard Schröder hat er Fragen gestellt, die da eigentlich nicht gestellt werden. Er hat bitter dafür zahlen müssen.

Ich weiß nicht, ob für sein Ausscheiden die Elefantenrunde ausschlaggebend war. Ich habe es bitterlich beweint und finde es bis heute abstoßend. Er war zwar ein aufbrausender, emotionaler Typ, aber er hatte einen Arsch in der Hose.

CHRISTOPH: 2005 hatte Gerhard Schröder die Wahl verloren, weigerte sich aber, die Niederlage in Anwesenheit der Wahlsiegerin Angela Merkel zu akzeptieren. Hast du die Sendung damals gesehen?

Ja, das war Fernsehen!

CHRISTOPH: Nikolaus Brender fragte immer weiter nach.

Und die Stimmung kippte. Vielleicht hat auch das Schröder zu Fall gebracht. Schon verrückt. Aber gut, Mut ist sexy und guter Journalismus erst recht.

A ODER B

Yamaha oder Honda?
Yamaha.

Mit Leine oder ohne Leine?
Ohne Leine.

Boris oder Steffi?
Steffi.

Halten oder passen?
Halten.

Dunja Hayali moderiert weiterhin das »ZDF-Morgenmagazin« und »Das aktuelle Sportstudio«. Seit Februar 2023 ist sie außerdem zurück, wo sie einst angefangen hat: beim »Heute Journal«, nun als Hauptmoderatorin.

Dunja Hayali hat lauwarmen Spargelsalat mit Erdbeeren, Pfeffer und Shiso-Kresse, dazu Krustenbrot und Avocado-Salsa geliefert bekommen.

Jochen und Christoph hat der Foodclub Schöneberg ähnlich bekocht. Beide essen lauwarmen Spargelsalat mit Himbeer-Walnuss-Vinaigrette, pochiertem Bio-Ei, gepickelten Radieschen, Brot, Salzbutter sowie einer »Überraschung vom Reiskorn«, die sich als Sushi entpuppt.

Angestoßen wird mit einem 2018er Cuvée aus Riesling und Grauburgunder vom Weingut Schick in Rheinhessen, Hayali trinkt Tee.

Schlusswort Pustekuchen-Karohemd

JOACHIM GAUCK

Joachim Gauck kommt nicht mit leeren Händen. Selbst gepflückt, selbst gekocht und selbst abgefüllt ist die Marmelade, die er als Gastgeschenk mitgebracht hat. Der ehemalige Bundespräsident kennt den Wert der persönlichen Note.

Gauck wurde 1940 in Rostock geboren. Der Vater war Kapitän, die Mutter Bürofachfrau. Gemeinsam mit drei Geschwistern wuchs er zunächst bei der Großmutter in Wustrow auf. Nach Ende des Zweiten Weltkriegs zog die Familie zurück nach Rostock. Der Vater kehrte aus der Kriegsgefangenschaft heim, arbeitete in einer Werft. 1951 wurde er von zwei Männern unter einem Vorwand abgeholt und verschwand spurlos.

Alle Nachforschungen waren vergebens. »Er ist doch kein böser Mensch«, dachte der elfjährige Gauck. Da wusste er noch nichts von den Verbrechen der Nazizeit. Er erlebte die Deutschen als Unterdrückte, die DDR als Diktatur, lernte antikommunistische Systemkritik.

Gauck hatte die Deutsche Demokratische Republik (DDR) als Diktatur erlebt und anti-kommunistische Systemkritik gelernt. Er war wütend über die Gräuel der deutschen Geschichte, wütend über das Schweigen der Eltern. Politisiert vertiefte er sich in Gedichte und fand in der Jungen Gemeinde Menschen, die sich nicht vor den Mächtigen beugten, sondern vor einem größeren Herrn, vor Gott.

So kam es, dass Gauck nach dem Abitur ein Studium der Evangelischen Theologie begann. Er heiratete seine Schulfreundin, das

Paar bekam vier Kinder. Gauck wurde Pastor, konzentrierte sich auf Jugendarbeit und die Organisation des Kirchentags. Er war mittendrin, als 1989 aus den Gemeinden heraus der Widerstand gegen die DDR-Regierung wuchs.

Kurz war Gauck Parteipolitiker. Als Mitglied des Neuen Forums wurde er 1990 über die Listenverbindung Bündnis 90 in die Volkskammer gewählt. Einen Tag nach dem Beitritt der DDR zur Bundesrepublik Deutschland legte er sein Bundestagsmandat nieder. Aus dem Abgeordneten mit der bis heute kürzesten Amtszeit wurde der Beauftragte für die Stasi-Unterlagen. In der Funktion betreute Gauck die Aufarbeitung von Millionen Akten der DDR-Staatssicherheit.

Gauck engagierte sich in politischen Vereinen, schrieb Bücher, moderierte eine Fernsehsendung. Es heißt, er hätte schon viel früher Bundespräsident werden können. Er wurde es 2012. CDU, SPD, Grüne und FDP machten ihn gemeinsam zu ihrem Kandidaten. Nach einer Amtszeit hatte er genug.

Rentnermäßig müsse man sich sein Leben heute vorstellen, sagt Gauck. Lange schlafen, Frühstück mit Ei. Als er Jochen und Christoph im Mai 2022 in der Podcast-Wohnung trifft, spricht er zufrieden über die Person, die er geworden ist. Und einmal kommen ihm die Tränen.

JOCHEN: Sie waren Pfarrer, als in den Kirchen der DDR die Wende begann. Dort hat sich die Opposition versammelt. Was war das für eine Zeit?

JOACHIM GAUCK: Ohne die Kirchen, ohne Christen wäre alles anders verlaufen. In großen Zentren wie Dresden, Leipzig oder Berlin gab es oppositionelle Zirkel, aber die Breite der Bewegung ist nur entstanden, weil es überall Gemeinden mit aktiven Leuten gab, die das System verändern wollten. Eine geistige Gegenkultur gab es in der DDR aber schon lange vor den 80er-Jahren.

Man muss sich das so vorstellen: Widerstand *ist* nicht, Widerstand *wird*. Die erste Form ist eine Distanzierung von der öffentlichen Meinung, dann kommt eine innere Abgrenzung. Viele Menschen in der DDR sind dort stehen geblieben. Sie waren brav, haben gearbeitet und sind nicht aufgefallen. Sie gingen nach Hause, hatten ihren Schrebergarten, ihre Freunde, ihre Familie, ihren Schnaps, ihre Liebste, und sie hatten ihr Westfernsehen.

CHRISTOPH: Man kann nicht von jedem erwarten, dass er in den Widerstand geht.

Das habe ich auch nicht gesagt. Ich beschreibe eine Haltung, später habe ich sie »unüberzeugte Minimalloyalität« genannt. Du musstest dich irgendwie anpassen. In einem normalen Betrieb war es schon ein Akt des Protests, nicht in der Gewerkschaft zu sein. Deshalb waren 99 Prozent der Menschen in der Gewerkschaft. Wenn du in einem Land wie der DDR lebst, musst du dir genau überlegen, wie viel Loyalität du an den Tag legen willst.

CHRISTOPH: Wie war das bei Ihnen?

Wenn das Weltbild klar ist, findest du es normal, manchmal Widerworte zu geben. Du wächst damit auf, dass du nicht daran zugrunde gehst, wenn du in der Minderheit bist. Und du kannst Mut auch trainieren. Angst zu haben ist menschlich, aber im Laufe der Zeit lernst du: Es ist auch menschlich, nicht jeder Angst zu folgen.

© KRISTIN BETHGE

CHRISTOPH: Wie trainiert man Mut?

Indem man einfach mal den Mund aufmacht und versucht, ob's geht. In der fünften oder sechsten Klasse lernten wir ein Stalin-Gedicht. Es ging um Sozialismus, und der Lehrer legte immer noch eine Kohle auf, sagte, wie glücklich wir seien, dass wir in der DDR leben. Da schrie ich los: »Alles Lüge!« Was sollte der Lehrer machen? Verprügeln durfte er mich nicht mehr. Er konnte mich ins Klassenbuch eintragen und meine Mutter bestellen.

CHRISTOPH: Hat er das gemacht?

Ja, sicher doch.

CHRISTOPH: Was hat Ihre Mutter daraufhin gesagt?

»Junge, du sollst gute Zensuren kriegen. Du sollst ja später auf die Oberschule gehen.« Aber sie konnte mir nicht böse sein. So merkst du dann: Du schaffst zwar Schwierigkeiten, aber erstens weißt du, du hast recht und die, die Macht über dich haben, haben unrecht, und zweitens sind um dich herum Leute, die es gut finden, dass einer etwas sagt.

CHRISTOPH: **Spürt man das?**

Das sagten sie dir auch. Wir lebten ja nicht in der Nazizeit. In der kommunistischen Zeit war die Mehrheit nie tatsächlich überzeugt. Die Leute freuten sich diebisch, wenn einer einen Witz machte oder Kontra gab.

JOCHEN: **Und plötzlich sind Menschen im ganzen Land aufgestanden. Was ist da passiert?**

Wir lebten im Sommer 1989 in einer bleiernen Schwüle. Im Land bewegte sich nichts, aber in Moskau gab es Gorbatschow mit seiner Parole »Glasnost und Perestroika«, als<o Offenheit und Umbau der Gesellschaft. Das interessierte uns natürlich brennend. Immer mehr Menschen erschien es auf einmal so: Irgendetwas muss passieren.

Die ersten altgedienten Dissidenten taten sich zusammen und gründeten Gruppierungen wie Neues Forum oder Demokratie Jetzt. Ein paar Pfarrer gründeten mit ein paar anderen die Sozialdemokratie neu. Junge Leute machten sich auf nach Prag und in andere Botschaften der Bundesrepublik Deutschland im Ostblock. Es war wie eine Massenflucht, die plötzlich auch die Älteren veranlasste zu überlegen: »Wie soll es denn jetzt weitergehen?«

In den Kirchen gab es kleine Vervielfältigungsgeräte. Damit konnte man Flugblätter abziehen und verbreiten. Das war wichtig, so bildeten sich überall im Land kleine Basisgruppen. Dann kam der 7. Oktober: Nationalfeiertag, 40 Jahre DDR. In Berlin und Plauen etwa demonstrierten Menschen nicht für, sondern gegen den Staat. Viele wurden zusammengeschlagen und eingesperrt. In vielen Kirchgemeinden wurden Mahnwachen für die Eingesperrten abgehalten und daraus entstand eine Dynamik.

CHRISTOPH: Die friedliche Revolution.

Die Begrifflichkeit gab es da noch nicht. Wir dachten zunächst an Dialog. Es ging darum, die Demokratisierung der DDR zu erlangen.

In Leipzig wurde am 9. Oktober aus einer wöchentlichen Andacht eine Massendemonstration. Wir rechneten damit, dass das Militär eingreifen würde. Wir wussten, die Vorbereitungen waren getroffen. Aber sie schossen nicht. In dem Moment wusste ich: Es geht zu Ende.

Nun waren wir aber in Mecklenburg. Bei uns gehen Dinge langsam vonstatten und man muss alles zweimal überdenken. Die Jugendlichen in meiner Gemeinde wollten zu unseren Veranstaltungen. Ihre Eltern fragten: »Herr Pastor, ist das nicht zu gefährlich? Ich will ja meinen Jungen wiedersehen.« Ich sagte: »Frau Soundso, Sie können das Kind mitschicken. Da passiert nichts mehr.« »Nein, aber ich weiß nicht ...« – immer dieses Zögerliche.

Irgendwann reichte es mir. Ich stand vor 4000 oder 5000 Leuten, es war eine aufgeheizte Atmosphäre. Ich sagte: »Wir sagen unserer Angst Auf Wiedersehen.« Plötzlich fing diese riesige Gemeinde an zu klatschen. Sie klatschten sich gegenseitig Mut zu, weinten und lachten. Am Abend gingen die Rostocker zum ersten Mal auf die Straße.

In einer Diktatur ist Angst normal, weil sie rational wirkt. Die Angst sagt dir: »Gib dich nicht zu erkennen und dir wird nichts passieren.« Der Abschied von der Angst und die beglückende Erfahrung von Ermächtigung waren im Grunde der eigentliche Wandel. Ich habe damals begriffen: »Du hast 50 Jahre als ein *Nobody,* ein Nichtbürger, gelebt, ohne Bürgerrechte, ohne Freiheit. Jetzt kannst du ein Citoyen werden. Du wirst wählen dürfen, du wirst eine richtige Gewerkschaft und freie Medien haben, du wirst laut und deutlich auf der Straße sagen, was du denkst.« Unfassbar.

Diese Zeit der Befreiung war die schönste und wichtigste Zeit meines Lebens.

JOCHEN: In der Vorbereitung ist mir aufgefallen, dass Sie den Begriff Citoyen öfter verwenden. Wieso?

Bürger, Bürgertum, bürgerlich – die Begriffe haben oft eine etwas abschätzige Konnotation, besonders bei links oder linksliberal Denkenden. Deswegen benutze ich gern diesen alten, für Europa so prägenden Begriff. Er transportiert die guten Traditionen der Französischen Revolution, dieses Element der Ermächtigung. Es gibt natürlich Intellektuelle, die mögen es gar nicht, wenn ich »Ermächtigung« sage, weil sie an Adolf Hitlers Ermächtigung denken.

JOCHEN: Ich habe kurz gezuckt, als der Begriff fiel.

Sie sind sicher auch anständig linksliberal erzogen worden, und Ihr Studienrat hat Ihnen erklärt, wie das mit der Ermächtigung war. Deshalb sagen Leute wie Sie gern zu mir: »Sag doch lieber *Empowerment.*«

CHRISTOPH: Sie haben gerade von der wichtigsten Zeit Ihres Lebens gesprochen. Wie war das für Sie, als Jahre später alte Weggefährten sagten: »Na ja, so richtig im Widerstand war der Gauck eigentlich nicht«?

Es gab eine Form der Ablehnung dieses Systems, für die musstest du bereit sein, in den Knast zu gehen. Du konntest kein Lehrer sein, Staatsangestellter schon gar nicht. Mir schwebt ein Typus vor, der Essen für eine Wohltätigkeitsorganisation austrägt, um zu zeigen: »Ich arbeite, aber ich bin nicht brauchbar für das Regime.«

Für mich wäre das auch reizvoll gewesen, es war aber uneffektiv. Ich habe mit meinen Möglichkeiten der öffentlichen Wortverkündigung und der Jugendarbeit mindestens so viel Oppositionelle hervorgebracht wie diese Fundamentaloppositionellen. Einige von ihnen haben vielleicht vermisst, dass ich nicht so angreifbar gewesen bin wie sie. Ich denke aber, ich bin angreifbar genug gewesen. Sonst hätte sich die Staatssicherheit nicht so für mich interessiert.

© KRISTIN BETHGE

CHRISTOPH: Wir haben Essen hier, Hausmannskost: Leberkäse, Kartoffelsalat, Bratkartoffeln, Peperoni, Gurken – greifen Sie zu!

Ja, kann man denn Bratkartoffeln und Kartoffelsalat …?

JOCHEN: Auf jeden Fall.

Haben Sie das schon mal gemacht?

CHRISTOPH: Wir probieren es aus.

Gut, ich werde wahrscheinlich nie wieder im Leben zu einem Podcast gehen.

JOCHEN: Guten Appetit.

Darf ich ein Gürkchen?

JOCHEN: Hier, bitte schön. Wir nehmen mal einen Schluck Wein, oder?

Ich trinke erst später etwas, sonst rede ich noch mehr als ohnehin schon.

CHRISTOPH: Wir haben ja Zeit.

JOCHEN: Nach der Wiedervereinigung wurden Sie Bundesbeauftragter für die Stasiunterlagen. Wie war das, als die ersten Menschen zur Tür hereinkamen und ihre Akten aufschlugen?

Wir hatten ein paar Zigtausend Antragsformulare gedruckt, die waren sofort weg. Am nächsten Tag hat eine Berliner Zeitung das Antragsformular im Blatt abgedruckt, sodass die Leute sich das ausschneiden konnten. Es standen riesige Schlangen vor unserem Büro.

Der Autor und Journalist Ulrich Schacht, der als Jugendlicher im Knast gesessen hatte, strahlte und sagte: »Wow, keiner meiner Freunde hat mich verraten.« Manch andere haben schlimmere Erfahrungen machen müssen. Ein Mann saß in einer Ecke und hatte Tränen in den Augen. Ich fragte: »Wie geht es Ihnen?« Er sagte: »Ich verstehe jetzt, warum meine Frau mich verlassen hat.«

JOCHEN: Haben Ihre Freunde dichtgehalten?

Mein engster Freundeskreis ja. Eine Person kam später zu mir und sagte: »Du kennst mich sicher aus deiner Akte.« Ich sagte: »Nein, ich kenne dich, weil du mein Freund bist.« Was er der Stasi erzählt hatte, war keine große Untat. Während er zu mir sprach, von seiner Scham und von seiner Angst, merkte ich, wie ihm das Wasser in die Augen stieg. Als er mir sein Elend nicht verbarg, gab ich ihm wie automatisch meine Hand und wir versöhnten uns. Nachher habe ich gedacht: Hast du dich vielleicht zu früh versöhnt?

CHRISTOPH: Was denken Sie heute?

Ich wusste damals schon, dass dieses Bedenken nicht richtig war. Andere sind mit ihren Verstrickungen ganz anders umgegangen: »Ich wollte nur das Beste für dich und deshalb habe ich es für richtig gehalten, das so und so zu machen. Verstehst du?« Wenn er das gesagt hätte, hätte ich gesagt: »Fällt dir sonst noch was ein?« »Nein.« »Da ist die Tür.«

Es gibt Menschen, die sich vor der Hinterfragung der eigenen Existenz fürchten. Ich kann das verstehen, aber diese Menschen haben nicht begriffen, dass Wahrheit uns befreien kann – auch eine Wahrheit, die uns in eine emotionale Tiefe stürzt.

Die Wahrheit umzudeuten, gelingt einem Intellektuellen mit links. Er kann Ausreden erfinden und sich durch die Rationalisierung eines Verrats Schmerzen ersparen. Diese Geschichten verklärter Stasikontakte wurden in den Medien rauf und runter gespielt. Einige wurden deswegen immer empörter, aber in meinem Fall konnte keine Empörung entstehen. Opfer werden generös, wenn sie spüren: Man linkt sie nicht durch trickreiches Herumreden.

CHRISTOPH: Es gibt berühmte Beispiele von Intellektuellen, bei denen im Nachhinein herauskam, dass sie als Inoffizielle Mitarbeiter der Stasi geführt wurden.

Ich möchte bewusst keine Namen nennen, um nicht alte Debatten wiederaufzunehmen. Es gab Leute im politischen Raum oder auch Künstler, die beruflich vorankommen, nicht anecken und sich Schwierigkeiten ersparen wollten. Also haben sie ein bisschen was gemacht. Einige haben sich auch gesagt: »Ich kann ja viel erreichen, wenn ich mit denen spreche.«

Das größte Verführungsmittel ist nicht Geld. Du kannst jemandem Geld anbieten, weggucken bei Sex, der nicht sein soll, oder bei Suff, der nicht sein soll. Aber wirklich verführen kannst du Männer, indem du ihnen suggerierst, sie könnten einen Bedeutungsgewinn erlangen: »Sie wollen doch Leute schützen, nicht wahr? Da können wir doch intensiv zusammenarbeiten, Herr Pfarrer.«

JOCHEN: Hat man das bei Ihnen so versucht?

Nein, so nicht. Ich hatte zwei Gespräche mit Stasileuten, eins davon nach dem Kirchentag in Rostock 1988. Der Stasioffizier war geschickt. Er sagte, die Stasi habe eine Menge Fehler gemacht. Ich sagte: »Wie bitte?« Es war ein richtig nettes Gespräch. Zum Ende hin sagte ich: »Was Sie mir heute erzählt haben, finde ich interessant. Das werde ich meinem Bischof mitteilen.« Das habe ich dann auch getan.

Das Element der Dekonspiration war das stärkste Abwehrmittel gegenüber Anwerbungen. So haben wir in der Gemeinde auch viele Jugendliche beraten. Sie waren besonders interessant für die Stasi – Schwierigkeiten und so. Da hieß es dann: »Wir helfen dir, wir sind Kumpels. Komm, wir gehen mal ein Eis essen. Was macht noch gleich der Pastor mit euch? Ihr habt Wolf Biermann gehört, oder? Wir spielen nur Tischtennis ... Lüg mich nicht an! Du willst doch Abitur machen?« Das Kind kam dann zu mir: »Pastor, ich soll Sie bespitzeln.«

Stilprägend: Duden-Eintrag für »gaucken«, 13. Auflage

CHRISTOPH: Mutig von dem Jugendlichen, das zu sagen.

Wir haben sie so erzogen. Ich sagte also: »Ja, was machen wir jetzt?« Er: »Schwierig, Nein zu sagen.« Ich: »Genau, du wirst Folgendes tun: Du bist ja verliebt, du hast eine Freundin. Du sagst ihm also: ›Ja, ich mache das, nur eine Sache: Ich muss schon ausführlich mit meiner Freundin darüber sprechen, sonst geht es nun gar nicht.‹« Das hat er gemacht. Wir haben immer gesagt:

»Sei erst einmal aufgeschlossen und dann sag, dass du es nicht allein machen kannst. Es bringt nichts zu sagen: ›Ich hasse euch, Verbrecher!‹ Du musst schuldlos aus der Sache rauskommen.«

CHRISTOPH: Und das hat funktioniert?

Es hat funktioniert, es hat nicht funktioniert. Ein Junge aus meiner Jugendgruppe wurde später Inoffizieller Mitarbeiter, vielleicht aus Furcht, dass er nicht studieren dürfte. Mir persönlich hat er nicht geschadet. Er hat sogar ganz nett über mich geschrieben. Aber gegen andere hat er hilfreiche Informationen geliefert – also hilfreich aus Sicht der Stasi.

JOCHEN: Wollen wir kurz anstoßen?

CHRISTOPH: Wir stoßen kurz an, ja.

JOCHEN: Prost.

Wenn Sie jetzt ein paar Sätze erzählen würden, könnte ich meinen Leberkäse zu Ende essen.

JOCHEN: Bereits im Vorfeld Ihres Ausscheidens aus dem Amt des Bundesbeauftragten für die Stasiunterlagen soll es geheißen haben: »Der Mann ist doch präsidiabel, der könnte doch gegen Johannes Rau für das Amt des Bundespräsidenten antreten.« Stimmt das?

Ich weiß nicht, ob es direkt gefordert wurde.

CHRISTOPH: In den Archiven taucht es auf. Sie werden als möglicher Gegenkandidat gehandelt.

Ich weiß nur, dass ich mal von der CSU …

JOCHEN: Sie erinnern sich doch!

Ja, aber ich glaube nicht, dass es Kreise gezogen hat.

JOCHEN: Zehn Jahre später sind Sie als Kandidat angetreten und haben gegen Christian Wulff verloren.

CHRISTOPH: Nominiert von der SPD und den Grünen, muss man sagen. Angela Merkel wollte Sie nicht.

Angela Merkel brauchte etwas für ihre Partei. Es sollte einer von ihnen sein, ich war parteilos. Man muss sich in ihre Situation versetzen: Unsere verdienstvolle Bundeskanzlerin war jahrelang nicht so beliebt in ihrer Partei, vielen war sie nicht konservativ genug. Hätte sie einen dahergelaufenen Ossi genommen, hätte es geheißen: »Da sieht man es wieder: Sie hat unsere Partei nicht richtig im Blick.« Ich bin da nicht gekränkt, ich konnte sie verstehen.

JOCHEN: Irgendwann trat Wulff zurück. Deutschland brauchte einen Bundespräsidenten. Es kam zur legendären Szene im Taxi.

Eine drollige Geschichte. Es ging alles sehr schnell. Ich saß mit meiner Lebensgefährtin Daniela in einem Restaurant in Wien, als der damalige SPD-Vorsitzende Sigmar Gabriel anrief: »Die Freien Demokraten haben gerade mitgeteilt, dass sie für die Kandidatur Gauck sind.« Dann fragte er mich, ob ich nach wie vor bereit wäre zu kandidieren.

CHRISTOPH: Schmunzelnder Joachim Gauck.

Ich sagte: »Aber Herr Gabriel, wenn ich vor zwei Jahren Ja gesagt habe, kann ich doch nicht plötzlich Nein sagen.« »Ja, aber Sie wissen ja, dass die Union ...« Ich sagte: »Ja, das weiß ich.« Und gab zu bedenken, dass in meiner Vorstellung kein Bild dafür existierte, wie die Christlich Demokratische Union im Deutschen Bundestag zusammen mit der Linkspartei gegen Gauck stimmt. Das nahm Herr Gabriel zur Kenntnis.

Daniela und ich flogen nach Berlin. Sie fuhr mit dem Zug weiter nach Nürnberg, ich stieg ins Taxi. Da klingelte mein Telefon: Die Bundeskanzlerin würde gerne mit mir sprechen. »Wir sitzen gerade im Kanzleramt und wir könnten ja mal ... Wo sind Sie jetzt?« »Da und da.« »Dann kommen Sie mal her.« Und so sagte ich zum

Taxifahrer: »Wir fahren doch nicht ins Bayerische Viertel, wir fahren zum Bundeskanzleramt. Möglicherweise werde ich Ihr neuer Präsident.«

JOCHEN: Es gab dann sofort eine Pressekonferenz.

Es wunderte mich, dass das alles klappte. Von selbst wäre ich nie auf die Idee gekommen, Bundespräsident zu werden. Ich bin Mecklenburger, Ossi, ein ehemaliger Pastor. Es war ehrenvoll, überhaupt als Kandidat genannt zu werden.

JOCHEN: Sie haben als Bundespräsident fundamentale Debatten angestoßen. Eine Rede bei der Münchner Sicherheitskonferenz hat damals viel Aufsehen erregt. Sie haben sinngemäß gesagt: »Ihr Deutschen könntet eure militärische Verantwortung ein bisschen selbstbewusster wahrnehmen.« Die Position war noch bis vor wenigen Wochen in weiten Teilen der Politik umstritten. Wie blicken Sie darauf, wie sich Deutschland nun gegenüber der Ukraine verhält?

Ich bin dankbar für diese Frage und dafür, dass Sie sich an meine Rede erinnern. Es ging mir nicht allein ums Militärische, sondern generell um eine strategische Neuorientierung, um das Akzeptieren von Verantwortung in dem Maße, das uns möglich ist und das andere von uns erwarten.

Deutschland ist nicht irgendein Land, wir sind nicht Luxemburg oder Belgien. Ich schätze diese Länder sehr, aber sie haben ökonomisch und politisch nicht dieselbe Bedeutung wie das größte Land Europas. Ich hätte mir von Deutschland mehr außenpolitische und sicherheitspolitische Aktivität in den Vereinten Nationen und in Europa gewünscht, überhaupt mehr Bereitschaft zur Führung. Andere europäische Länder wie Polen haben gesagt: »Wir fürchten uns nicht vor Deutschlands Übermut, sondern vor Deutschlands Zurückhaltung.«

JOCHEN: Das könnte auch heute noch gesagt werden.

Ja, selbstverständlich. Mit der Rede bei der Münchner Sicherheitskonferenz begann mein öffentliches Werben: »Wir sind nicht nur die Erben des Unheils, das unsere Vorfahren über uns gebracht haben, sondern wir sind die Repräsentanten einer Politik, die für die Menschen und mit den Menschen geschaffen worden ist. Wann, wenn nicht jetzt, wollen wir daraus Kraft schöpfen?« Ich wollte, dass die Deutschen begreifen, wozu sie imstande sind – nämlich nicht nur zum Schweigen und zum Weglaufen.

Im Februar 2022 saß ich dann im Deutschen Bundestag und der Regierungschef trug eine Regierungserklärung vor. Da klingelte es in meinem Kopf: Jetzt, endlich …

CHRISTOPH: Zeitenwende.

Ja.

JOCHEN: Gestern, am 26. Mai, hat Olaf Scholz in Davos eine Rede gehalten, in der er sinngemäß sagte: »Es darf keinen Diktatfrieden

geben. Wir müssen alles dafür tun, dass die Ukraine gewinnt. Wir müssen sie mit all unseren Möglichkeiten unterstützen.« Aber er hat auch gesagt: »Wir müssen aufpassen, dass wir als NATO nicht selbst in einen Krieg schlittern.« Sind wir zu zögerlich?

Unser Bundeskanzler ist im ersten Jahr seiner Tätigkeit.

CHRISTOPH: Herr Gauck!

JOCHEN: Ist das jetzt die 100-Tage-Regel, oder was?

Unter dem Thema Zeitenwende hat er ein unglaublich starkes Signal in die deutsche Öffentlichkeit gebracht. Das hat niemand von ihm erwartet. Wir sehen einen starken, mutigen, angstfreien Menschen. Aber wir müssen ihm fairerweise zubilligen, dass er das, was er in der Regierungserklärung so mutig gesagt hat, in die tägliche Politik implementieren muss. Um diese Aufgabe ist er nicht zu beneiden, wenn wir uns seine Partei, seine Fraktion und die deutsche Öffentlichkeit vor Augen führen.

Lieblingsgedicht: »Mondnacht« von Joseph von Eichendorff

CHRISTOPH: Das heißt, Sie schätzen den Weg, den Herr Scholz geht?

Ich kann diesen Weg verstehen.

JOCHEN: Aber was ist denn der Weg? Ich finde, wir kommunizieren seltsam.

Denken Sie an die Zeit, als Angela Merkel Bundeskanzlerin wurde.

CHRISTOPH: 2005.

Wie lange und wie intensiv wurde Merkel unterschätzt? Das widerfährt verschiedenen Politikern.

Herr Scholz hat in seiner letzten Fernsehansprache gesagt: »Angst darf uns nicht lähmen.« Genauso ist es. Sie darf uns nicht lähmen, sie muss uns die Augen öffnen. Besonnenheit, Entschlossenheit und Mut müssen sich nicht widersprechen.

JOCHEN: Sie haben nach einer Amtsperiode gesagt, sie würden nicht für eine zweite Amtszeit zur Verfügung stehen, Sie würden das Alter langsam spüren. Heute wirken Sie höchst energetisch. War das eine vorgeschobene Begründung?

Schön, dass Sie das so empfinden. Wenn ich einen Auftritt habe, kommt das Adrenalin. Da steht ein 82-Jähriger und Sie denken, der ist 72. Aber woher hätte ich das wissen sollen, als ich 77 war? Es gibt viele Beispiele für Leute, die noch im hohen Alter politisch aktiv waren: Helmut Schmidt, Konrad Adenauer, Hans-Jochen Vogel. »Könnte gut gehen«, habe ich mir gedacht. »Aber musst du das tun?« Ich habe entschieden: »Ich brauche es nicht.« Ich war nicht der geborene Bundespräsident, ich bin zu einem geworden. Das bedeutet, auch andere können es werden.

Vielleicht hängt meine Entscheidung auch mit meinem Glauben zusammen. Es mag ein bisschen kitschig klingen, aber ich wollte nicht Gott versuchen. Ich wollte nicht so tun, als könnte ich das Schicksal beeinflussen, mir in diesem fortgeschrittenen Alter die Kräfte zu geben, die man für dieses hohe Amt braucht. Ich dachte, es wäre ein Defizit an Demut, wenn ich so täte, als ginge es einfach so weiter. Nicht jeder, der selbstbewusst ist, überschätzt sich.

Mancher mag vielleicht denken: »Bundespräsident? Das ist doch nur ein bisschen Repräsentation. Man hat ja nicht wirklich etwas zu entscheiden.« Und natürlich ist es unendlich viel schwerer, Bundeskanzler oder Bundeskanzlerin zu sein, denn die Person trägt die ganze Verantwortung für das Wohl und Wehe des Landes. Trotzdem muss man als Bundespräsident über alle Vorgänge Bescheid wissen.

CHRISTOPH: Man unterschreibt ja jedes Gesetz.

Nicht nur das. Der Bundespräsident vertritt das Land nach außen. Er wird gefragt: »Warum ist es in der Wirtschaft so? Warum in der Schulpolitik so? Warum haben wir das? Warum haben wir das nicht?« Vielleicht muss er Entscheidungen vertreten, die er als Bürger gar nicht so gut findet. Das Ganze ist mit einer dauerhaften psychischen und intellektuellen Anspannung verbunden. Die hält einen einerseits jung, andererseits ist sie sehr erschöpfend. Deshalb ist es berechtigt, die Frage des Alters ins Spiel zu bringen. Das ist keine Koketterie.

JOCHEN: Wir stellen hier gelegentlich auch Kinderfragen: Wozu braucht Deutschland eigentlich einen Bundespräsidenten?

CHRISTOPH: Weil wir keine Queen haben.

Schöne Antwort. Wissen Sie, wenn wir eine Bevölkerung hätten, in der alle Menschen solch reife Citoyens wären wie Sie persönlich …

JOCHEN: Jetzt will er mich ärgern!

… dann bedürften wir keiner Versicherung durch eine Repräsentanz des Gesamten. Ein Citoyen ist im Gemeinwesen beheimatet. Dafür brauchen Menschen Fürsorge, Rechtssicherheit, ein gewisses Maß an Wohlstand und das Gefühl: Ich werde gewürdigt. Manche Menschen brauchen eine institutionelle Versicherung dafür, dass sie sich auf die da oben verlassen können. Der Bundespräsident kann eine vertrauensschaffende Instanz sein. Er steht als Symbol für das Ganze – nicht für eine Partei, nicht für eine Regierung. In ihm manifestiert sich die Einheit der Nation.

Nervig: das »A oder B«-Spiel – »nur bescheuerte Menschen stellen solche Fragen«

JOCHEN: Was ist der Preis des Amts? Anders gefragt: Wie viel Prozent von Gauck mussten Sie streichen, um den Job machen zu können?

Schon ein paar. Im Idealfall bist du demütig genug, das Amt nicht zu beschädigen, und selbstbewusst genug, einen Teil deiner normalen Existenz leben zu lassen und auch zu zeigen.

JOCHEN: Man möchte ja, dass da ein Mensch erkennbar ist.

Deshalb habe ich Ihnen auch meine Marmelade mitgebracht.

JOCHEN: Sie haben eine große Familie. Vier Kinder, zwölf Enkel – bei den Urenkeln habe ich mich gefragt, ob die Statistik noch stimmt. Vier, richtig?

Lassen Sie mich kurz überlegen. Eins, zwei – nein, es sind natürlich viel mehr. Hamburg, drei, sechs, Lübeck, sieben, Großraum Bremen, acht. Es sind acht Urenkel.

JOCHEN: Wie kann ich mir ein Weihnachtsfest bei Ihnen vorstellen?

Letztes Jahr waren wir zu zweit.

JOCHEN: Gut, wegen Corona.

Nö, einfach so.

JOCHEN: Immer schon?

Meine Kinder und Enkelkinder haben doch Familien. Die wollen mit ihren Kindern feiern. Wo soll ich nun zuerst einkehren? Meine Hütte ist auch nur ein einfaches Einfamilienhaus. Da passen zu Weihnachten nicht so einfach 34 Angehörige rein.

JOCHEN: Also keine Riesenparty?

Nein. Es gibt immer mal einen runden Geburtstag, kürzlich war die Konfirmation eines Enkels. Da kommen dann alle zusammen.

JOCHEN: Haben Sie ein gutes Verhältnis zu Ihren Kindern?

Ich würde sagen, ein normales. Meine Lebensgefährtin Daniela telefoniert jeden Tag mindestens einmal mit ihrer Mama. So etwas kann ich mir gar nicht vorstellen. In unserer Familie macht jeder sein Ding.

JOCHEN: Ihre Söhne haben die DDR vor dem Fall der Mauer verlassen. Sie haben die Szene wie folgt beschrieben: Sie gingen mit ihrer Frau zum Bahnhof, verabschiedeten die Kinder.

CHRISTOPH: Man ging davon aus, dass man sich nicht wiedersehen würde.

Jedenfalls nicht bis zum Rentenalter.

JOCHEN: Sie waren der coole Typ, der sagte: »Ist jetzt halt so.« Ihre Frau hat geweint. Später ist Ihnen das sehr nahegegangen.

Als ich die Geschichte für mein Erinnerungsbuch »Winter im Sommer – Frühling im Herbst« aufgeschrieben habe, ist mir vieles emotional präsent geworden, was ich lange weggebunkert hatte.

CHRISTOPH: Es fällt nicht leicht, darüber zu reden, oder?

Es ist so lange her. Ich habe es aufgeschrieben, ich dachte, es verarbeitet zu haben. Und doch kann mir nach 40 Jahren noch passieren, was mir gerade passiert: dass ich nicht weitersprechen kann.

JOCHEN: Wir müssen nicht darüber sprechen.

Nein, ich wollte das ja. Sonst hätte ich die Geschichte nicht ins Buch getan. Viele Menschen, die diese Zeit erlebt haben, kennen diese eingesperrten Gefühle in sich. Indem ich davon erzähle, rege ich andere an, die Situationen in ihrem Leben aufzusuchen, in denen sie ebenfalls ihre authentischen Gefühle domestiziert haben, um besser überleben zu können.

Die Situation war so: Meine ältesten Kinder, zwei Söhne, dürfen kein Abitur machen, weil sie nicht in der FDJ sind. Der Älteste will Arzt werden, der Zweite will einfach ein freier Mensch sein. Sie wollen in den Westen, haben aber schon Kinder, wollen also nicht fliehen. Sie stellen einen Ausreiseantrag. Das konnte man tun. Nur wusste man nicht, wann es passiert. Im Falle meiner Kinder war die Wartezeit besonders lang. Ich glaube, es waren viereinhalb Jahre.

Wir sind also in der DDR und ich bin ein Pastor, der den Leuten sagt: »Du darfst nicht in Angst zerfließen, du darfst Hoffnung haben und kämpfen. Du sollst dich nicht unterwerfen. Dein Glaube kann dir helfen.« Und die eigenen Kinder sagen: »Nein, ich kann nicht mehr. Ich habe die Schnauze voll, ich will gehen.« Die eigene Frau würde am liebsten auch gehen. Ich aber liebe meine Arbeit und die Gemeinde und sage: »Niemals werde ich gehen.«

CHRISTOPH: Auch zu Ihrer Frau?

Ja, selbstverständlich. Es kränkt sie nicht, wenn ich das sage. Wir können offen darüber sprechen.

Interessant ist jetzt die Lebenssituation dieser beiden Menschen, die zurückbleiben. Da ist dieser Mann, noch im besten Alter, unter 50, verortet in seinem Beruf. Er steht auf dem Bahnsteig und vergießt keine Träne. Der Frau, die weint, erklärt er: »So ist das Leben, sieh das doch ein. Erwachsene Kinder verlassen ihr Elternhaus und gehen in die Welt hinaus. Das ist schon immer so gewesen.«

CHRISTOPH: Sie versuchen, die Situation zu rationalisieren.

Richtig. Ich helfe mir, indem ich sage: »Ich muss jetzt nicht weinen.« Die Frau ist am Boden zerstört, sie weiß nicht, wann wir die Kinder wiedersehen, und ich bin der Coole – schrecklich.

Später lerne ich mehr über die Psyche des Menschen, über Gefühle und darüber, was mit uns geschieht, wenn wir unsere Gefühle domestizieren. Ich begebe mich auf einen Weg, der es mir erlaubt, mich selbst besser kennenzulernen. Als ich das Buch schreibe, bin ich schon 70, aber während des Schreibens läuft mir das Wasser aus den Augen.

CHRISTOPH: Es ist ein Klischee, aber war das Schreiben für Sie auch eine Art Therapie?

Wird wohl so gewesen sein. Offensichtlich war mir verborgen geblieben, dass ein Mann gleichzeitig stark und traurig sein kann. Ich dachte, Trauer würde mich um meine Kräfte bringen. Das wollte ich nicht. Ich verhielt mich damals so, um in der Welt, in der ich lebte, agieren zu können. Ich brauchte offenkundig eine Schutzzone, die mir durch Trauer verloren zu gehen schien. Das war ein Irrtum, aber möglicherweise ein verständlicher. Vor allem Männer stellen ihre Lebenstüchtigkeit häufig durch die Einengung ihrer Gefühle her.

Politisch: Wechselwähler, linksliberal konservativ – frei nach Leszek Kolakowski

CHRISTOPH: Ich habe mich vor Kurzem mit einem guten Freund über sein Leben unterhalten. Er ist Mitte 70 und sagte, irgendwann habe er begriffen, dass er wahnsinnig viel Kraft dafür aufgewendet hat, der zu werden, der er ist. Das sei so anstrengend für ihn gewesen, dass er auf keinen Fall riskieren wollte, dass alles in sich zusammenbricht. Er habe versucht, alles wegzuschieben, was sein Selbstbild hätte bedrohen können.

Menschen fürchten Konflikte, die ihr Leben und ihre Entscheidungen infrage stellen. Was Sie beschreiben, ist die Ursache dafür, dass viele Kind-Eltern-Beziehungen scheitern. Die Kinder kommen nicht durch die Mauer durch, die der Vater errichtet hat, um sein Ich zu schützen.

JOCHEN: Ihr Vater war erst in Kriegsgefangenschaft, verschwand dann noch einmal. Wir haben über das politische System gesprochen, in dem Sie aufgewachsen sind. Auch die Szene am Bahnhof ist vor der Folie der Geschichte zu betrachten. Ich spreche jetzt als 52-jähriger Westdeutscher: Wie blicken Sie auf uns, die wir nie solche Konflikte erleben mussten?

Naheliegend wäre Neid, aber den empfinde ich nicht. Ich habe keine Begabung zum Neid. Schön, dass Sie keinen Krieg erlebt haben. Schön, dass Sie keine Unfreiheit erlebt haben. Schön, dass Sie sich nicht entscheiden mussten, ob Sie sich anpassen. Es wäre schön, wenn Sie aufgrund dessen glücklich sein könnten.

Bei vielen Menschen gelingt das nicht. Sie sind satt, aber nicht glücklich. Sie sind unbedroht, aber nicht glücklich. Wenn wir heute in die Ukraine oder nach Estland gehen, werden wir weniger depressive Menschen finden als bei uns. Das ist eigentümlich. Eigentlich müsste man mit alten, weisen Psychofachleuten darüber sprechen. Ich dilettiere auf diesem Gebiet.

CHRISTOPH: Was ist wohl das Geheimnis eines glücklichen Lebens?

Dass du Ja sagen kannst zu dem, was du liebst. Und dass du Danke sagen kannst zu dem, was du liebst.

CHRISTOPH: Woher kommt Ihr Optimismus?

Vielleicht hat es mit meinem Glauben zu tun. Ich habe mal in einem Interview mit der *ZEIT* gesagt: »Der Glaube hat mir die Möglichkeit gegeben, verwegener zu hoffen.« Hoffnung ist nicht nur ein frommer Wunschtraum. Ich konnte mir nicht vorstellen, dass eine so zementierte, sich selbst nicht hinterfragende Macht wie die DDR zusammenbricht. Aber es ist passiert. Mitunter fragst du dich: »Mein Gott, wie ist das geschehen?« Und wenn du ein glaubender Mensch bist, dann sagst du: »Danke.«

CHRISTOPH: Was ist das Schöne am Glauben?

Er ist eine Gegenmacht gegen die Kraft der Furcht, die eigentlich so viele Argumente hat, dass sie dich besiegen müsste. Das Leben ist schrecklich genug.

Glaube ist nicht leicht zu erklären. Er lässt sich nicht wissenschaftlich herleiten. So gesehen erscheint der Zweifel rational. Das Problem der modernen Intellektuellen ist: Ihre Seele hungert nach mehr als dem, was sie deduzieren können. Sie erleben Bereiche, in denen der Beweis wenig bringt. Sie lieben oder werden geliebt, sie vertrauen oder man vertraut ihnen. Das erlaubt ihnen, zu denken, dass nicht nur das real ist, was wir beweisen können. Aber auch das ist schon eine intellektuelle Bemühung. Die letzte Wirklichkeit des Glaubens wird nicht durch ein intellektuelles Argument offenbar, jedenfalls mir nicht.

JOCHEN: Es gibt aber einen großen Unterschied zwischen »Es existiert etwas außerhalb der beweisbaren Welt« und dem konkreten christlichen Glauben.

Was ist der konkrete christliche Glaube? Wenn wir imstande sind, das apostolische Glaubensbekenntnis zu sprechen? Oder wenn wir imstande sind, uns in der Nachfolge Jesu zu bemühen, den Mitmenschen als ein Kontinuum anzusehen, das genauso wichtig ist wie wir selbst, weswegen wir uns der Nächstenliebe anvertrauen? Manchmal sind die Übergänge zu der Welt, die sich als nicht christlich, jüdisch oder glaubend versteht, schwer zu erkennen. Agnostische Menschen können dicht an dem Gedanken der Nächstenliebe sein, ohne die biblischen Texte aufzusagen.

JOCHEN: Selbst Atheisten können Nächstenliebe praktizieren.

© KRISTIN BETHGE

Es gibt sogar Atheisten, die dahinschmelzen, wenn sie Johann Sebastian Bachs Bekenntnismusik hören. Es gibt eine Gemeinschaft der Unterschiedlichen, die sich darauf gründet, dass wir aus unterschiedlichen Quellen begreifen: Die Hauptursache unseres Lebens stellt nicht das Ego dar, sondern das Prinzip der Bezogenheit aufeinander.

Früher hat man gesagt: »Nur in der Erkenntnis und im Bekenntnis ist Heil.« Also: außerhalb der Kirche kein Heil. Dieser Auffassung bin ich nicht mehr. Die Glaubenden und die Nichtglaubenden verbindet die Fähigkeit, den anderen als gleichwertig wahrzunehmen und sein Glück oder sein Leiden genauso ernst zu nehmen wie das eigene. Gelingt das jemandem ohne Glauben, kann ich nur ganz tief meinen Hut davor ziehen. Mir wäre es lieber, er könnte auch meine Lieder singen. Aber noch lieber ist mir, dass ich einen sehe, der mit mir in derselben Richtung denkt und handelt.

CHRISTOPH: Sie sind jetzt 82 Jahre alt. Wenn Sie auf Ihr Leben zurückblicken: Was hätten Sie gern öfter gemacht?

Ich bin noch nicht alt genug, um auf die Frage zu antworten. Ich habe die Angewohnheit, das, was mir wichtig erscheint, rüberbringen zu wollen. Ich habe einen gewissen pädagogischen Eros, der will, dass Leute etwas begreifen. Menschen mit dieser Prägung hören oft nicht lange genug zu.

CHRISTOPH: Das heißt, Sie hätten gern öfter zugehört?

Länger. Mir kommt schnell der Impuls, alles zu erklären. Das ist väterlich, großväterlich, pastörlich oder auch lehrerhaft. In diesem Vater-, Großvater-, Pastor- oder Lehrersein stecken wunderbare Möglichkeiten. Aber man kann es auch übertreiben. Du weißt nie, ob du lange genug zugehört hast, bevor du gesprochen hast.

A ODER B

Scham oder Wut?
Scham.

Sonnenaufgang oder Sonnenuntergang?
Sonnenuntergang.

Geld oder kein Geld?
Geld.

Antikommunismus oder Antifaschismus?
Weiter.

Joachim Gauck wirbt weiterhin engagiert für das beglückende Gefühl der Demokratie und ein entschlossenes Deutschland, das die militärische Unterstützung der Ukraine als seine Pflicht begreift.

Gemeinsam mit der Publizistin Helga Hirsch, mit der er unter anderem bereits an seiner Biografie »Winter im Sommer, Frühling im Herbst« gearbeitet hatte, veröffentlichte Gauck im Mai 2023 »Erschütterungen: Was unsere Demokratie von außen und innen bedroht«.

Das Catering kommt vom Berliner Café Einstein Unter den Linden. Serviert wird Hausmannskost: ein Brotzeitbrett, hausgemachter Leberkäse, Wiener Würste, Kartoffelsalat und Bratkartoffeln. Außerdem gibt es Croissants, Apfelstrudel und Käsekuchen.

Zu trinken gibt es Bier und Rotwein, einen 2018er Zweigelt vom österreichischen Weingut Stiegelmar im Burgenland.

Schlusswort Eisvogel

ALLE PODCASTFOLGEN IM ÜBERBLICK

Robert Habeck, ist die Welt noch zu retten – und die Grünen auch?
23. April 2018
2 Std. 38 Min.

Nina Hoss, hatten Sie einen Übervater?
23. April 2018
1 Std. 36 Min.

Katarina Barley, wer sind Sie und wenn ja, wie viele?
1. Juni 2018
3 Std. 27 Min.

Tim Raue, was haben Sie eigentlich gegen Soja-Bratwürste?
29. Juni 2018
2 Std. 54 Min.

Sophie Passmann, warum hassen Sie Menschen?
10. August 2018
4 Std. 6 Min.

Rubin Ritter, schreien Sie noch vor Glück?
11. September 2018
3 Std. 34 Min.

Christian Lindner, warum wollen Sie nicht regieren?
18. Oktober 2018
3 Std. 18 Min.

Herbert Grönemeyer, warum werden Sie von den Deutschen so geliebt?
4. Dezember 2018
5 Std. 15 Min.

Warum beschweren sich die Ossis, Jana Hensel?
14. Feburar 2019
6 Std. 8 Min.

Wann fliegen die Helikopter-Taxis, Dorothee Bär?
28. Februar 2019
5 Std. 11 Min.

Gibt es noch gute Nachrichten, Herr Wickert?
8. März 2019
12 Min.

Marco Börries, wie wird man ein digitales Wunderkind?
29. März 2019
6 Std. 3 Min.

Julia Stoschek, warum ist Kunst eine Religion?
25. April 2019
3 Std. 29 Min.

Uli Wickert, was ist das Geheimnis Ihres reichen Lebens?
24. Mai 2019
4 Std. 47 Min.

Jutta Allmendinger, gibt es Unterschiede zwischen Frauen und Männern?
21. Juni 2019
5 Std. 2 Min.

Sommerfolge: Bas Kast, wie ernähren wir uns richtig?
12. August 2019
4 Std. 18 Min.

Rezo, warum willst du Bundeskanzler sein?
11. Oktober 2019
8 Std. 40 Min.

Carolin Emcke, wie finden wir Glück?
31. Oktober 2019
5 Std. 14 Min.

Lena Meyer-Landrut, warum darf ein Popstar nicht politisch sein?
28. November 2019
5 Std. 56 Min.

Ian McEwan, Why Do You Want to Live Forever?
20. Dezember 2019
2 Std. 11 Min.

Eva Schulz, warum ist Denken im Fernsehen verboten?
9. Januar 2020
3 Std. 44 Min.

Thomas Hitzlsperger, wie hat Ihr Coming-out den Fußball verändert?
27. Februar 2020
4 Std. 37 Min.

Känguru Spezial: Warum geben Sie keine Interviews, Marc-Uwe Kling?
5. März 2020
4 Std. 1 Min.

Warum brauchen Menschen jetzt Musik, Igor Levit?
2. April 2020
5 Std. 27 Min.

Heiko Maas, wie regiert es sich in Zeiten von Corona?
21. April 2020
3 Std. 26 Min.

Luisa Neubauer, redet noch jemand über das Klima?
24. April 2020
8 Std. 33 Min.

Dunja Hayali, hält Streit die Gesellschaft zusammen?
15. Mai 2020
7 Std. 28 Min.

Alice Hasters, was sollten weiße Menschen über Rassismus wissen?
3. Juni 2020
6 Std. 37 Min.

Thomas de Maizière, was ist heute konservativ?
2. Juli 2020
5 Std. 15 Min.

Mai Thi Nguyen-Kim, rettet Wissenschaft die Welt?
23. Juli 2020
3 Std. 59 Min.

Juli Zeh, ist die Aufklärung am Ende?
21. August 2020
8 Std. 7 Min.

Ólafur Elíasson, kann Kunst die Welt retten?
17. September 2020
4 Std. 27 Min.

Alice Schwarzer, wie wird man eine Frau?
8. Oktober 2020
5 Std. 14 Min.

Yuval Harari, What Is the Meaning of Life?
22. Oktober 2020
3 Std. 44 Min.

Richard Socher, was denken Maschinen?
26. November 2020
8 Std. 17 Min.

Ai Weiwei, Why Are You So Angry?
17. Dezember 2020
5 Std. 9 Min.

Sonderfolge: Alle 34 A-B-Spiele
28. Januar 2021
4 Std. 11 Min.

Paul Auster, Can You Tell Us the Story of America?
11. Februar 2021
2 Std. 31 Min.

Maja Göpel, wie können wir die Welt neu denken?
25. März 2021
3 Std. 30 Min.

Deborah Feldman, wie unorthodox sind Sie?
16. April 2021
4 Std. 1 Min.

Julia von Heinz, wie war es in der Antifa?
6. Mai 2021
4 Std. 52 Min.

Annalena Baerbock, wie grün ist Deutschland wirklich?
17. Mai 2021
2 Std. 56 Min.

Sabine Rückert, wie kamen Sie zum Verbrechen?
15. Juli 2021
7 Std. 31 Min.

Günther Jauch, was bedeutet Ihnen Ihr Glaube?
15. September 2021
6 Std. 26 Min.

Nora Tschirner, warum erziehen wir unsere Kinder falsch?
23. September 2021
3 Std. 53 Min.

Sven Regener, wie viel Herr Lehmann sind Sie?
28. Oktober 2021
2 Std. 19 Min.

Thea Dorn, warum werden Sie durch die Pandemie religiös?
9. Dezember 2021
7 Std. 33 Min.

Aline Abboud, wie war es, vor einem Krieg zu fliehen?
10. Januar 2022
5 Std. 33 Min.

Maxim Biller, warum suchen Sie Streit?
10. Februar 2022
5 Std. 42 Min.

Kevin Kühnert, wie groß ist diese Zeitenwende?
28. März 2022
7 Std. 55 Min.

Olga Grjasnowa, verstehen Sie die Russen?
6. April 2022
6 Std. 17 Min.

Christian Boros, was ist die Kunst des Bösen?
5. Mai 2022
6 Std. 25 Min.

Armin Laschet, wie wären Sie heute als Kanzler?
25. Mai 2022
2 Std. 44 Min.

Joachim Gauck, warum braucht Deutschland einen Bundespräsidenten?
9. Juni 2022
5 Std. 53 Min.

Jens Spahn, was werden wir uns alles verzeihen müssen?
8. Juli 2022
6 Std. 12 Min.

Thomas Zurbuchen, wann findet die Nasa Leben im Weltall?
2. August 2022
5 Std. 2 Min.

Melanie Brinkmann, wie faszinierend sind diese Viren?
11. Oktober 2022
5 Std. 33 min.

Marius Müller-Westernhagen, warum ist Freiheit eine Illusion?
25. Oktober 2022
6 Std. 55 Min.

Marina Weisband, was stört Sie am Kapitalismus?
8. November 2022
5 Std. 42 Min.

Luise Pusch, warum ist Deutsch eine Männersprache?
22. November 2022
5 Std. 22 Min.

Sascha Lobo, warum brauchen wir ein neues soziales Netzwerk?
6. Dezember 2022
6 Std. 21 Min.

Hadija Haruna Oelker, wie schön ist die Differenz?
26. Januar 2023
9 Std. 17 Min.

Ricarda Lang, was reizt Sie an der Macht?
17. Februar 2023
4 Std. 46 Min.

Kim de l'Horizon, warum sind Hexen politisch?
22. März 2023
7 Std. 4 Min.

Armin Wolf, verstehen Sie Österreich?
14. April 2023
6 Std. 52 Min.

Maria Lorenz-Bokelberg, warum ist in Podcasts noch nicht alles gesagt?
23. April 2023
4 Std. 58 Min.

Gerhart Baum, was wird aus Ihrer FDP?
19. Mai 2023
5 Std. 39 Min.

Renate Künast, was wird aus Ihren Grünen?
8. Juni 2023
5 Std. 44 Min.

Armin Maiwald, wie kam es zur »Sendung mit der Maus«?
29. Juni 2023
6 Std. 21 Min.

Dagmar Berghoff, schauen Sie noch Tagesschau?
27. Juli 2023
4 Std. 33 Min.